# 习惯决定孩子一生

孙云晓 著

北京师范大学出版集团
BEIJING NORMAL UNIVERSITY PUBLISHING GROUP
北京师范大学出版社

**图书在版编目（CIP）数据**

习惯决定孩子一生 / 孙云晓著. —北京：北京师范大学出版社，2013.10
（2023.3重印）

ISBN 978-7-303-16620-6

Ⅰ.①习… Ⅱ.①孙… Ⅲ.①儿童－习惯性－家庭教育
Ⅳ.①B844.1

中国版本图书馆CIP数据核字（2013）第110152号

营销中心电话　010-58808083
少儿教育分社　010-58806648

XIGUAN JUEDING HAIZI YISHENG

出版发行：北京师范大学出版社　www.bnupg.com
　　　　　北京市西城区新街口外大街12－3号
　　　　　邮政编码：100088
印　　刷：唐山玺诚印务有限公司
经　　销：全国新华书店
开　　本：787 mm×1092 mm　1/16
印　　张：17
字　　数：292 千字
版　　次：2013 年 9 月第 1 版
印　　次：2023 年 3 月第 16 次印刷
定　　价：39.00 元

策划编辑：谢　影　　　　责任编辑：谢　影
美术编辑：袁　麟　　　　装帧设计：红杉林文化
责任校对：陈　民　　　　责任印制：乔　宇

# 序言 PREFACE

## 良好习惯如何缔造健康人格

　　父母们都明白，教育孩子需要用好方法。那么什么是好方法呢？在我看来，最好的也是最有效的儿童教育方法，就是培养良好的行为习惯。

　　说得更彻底、更准确一些，儿童教育的根本任务就是良好习惯缔造健康人格。说得更具体、更实用一些，就是通过培养仁爱助人、主动学习、认真负责、自我管理和尊重他人五个良好习惯，促进少年儿童健康人格指标的实现。如何有效地去做呢？这本《习惯决定孩子一生》及"五个好习惯"丛书，就是习惯与人格研究专家学者给予您的极为重要的建议。

　　有一位母亲跟我说："我的孩子真讨厌，坏毛病太多了，不爱写作业、整天黏着电视，上网玩游戏没完没了，您说怎么办呢？我都说他八百遍了，就是改不了。"

　　因为比较熟悉，我和她开玩笑说，"您要是这样说孩子八千遍，他就更改不了了。一位著名的儿科医生跟我说，一句话重复三遍就是对别人的折磨。您对孩子说的话重复了八百遍，他怎么受得了？"我建议父母们，如果不信我的话，可以把每天对孩子说的话录下来，录一星期放给自己听听，父母自己都会烦死。

　　孩子们对我抱怨说："我妈妈真烦人，每天都唠叨不完，她只要嘴唇一动，我就知道她要讲什么，因为她天天都讲一样的话。"

我也惊讶地发现，全国许多父母都像克隆人，对孩子唠叨一样的话：别看电视了，别玩游戏了，赶快写作业！你要是考不上好中学，怎么考上好大学？上不了好大学，以后怎么找好工作？没有好工作，你喝西北风去？等等。这样的话说一遍两遍还可以，说多了之后就变成一堆噪声，只能让孩子情绪混乱、信心崩溃。这是您想要的结果吗？

实际上，没有一个孩子不想成为好孩子，也没有一个孩子不想好好学习。他学习不好可能是碰到了困难，孩子需要的是您具体有效的帮助，而不是唠叨或训斥。所以我给大家一个忠告——"训子千遍，不如培养一个好习惯"。

其实，许多父母已经开始重视孩子的习惯培养，可是为什么效果不明显呢？我发现，问题在于有些父母还是把习惯培养当成了说教的内容，而忽略了习惯培养是一套科学的教育方法，需要按照其规律来做才会见效。

自2001年到2010年的10年间，作为中国青少年研究中心研究员和副主任，我一直在主持少年儿童习惯研究课题，即教育部的全国教育科学"十五"规划课题——"少年儿童行为习惯与人格的关系研究"，后来接着做全国教育科学"十一五"规划课题——"少年儿童自我管理习惯培养及其社会适应的关系研究"。

特别需要说明的是，我们的研究之所以能够取得突破性成果，首先是有一个强大的科研团队，如全国有几百所中小学和幼儿园参与了我们的研究；中国科学院心理研究所的张梅玲研究员与我共同担任课题组组长；在博士生导师邹泓教授的带领下，北京师范大学心理学院6位博士生深入北京11所小学，进行了为期一年的实验研究，对少年儿童行为习惯与人格的关系做了深入细致的探索。

您面前的这本《习惯决定孩子一生》及"五个好习惯"丛书，是我们10年课题研究发现与建议的普及版，是关于习惯培养内容与方法最为通俗和实用的读本，同样是由我们课题组的专家学者所撰写。

这本《习惯决定孩子一生》及"五个好习惯"丛书，曾经在其他出版社出版过，这次再版做了许多重大修改和内容补充，可能更适合今天的父母和教师阅读使用。

读者朋友翻看《习惯决定孩子一生》，可能会发现本书行文通俗化，因为这是我的第一本讲出来的书，是在12所学校面对面为父母朋友讲课的结集。

告诉大家一个秘密：小的时候，我是一个口吃的孩子，直到工作了，还时常为口吃着急。然而，连我自己都惊讶，我居然成了一个演讲家。也许是自信治好了我的口吃。在绝大多数的讲课中，我都是无稿演讲，甚至连提纲也没有。但是，每一次演讲都是成功的，这成功来自听众们的强烈反响，更来自听众们的实际变化。比如，凡是听过我课的父母，回家之后对孩子的态度普遍和善了，以至于让敏感的孩子莫名其妙，以为太阳真的从西边出来了。

在我的记忆中，有一些课是在晚间讲的。曾有一些主办方担心：会不会秩序混乱？会不会有许多人中途退场？我却从不担心。因为在我每一次讲课过程中，无论是工人父母，还是农民父母，从来都是秩序并然。不仅仅是安静，而且安静中充满了热烈的关切。我自信地说，会场的秩序好坏应当由报告人负责。我从来都是讲中小学生及幼儿父母和老师的最关心的问题，并且是用最容易接受的实例法讲课，大家怎么能不爱听呢？

对于讲课的理解与追求，我概括为一句话：与好朋友谈心。与好朋友谈心必然是推心置腹的，是讲真话而非讲假话，是平等相处而非高高在上，是彼此关心而非漠然处之。

在这里，我愿意试着分享一下习惯培养的六大步骤，或许会给大家一些帮助。过去曾经把提高认识和榜样教育合并为一个步骤，也是可以的，分开讲解的好处是可以更加细致便于操作。

**习惯培养的第一步——提高认识，或者说，引导孩子对养成某个习惯**

产生兴趣、认同和信心。

儿童时期最好的教育莫过于养成良好的习惯。所谓好孩子一定是有好习惯的孩子，所谓有问题的孩子一般都是坏习惯很多的孩子。一个坏习惯可能使人丧失了良机，而一个好习惯则可能使人走向成功。

什么叫坏习惯？坏习惯是藏不住的缺点。比如，"中国式过马路"被视为国耻一般也难以改变，成为近乎疯狂的坏习惯。据公安部2012年前10个月的统计，全国因为闯红灯肇事导致人员伤亡的道路交通事故4 227起，死亡798人，因违反道路标志标线导致26 000人死亡。还要死多少人才能改变？

我给大家讲一个案例：

据2012年6月8日上海电视台和《新闻晚报》等媒体报道，当天14点47分，在华东模范中学考点外，一名考生突然出现，用不算急速的步伐走到考点门口。此时，考点大门已经关闭。"您的准考证呢？"考点工作人员问。"不是3点才开始考试吗？"考生一边出示准考证一边问。"同学，您没看到准考证上面清楚地写着英语科目考试14点45分停止入考场吗？"工作人员指着准考证上的一行字对考生说。此时，考生的妈妈也匆匆忙忙赶到，向工作人员恳求："请帮帮忙吧，只迟到了几分钟，路上自行车坏了。不能参加考试会影响他一生的！"

但考点工作人员严格遵照考务规定，不放行迟到考生。焦急的妈妈无奈中给工作人员下跪，而冲动的考生则抬脚踢向大门，随后更是攀爬铁门，跳进考点内，被几名考点工作人员拦住。经层层汇报请示，最终确定这名迟到2分钟的考生不能入场，闻听此讯，考生的妈妈失声痛哭。

尽管高考前各方都会反复提醒高考英语科目考试，考生必须要在14点45分前进入考场，但每年还是有人会忽视"听力提前15分钟入场"的规定，而错失考试机会。任何对自己负责的同学都不应该有这样低级的失误。

上面这个让人感慨的事情告诫我们，每个人都需要养成确认的习惯，否则就会有吃不消的苦头。对于一个学生来说，养成确认的习惯更会终身受益，例如，平时写完作业认真检查，考试的时候仔细审题，与别人有约的事情要牢记在心并提前落实等。这样的学生不仅学习成绩会好，为人处世也会受到欢迎。

有人会问，习惯到底是什么呢？习惯就是习以为常的行为，是一种稳定的自动化的行为，是经过反复练习而养成的语言、行为、思维等生活方式，它是人们头脑中所建立起来的一系列的条件反射。

**习惯培养的第二步——明确行为规范，让孩子对养成某个良好习惯的具体标准清清楚楚。**

北京市史家小学的一个男孩子上课时很调皮，把任课老师惹生气了，下课了全班同学都埋怨他。这个小男孩很懊恼，就去找他的班主任孙蒲远老师。

孙老师做过40多年的小学班主任，经验丰富，是位全国特级教师。她听了小男孩的话说："犯了错就认错还是好孩子嘛。那你准备怎么认错呢？"小男孩说："我去给老师赔礼道歉，再给老师鞠个躬。"孙老师说："鞠躬很好，会让对方知道你很有诚意。可是你会鞠躬吗？试一下我看看。"小男孩直挺挺地点了一下头。孙老师摇摇头说："这不是鞠躬嘛，这只是点头嘛，点头道歉缺乏诚意。"那个男孩愣住了，因为长这么大，他从来不知道鞠躬与点头有什么区别。

这时，孙老师站起来，给小男孩演示怎么鞠躬：挺胸抬头，双手自然下垂，然后上身向下弯曲与地面平行，这才是鞠躬。然后，男孩子虔诚地练习了多次，去给任课老师认错时果然被接受。

孙蒲远不愧是全国特级教师，她教育学生不光有耐心，还有细心，因为只有细致入微地指导，才能培养出真正的好习惯。甚至可以说，儿童成长离不开细节的指导。

**习惯培养的第三步——适时进行榜样教育，让孩子对养成某个良好习惯产生亲切而向往的感情。**

儿童少年时代就是榜样时代和偶像时代，因为儿童少年的学习特点就是观察和模仿。

中国青少年研究中心2011年的调查发现，61.7%的初中生有偶像，略高于小学生（61.4%），较高中生（55.6%）高6.1个百分点；而有榜样的比例以小学生最高（68.8%），高于初中生（63.3%）5.5个百分点，较高中生（52.1%）高16.7个百分点。而且，有偶像和榜样的峰值年龄不同，初中一年级学生有偶像的比例最高（64.9%），而小学四年级学生有榜样的比例最高（74.0%）。也就是说，偶像崇拜在12~13岁（初一、初二）达到峰值，榜样学习在9~10岁达到峰值。在达到峰值后，偶像崇拜和榜样学习的比例同步下降；进入初三，有榜样的比例下降更加明显，有偶像的比例开始超过有榜样的比例。这说明，榜样作用在小学阶段更为突出，偶像作用在中学阶段持续加强。

调查中，我们请少年儿童自由写出三个最崇拜的偶像和三个榜样，并对其进行归类，大致可分为六大类，即：一是明星，包括歌手、演员、运动员、模特；二是杰出人物，包括文学艺术思想家、英雄、政治军事人物、科学家、企业家、劳动模范；三是师友，包括身边的同学/同龄人、高年级同学、老师；四是父母家人，包括父母以及其他亲戚；五是虚拟人物，包括文学或影视动漫中的虚拟人物；六是自己。未能归入以上类别的归为"其他"。统计发现，偶像中明星居第一位，近七成（68.4%），分别为歌星（37.0%）、影星（20.5%）和体育明星（10.3%）；榜样中师友居第一位（35.8%），其中占比例最高的是同学/同龄人（26.0%）。

由此可见，榜样和偶像对于孩子极富吸引力，如果发现他们的某些好习惯，可能对孩子产生巨大的影响力。专家认为，许多偶像身上具有榜样因素，善于发现和引导的父母与教师完全可能把偶像变为榜样。

**习惯培养的第四步——坚持不懈的行为训练，让孩子由被动到主动再到自动，养成某个良好习惯。**

英国伦敦大学学院对96名实验对象做了84天的研究，发现一个习惯养成平均需要66天，比较复杂的习惯，有些人需要254天。在我们中国青少年研究中心的习惯课题研究中，西北工业大学附小的子课题研究发现，四五年级的小学生养成自己整理书包的习惯需要44天。由此可见，关于多少天养成一个习惯，没有一个普遍性的科学结论。但是有个规律可以参考：坚持的时间越长，越有可能养成习惯。养成习惯并不仅仅靠行为的训练，还有情感和认知的因素，将认知、情感和行为三要素结合起来，才符合科学的习惯养成规律。

举一个例子，孩子洗手您就得给他训练，不洗手就不能吃东西，只要是吃东西就必须洗手。吃饭的时候洗手了吗？看看，您老问孩子，还老看孩子，孩子慢慢就习惯了。开始一看妈妈，就知道"哦，我要洗手"，到以后他就不用提醒了，就如现在我们大人早上起来洗脸刷牙，还要提醒吗？这是习惯！养成了习惯就成了稳定的自动化的行为。

那么孩子的习惯养成呢，有一个由被动到主动再到自动的过程，因此要训练。做父母的都很明白，孩子小的时候容易乱，早上起来，我的袜子呢？我的鞋呢？裤子都找不到了，东找西找的，很乱。这就是没养成好习惯。

我建议父母们采取一个办法，孩子要从小就开始养成一些良好的习惯。比如，晚上睡觉以前，把衣服叠好，把鞋子放好，都放在一个固定的位置，把自己上学的书包有序地整理好。孩子开始不会，父母可以指导，演示一下，然后弄乱了让孩子做，孩子往往就很有兴趣，像军人一样，被子叠得整整齐齐。

培养习惯需要持之以恒，但开始的一个月是关键时期。过了这一个月，孩子就能够养成初步的习惯。所以说很多好习惯都要这么一步一步训练出来。

**习惯培养的第五步——及时评估和奖惩，让孩子在成功的体验中养成良好习惯。**

有的父母对孩子说："这个假期你要好好把你写字握笔的姿势练好，

开学前我要检查。"

这种要求恐怕不行，孩子经常管不住自己，笼统的要求对他们难以起作用。因此父母要把大计划分割成很多个小计划，并不断地与孩子一起总结评估：今天做得好，可以奖励一颗小星星；7天都得到小星星，可以换1颗大星星；获3颗大星星，就可以获得更高的奖励。

这样，孩子每天都会知道自己是否进步了，并期待着明天的进步。

**习惯培养的第六步——形成良好的环境或风气，让家庭生活和学校环境乃至社会风气成为孩子养成良好习惯的支持力量。**

我们培养孩子好习惯需要注意，一定要形成一个良好的环境，因为环境对人的影响是巨大的。比如，在家里都不能骂人，孩子如果骂人，全家人都不理他，就是好的环境。

家里有个学生，最好的环境就是家庭成为书香之家。当孩子在学习的时候，父母千万别打麻将。有的父母边哗啦哗啦打麻将，边说："儿子，好好学习啊，考北大、考清华。"他能考上吗？

再如，您老在家里看电视，一集接一集没完没了，看得泪水涟涟。您说："孩子，别看电视，你要好好学习，写作业去。"您说这孩子能专心学习吗？

您知道孩子这个时候怎么办吗？有个孩子告诉我，父母看电视他不敢过来，但是他想看，他就把门开个缝儿，耳朵竖得尖尖的，用耳朵听电视，这多累呀！所以说人是环境的产物。那该怎么办呢？孩子不在家的时候您尽可以看电视，孩子学习的时候您最好别看电视。您是个大人都控制不了，孩子还那么小，他更抵抗不住诱惑了。所以，培养好习惯最需要父母和教师为孩子做出榜样，最需要建设良好的家庭、学校和社会环境。

**习惯的培养是一门科学。那么习惯培养的原则是什么呢？是要尊重孩子，尊重孩子的主人地位。习惯培养的目标是什么呢？是培养良好习惯来解放孩子的大脑，让孩子从一些低级的、束缚自己的不良行为习惯中解放出来。比方不磨蹭、不撒谎，不欺负人等，要使孩子生活得很有情趣、很**

有意义。

21世纪是两代人相互学习、共同成长的世纪，习惯培养的过程也是两代人相互学习、共同成长的过程。有些习惯孩子比大人形成得早，像环保，我们就要向孩子学习。父母和孩子一起成长。而且好的关系胜过许多教育，父母和老师跟孩子的关系越好越有助于孩子良好习惯的形成，这样才有亲和力，亲其师信其道。

习惯决定孩子命运，教育的核心是培养健康人格，培养健康人格最有效的途径就是从培养行为习惯做起。我们抓住行为习惯培养这个根本，就抓住了家庭教育最有效的一条途径，这就是我们家庭教育最基本的任务。让我们记住这样一句名言：家庭是培养习惯的学校，父母是培养习惯的老师，儿童教育就是培养好习惯，我们通过培养好习惯来缔造孩子的健康人格。

2013 年 5 月于北京世纪城

# 目录  CONTENTS

# 引子

　　在中国，"高考状元"一直是各名牌大学争相录取的人才。而美国的名校对"高考状元"却并无偏爱。2010年数据显示，中国六成高考状元被哈佛拒收。这件事反映出国际人才标准的新趋势。我得出的结论就是教育的核心不是传授知识，而是培养健康人格，培养健康人格的重要途径之一就是从养成良好习惯开始。

# 第一章

## 教育的核心是培养健康人格

　　学会做人的本质含义是成为完整的人，成为真正意义上的人。如国际21世纪教育委员会委员周南照所说，学会做人包括了适合个人和社会需要的情感、精神、交际、亲和、合作、审美、体能、想象、创造、独立判断、批评精神等方面相对全面而充分的发展。因此，学会做人是教育的核心目标。

　　父母不是战略家但需要战略眼光，首先要明白什么是最重要的教育。正如北京师范大学的赵忠心教授所说的那样："幼儿教育是基础，基础是根基，根基是要承重的，要承受一生的重量，光学习知识和技能是无法打牢根基的。"因此，家庭教育并非都是技巧和方法，最重要的是父母对孩子人格的影响。

　　习惯是对人的解放还是成为人的枷锁？这取决于

你养成了什么习惯。如果是养成爱运动、爱读书、独立思考、敢于质疑、做事有计划等好的习惯，自然是人的解放；如果是养成做事拖拉、言而无信、依赖他人、没有责任心等坏习惯，自然是人的枷锁。因此，要以做人做现代人为导向来培养行为习惯。

习惯养成需要潜移默化。因此，就儿童的习惯培养而言，家庭的作用至少比学校高出100倍。日本教育家福泽谕吉认为，道德教育和习惯养成只靠学校教育是不够的，必须由家庭、社会、学校等各方面共同努力去完成。他说了一句堪为经典的话："家庭是培养习惯的学校，父母是培养习惯的教师。"

教育的真理是朴素的。北京师范大学教授卢乐山被誉为新中国幼教拓荒者，她的教育观点极为朴素："爱孩子就是给孩子养成良好的生活学习习惯，丰富孩子的经验，提高孩子各方面的能力，这样教育出来的孩子一点也不费劲。"相反，今天重压之下的孩子因为扭曲，所以就成长得很费劲。

习惯与能力是什么关系呢？也许，教育家叶圣陶说得最明白："无论哪一种能力，要达到了习惯成自然的地步，才算我们有了那种能力。""我们做人做事，需要种种的能力，所以最要紧的是养成种种的习惯。"

人们追求的安全感和幸福感可能也是一种习惯。如复旦大学社会学系教授于海所说，按习惯做就"心安理得"，不按习惯做就"失魂落魄"。法国社会学家布迪厄对于习惯的观点最为奇特，他说，习惯是一种"外在性的内在化"，习惯是"一种体现在人身上的历史"。或许可以说，习惯既是个人的历史也是社会文化的历史。

## 教育荒废与新人才观

今天的教育是人人重视，家家户户关心。但是人们重视的教育究竟是什么呢？日本早在20世纪80年代中期就反思自己的教育，认为日本的教育处于一种荒废的状态，即表面上抓得很紧，实际上荒废了真正的教育——人格教育。我们的教育是不是也有这个问题？我在反思中日儿童教育比较的时候，也有特别深的感悟，因此写出了《夏令营中的较量》。

时至今日，中国的教育现状并不乐观。据《上海商报》2012年9月份的一篇报道，近两年来，上海精神卫生中心下属的心理健康援助热线，每天都能接到40~50个心理困扰甚至有自杀倾向的求助电话。统计的结果显示，20~40岁的自杀高危人群占总数的40％左右，女性与男性求助者的比例大致达到2：1。华东师范大学心理咨询中心的一名老师向记者介绍说，每年都有3~5名具有明显自杀倾向的学生向他寻求心理帮助。

2012年5月，清华大学的研究生严俊在北京积水潭桥附近的护城河跳河自杀，引起社会广泛关注。

严俊是村里唯一考上清华的孩子，而且本科毕业后直接被保送为研究生，父母都盼着严俊毕业后找个好工作，光宗耀祖，却不料等来的是这个噩耗。

严俊为什么自杀呢？原来严俊性格内向，喜欢独来独往，缺乏与人沟通的技巧，把什么事都埋在心里，但由于学习成绩好，父母和老师都觉得这不是什么问题。直到有一天，同学发现严俊出现了精神紊乱的问题，给他父母打电话才引起了大家的重视。那时，严俊虽然忙于毕业论文，但性情变得越来越诡异，有时会突然冲到操场上大喊，还时常向母亲抱怨毕业论文难写，做不出来就无法毕业，自己压力很大。

5月4日，严俊就想在宿舍内拿着剪刀触碰插座自杀，但手指被击伤后没有成功。中午严俊被送到医院治疗时，从厕所窗户跳出后出走。5月7日被发现在护城河里溺水身亡。

从2013年1月到3月，仅仅两个月的时间，全国各地媒体已经报道了7起大学生自杀的新闻。

除了大学生外，中小学生的人格健康形势也不容乐观，根据《扬子晚报》2013年1月18日的报道：12355南京青少年综合服务台对900名中小学生进行了生命意识教育现状的调查，从调查结果来看，有4%的中小学生经常存有自杀的念头，偶尔有自杀念头和从来没有自杀念头的中小学生分别为35%和61%。也就是说三分之一的中小学生有过一闪而过的自杀念头。

2013年3月12日，《合肥晚报》报道《合肥一小学生不愿写作业 声称要以自杀威胁妈妈》。原来，这个学期刚开学不久，这名小学生就被迫在周五晚上用一个小时做了40道数学口算题，周六、周日两天又被硬压着完成了其他作业。最后，儿子让妈妈在作业本上签字，结果妈妈嫌他做作业拖拖拉拉不肯签。于是这名小学生就对妈妈说："求求你妈妈，你不给我签字我就自杀好了！"

什么是教育？我觉得教育的核心不是传授知识，而是培养健康人格。一个有健康人格的人，才是走遍天下都可以让人放心的人；一个人的人格不健康，他就是表面上再辉煌，也可能随时崩溃。

著名教育专家吕型伟先生说得非常深刻：什么叫人才？人才是由"人"和"才"两个字组成的，"人"同"才"并没有必然的联系。因为有的人是"人"又有"才"，就是人才；有的人是"人"没有"才"，不能叫人才；有的人有"才"不是"人"，这种人更不能叫人才。我们当然希望两者统一，希望是"人才"，但如果要两者选择一样的话，我宁肯他是"人"没有"才"，也不要他有"才"不是"人"。越是有"才"不是"人"的人，危害越大。

所以，人才先要成人，其次是成才。我们国家也存在着教育荒废的现象，很多父母关心的最多的是孩子的学业，为孩子升学考试乐此不疲地操劳。难道父母不需要关心孩子是否开心吗？如果孩子能保持愉快的心情，能积极化解一些不良情绪，对他的成长是十分重要的。

## 不会感恩难有爱心

要培养孩子的爱心，需要与培养孩子的孝心结合起来，孝敬长辈。

苏联著名教育家苏霍姆林斯基很重视尊敬长辈的教育，他说："尊重、敬慕老一辈，这是我们生活的法则。"为此，他特别对青少年提出了"十不准"的要求：①

一是在大家劳动的周围，不准闲待。在你清楚知道长辈人正在干活而不允许你休息的时候，你游手好闲，沉湎于种种娱乐，这是可耻的。

二是不准嘲笑老年人，这是对人最大的不尊重。

三是不准同尊敬的人、成年人，尤其不准同老人进行争吵。

四是不准因为自己没有某种东西而表示出不满……你的同龄人有，而你的父母又没有关心到你这一点，你没有权利向自己的父母要求什么。

五是不准逼你父母给你连他们本人都不肯给自己的那种东西。

六是不准去做长辈们所谴责的事情。

七是不准将年长的人，特别是你母亲单独一个人丢下不管，如果在她身边除了你，没有别人的话。

八是不准不经长辈们（特别是爷爷）的允许和劝告就要启程赶路。

九是不准不先请长辈们坐下，自己就先坐下吃饭。

十是在成年人，上了年纪的人，尤其是妇女站着的时候，不准你坐下。

以上十条如果能完全做到，那么可以说教育是有成效的。

2012年10月，教育部发布了《3~6岁儿童学习与发展指南》（下称

---

① D.A.苏霍姆林斯基：《怎样培养真正的人》，北京：教育科学出版社，1992年第1版。

《指南》），明确提出了不同年龄段孩子关心和尊重父母的标准，如："3~4岁的孩子，在长辈讲话时能认真听，并能听从长辈的要求。""4~5岁的孩子，要知道父母的职业，能体会到父母为养育自己所付出的辛劳。"《指南》还给父母提出了一系列如何培养孩子感恩的具体教育建议，如以身作则给孩子做出榜样，在孩子面前关心自己的父母和长辈。还有引导幼儿尊重、关心长辈和身边的人，如告诉孩子，妈妈累了，要知道让她安静休息一会儿。

《指南》提倡孝亲教育和感恩教育是非常必要的。但据我观察，今天的父母对孩子都很有爱心。父母都知道孩子的生日是哪天，但至少有一半的孩子不知道父母的生日。父母都很重视给孩子过生日，可又有几个孩子重视父母的生日？

父母对孩子的爱"无可挑剔"，而孩子对父母的爱却仿佛都从人间蒸发了。这主要是父母教育的失误，不是孩子的原因。

在培养孩子从小拥有一颗孝心方面，北京的周永琴女士是成功的，无愧于"全国十佳母亲"的光荣称号。

周永琴一家三口都爱吃橘子，但周永琴买橘子与众不同，总是按三的倍数买，吃的时候由儿子分，每人一个。可是就剩下最后3个橘子的时候，儿子拿着橘子没送过来，而是用眼睛看着父母，意思是就剩3个了，你们俩还吃啊？母亲给父亲使眼色，吃！尽管孩子伤心流泪，父母还是把橘子吃下去了。

我完全赞成周永琴的做法，如今的孩子缺的不是两个橘子，缺的是心中有别人。社会学家认为，儿童长大的过程是由自然人变为社会人的过程，也就是社会化的过程。什么是社会化？用通俗的话说，当孩子心中有了别人，他的社会化就开始了。当孩子能够处理你我他之间的关系，他的社会化就达到了一定的水平了。

我忠告天下父母，千万不能让孩子吃独食！一旦养成习惯，就培养出一个"白眼狼"。当孩子变得自私、娇纵的时候，父母就觉得受不了，

"这孩子怎么会这样？"可孩子的缺点常常是父母含辛茹苦、省吃俭用"培养"出来的。

后来这个分橘子的独生子长大了，考上了北京大学。亲戚朋友很高兴，给了他500元的祝贺钱。让周永琴没想到的是，春节回家，儿子把这些钱装了个红包，给奶奶当了压岁钱。

这个孩子有如此孝心，与父母从小对他的培养分不开。在他家里，只要做好吃的，妈妈都让儿子先给姥姥、姥爷送一份，因为住得比较近。每月给爷爷、奶奶汇款，妈妈都是带儿子一起去邮局，让儿子在汇款单上写一句问候爷爷、奶奶的话。

当孩子从小养成了感恩的习惯，那他长大后就会自然而然地把孝敬老人当成天经地义的事，这就是习惯的力量。孔子说："少成若天性，习惯如自然。"孔子后一句原话是"习惯之为常"意思就是，小时候养成的习惯会像人的天性一样自然。

叶圣陶老先生说得好："教育就是培养习惯"。培养孩子的习惯，父母具有得天独厚的优势。前面提到日本的教育家说，家庭是培养习惯的学校，父母是培养习惯的老师。梁启超说："忠孝二德，人格最要之件也。二者缺一，时曰非人。……人非父母无自生，非国家无自存。孝于亲，忠于国，皆报恩之大义。"孔子学生子夏问孔子："什么叫孝？"孔子就说了两个字："色难。"意思是你能够对父母永远保持一种愉悦的脸色、态度是最难的。《礼记》讲："孝有三，小孝用力，中孝用劳，大孝不匮。"就是说要永远保持孝心。

关于孝心之说是有争议的。有人认为，孝亲文化是杀子文化。如过去讲孝顺，一切顺从父母，父叫子亡子不能不亡等。但是，对传统文化要批判地继承。今日倡导孝敬更多含有感恩之意，而感恩是现代人的美德之一。

儿童教育的特点是由近及远。因此，让孩子从小对父母怀有感恩的心，学会感恩，这是完全必要的。当然，对父母来说，没有父母的爱心，也就没有孩子的感恩；同理，对孩子来说，不会感恩也就难有爱心。

## 诚信与做人

孔子说："人而无信，不知其可也。"孟子说："君子养心莫善于诚。" 可见，诚信对一个人来说是多么重要，一个人要养成健康人格，没有什么比诚信更重要的了。教育部规定，从2004年起，在高考之前，每个考生都要签订承诺考试诚实守信的协议书。

我们在做全国教育科学"十五"规划课题"少年儿童行为习惯与人格的关系研究"时发现，初中生无一人认同"不说假话要诚实"，这是社会问题在学生认知上的反映。

有一年，中国的一些财务干部到德国访问，和德国的财务专家交流时问："你们有没有做假账啊？"德国人竟然不明白什么叫做假账。原来，德国的财务人员不敢做假账，要是做一次假账，就终身不得再做财务工作，这样的惩罚是很厉害的。

一位在德国出生的中国男孩，主动向中国来的研究生学习中文。一天，他发现中国的研究生买16岁以下儿童票乘坐地铁，立即断绝了与他们的来往。德国有一套机制来维护诚信，所以德国人很重诚信。

当某些中国留学生在德国弄虚作假，散布考试"枪手"等广告，结果在德国引发了一场诚信危机。德国驻华大使馆为此专门成立了留德学生审核部，提高了中国人到德国的留学门槛。

分析世界上一些大企业家成功的因素，不难发现诚信是首要原因。市场经济是以诚信为基础的，诚信是最基本的交往规则。

诚信需要从小培养。但是，我们可能会忽视一些细节。我给大家讲一个细节，看看国外父母是怎样培养孩子从小树立诚信观念的。

一位外国的妈妈，应邀到中国山东的一户人家来做客，她带着一个8岁的女儿。中国女主人很会做饭，说："今天我做西餐给你们吃。"

外国女孩一想，中国人做西餐肯定不好吃，就说我不吃。当大家吃过色香味俱佳的西餐，女主人又端上来冰激凌的时候，外国女孩急切地说："妈妈，我要吃冰激凌！"

中国的妈妈是按份做的冰激凌，刚好没有做小女孩那一份。于是，中国的妈妈说："这样吧，你吃我这份。"没想到，外国女孩的妈妈说："NO，我的女儿说过了她不吃，因此，她今天不能吃冰激凌。"她女儿急了，赶忙说："我特别想吃冰激凌！"但是，妈妈坚决不同意，就连小女孩哭闹起来，仍旧不让吃。中国妈妈在一旁说："孩子嘛，给她吃吧！"外国的妈妈坚决不让，一点商量的余地都没有。

孩子是在体验中长大的，她经历了这么一次，就懂得了说话要算话，今后就不会乱说话了。大家想想看，你要是遇上这样的事，你是像中国妈妈那样做，还是像外国妈妈那样做呢？

培养诚信要注意细节。在学校里，凡是老师组织的活动，孩子往往特别积极："老师，这个我来做！"可事后发现做不了时，有的孩子就再也不提这件事了，并且希望大家都不要再提这件事。这时父母和老师应该怎么做呢？可以对孩子讲：不要轻易答应别人，但凡答应的事，如果是对的，就要牢牢记住，努力去做。当你发现做不到，你就要勇于道歉，说："老师，这件事原本我以为能做到，可是后来一试，我做不到。对不起！"这就是恰当的引导，也是孩子的成长。

实际上，我们成年人也会遇上这样的事情，有时因太忙或其他原因无法赴约，这时就一定要及时解释，不要给别人添麻烦。在日常生活中，只有大人以身作则，孩子才能学好，大人是孩子的榜样。

教育孩子时我们经常习惯多讲道理，多提要求。实际上，父母做了什么比说了什么更重要，孩子是看着父母的背影长大的，孩子的学习首先是观察和模仿。

一名广州的初中生，父亲是个老板，家境很好。儿子大把大把花钱，无心向学，老去泡吧，打游戏机，与社会上一些不三不四的人鬼混。老师找他谈话，他不屑地说："我这算什么，我老爸还到处嫖女人呢。"这正说明了孩子是在模仿、观察中长大的。所以，父母要用自身的好习惯去影响孩子，用自身健康的人格去培养孩子健康的人格。

其实，培养孩子诚信是一门学问。

有一位美国学者，在一次研究中，他访谈了50名罪犯，又访谈了社会上50名成功人士。在访谈中，他发现了一个惊人的细节。有一名罪犯说他是从撒谎走向犯罪的。他为什么要撒谎呢？小时候，妈妈买回苹果。因家里孩子多，要合理分配，但是孩子们都争着要那个又红又大的苹果。老大说："妈，大的红苹果给我吃。"妈妈瞪他一眼说："你不懂事，你怎么能带头吃大的呢？"当时，这名罪犯发现，谁越说要，他妈妈就越不给谁。这时候，他就撒谎说："妈妈，我要那个最小的苹果。"妈妈夸奖他说："真是好孩子！"最后就把大苹果给了他。从此，这名罪犯就养成了说假话的坏习惯。这就是那位妈妈的失误。

另外有一位妈妈也分苹果，但她的方法不同。妈妈说："我们来比比家务劳动，看谁干得好，就把这又大又红的苹果作为奖励。"这位母亲的这种教育方法就使得孩子明白，要通过努力而不是通过谎言，才能获得自己想要的东西。

## 成长与责任

今天孩子的责任心淡漠是让父母头痛的一个问题。孩子没有责任心，油瓶倒了也不扶，这样的孩子怎能让人放心？

有一位学者在家里的书房门槛处放了一把鸡毛掸子，然后逐一将儿女们叫进书房。儿女们都无一例外地越过鸡毛掸子径直进入书房，最后，学者叫夫人进来，夫人进书房前，首先弯腰拾起了鸡毛掸子。学者这时说话了："孩子们，为什么你们就看不见鸡毛掸子？为什么你们的妈妈就能看得见它？"从这个故事不难看出，孩子们不是眼睛有毛病，而是没有责任心。孩子的责任心不是天生的，是需要培养的。

孩子缺失责任心的问题其实是大人造成的。现实生活中，这样的场景很常见：孩子到了学校后发现笔、书本没带，后面跟着一个老人，说："是我忘带了，不是我孙子不好，是我不好。"如此这般，孩子还有什么责任心呢？

许多父母都有一个让孩子逃避责任的陋习。当小孩子摔跤了，大人哄孩子："哎呀，都是这地板的错"，"这树怎么这么讨厌，把我孩子碰倒了"。这样的父母遇事就替孩子辩护、抢担责任、大包大揽。

再看看孩子闯了祸时有些父母的处理方式。他们把孩子叫过来，问是你干的不是？孩子说是。父母说给人赔礼道歉。然后父母就让孩子回家写作业。孩子回家学习了，父母则留下来当人质，赔礼道歉，上医院、打官司，怎么都行。但是，父母们没有想过，这样的处理方式只会让孩子觉得伤害了别人说声对不起就没事了，何谈责任心呢？

孟子说："恻隐之心，人皆有之；羞恶之心，人皆有之；恭敬之心，人皆有之；是非之心，人皆有之。恻隐之心，仁也；羞恶之心，义也；恭敬之心，礼也；是非之心，智也。恻隐之心，仁之端也（就是仁爱的开始，爱心的萌芽）；羞恶之心，义之端也；辞让之心，礼之端也；是非之心，智之端也。"这就是他总结出的"仁、义、礼、智"，成为两千多年来中国人的基本行为准则。

孩子天性有恻隐之心，是非之心，关键在于教育引导，引导得当，孩子就可能发生奇迹。一项全国范围的调查发现，中国的城市中小学生平均每天的家务劳动时间为11.32分钟，美国小学生每天的家务劳动时间为1.2小时，泰国学生是1.1小时，韩国学生是0.7小时，英国学生是0.6小时，法国学生是0.5小时，日本学生是0.4小时。

这组对比数据给中国的教育亮了一张黄牌。美国哈佛大学的专家们对456个孩子跟踪研究20年。这些孩子有些是爱干家务活的，有些是不爱干家务活的。20年后，他们的差别很大：失业率1:15；犯罪率1:10；收入相差20%。另外，爱干家务活的孩子，他们的离婚率低，心理疾病的患病率也低。

由此可见，养成爱干家务活的习惯，对孩子的人生是很有意义的。很多企业家、管理者，经过奋斗获得成功后，觉得"我们吃了苦，不能再让孩子吃苦了"。殊不知，这样的观念对孩子的发展非常不利。

有专家讲过一个蛾子的故事。蛾子化茧为蝶的过程是痛苦的，在蛾子破茧而出之前，要一次一次地去撞击出口，撞一次掉下来，再撞一次再掉下来。这时，一位好心人觉得这样太痛苦，于是拿剪刀把硬茧剪开，让蛾子爬出来。结果发现，这些没有经过撞击的小蛾子有翅膀但是不会飞。为什么呢？研究者发现，蛾子通过撞击来练习飞行。当它破茧而出的时候，它的翅膀才充满力量。这个故事让我感受很深，父母要让孩子吃点苦，多一些磨炼，否则孩子就不会飞翔。

现在，中国出现了一个怪现象，叫作"30岁的儿童"，指有的人已经30岁了，仍是孩子，不能独立生存，不敢单独跟异性见面。所以，"30岁的儿童"就是长不大的孩子，也是缺乏责任心的孩子。

我讲一个美国的例子：

1922年7月4日，美国国庆日前夕，一个11岁的美国男孩找来了一些禁用的烟火爆竹，其中包括一种威力巨大的"鱼雷"。一天下午，他走近一座桥边，朝桥边的砖墙放了一个"鱼雷"。一声巨响，让男孩神采飞扬的同时，警察来了，把男孩带去了警察局。

警长尽管认识这个男孩以及他的父亲，依然严肃地执行对烟火的禁令，判定交14.5美元的罚金。这在当时可算是一笔大钱。这个男孩自然交不起，只好由父亲代交。

让人感慨的是，这位名叫杰克的父亲虽然没说太多的话，却让11岁的儿子打工挣钱还罚金。

后来，这个小男孩成了美国的总统——里根，他在回忆录中写道："我打了许多零工才还清了我欠爸爸的那笔罚金。"显然，这件事情让里根懂得了什么叫责任，那就是一个人要对自己的过失负责。

孩子是在体验中长大的，体验得越多感受越深。

我国教育家陈鹤琴曾说过，凡是孩子能做到的事情，大人尽量不要替他去做。孩子进一步，大人退一步，这就叫成长。

## 做父母需要"上岗执照"

在今天这个时代，我们应该怎样做父母？是不是有高学历、高收入、高地位，就一定能教育好自己的孩子？不一定。普通的工人、农民也能把孩子教育好。我认为，教育好孩子最重要的，不是靠学历和社会地位，而是靠父母的教育素质。

我曾提出过一个观点，做父母需要有"上岗执照"。

当然，这只是一个形象的说法，说明做父母需要学习，需要提高自身的教育素质，也可以参加必要的考试，但并非只有考取证书才能生养孩子。

合格父母需要具备五个要素：一是现代的教育观念；二是科学的教育方法；三是健康的心理；四是良好的生活方式；五是平等和谐的亲子关系。这五个要素构成了现代父母的教育素质。我把它叫作五元素质。

做父母需要有"上岗执照"，我希望这个理念会在全国逐渐形成。

我希望特别关心孩子的父母们首先拿到执照，因为你们的期望很高，应当先提高自身的素质。一般来说，在高素质的孩子后边必定站着高素质的父母，没有高素质的父母和老师，要想培养高素质的孩子是很困难的，是曲折的。因为有的时候，正是我们父母用一种不恰当的爱阻碍了孩子发展。

**教你一招**

在家里品尝美味，不管是什么好东西，千万不可让孩子吃独食，最低原则是每人一份。要让孩子有一种份额意识，你只能要一份，绝不是全部，更不能认为最好最多的那份就是你的。这样做，是让孩子懂得心中有他人。

# 引子

有一件小事，我一回想起来便感动不已。

一天早晨，中国人民大学一位女教授走进了我们的办公室。女教授已经 70 多岁了，依然精神矍铄，她一边与我们打招呼一边把自己的灰色提包放在了椅子旁边的地上。我们一位年轻的科研人员一见，立即帮她把灰色提包拿起来放在桌子上。没想到，女教授惊叫起来："不可以这样做！"见我们的表情有些诧异，她微笑着解释说："桌子是用来办公的或者吃饭喝茶的，而提包东放西放不干净，不可以放到别人桌子上，最多可以放在椅子上。"

说真心话，这个微小的细节给我的震撼胜过电闪雷鸣，这不就是时时处处替别人着想的好习惯吗？我们这些科研人员怎么就毫无这方面的意识？刹那间的冲突让我看清了习惯的差异就是文明的差异，就是人格的差异。

# 第二章
## 良好习惯是健康人格之基

　　培养良好习惯需要创造良好的条件，即好行为的结果使人快乐，坏行为的结果使人痛苦。良性循环养成好习惯，恶性循环养成坏习惯。巴甫洛夫是经典条件反射学说的创立者，他认为，所有学习得来的行为，"只不过是一长串的条件反射"，其获得、保持和消失是由这些定律和法则来控制的。

　　孔子说："少成若天性，习惯如自然。"意思是说小时候养成的习惯会像人的天性一样自然、坚固，甚至就变成了你的天性，以至于以后所取得的成功、创造的奇迹，都源于小的时候形成的习惯。

　　培养孩子养成良好的行为习惯显然是父母的天职。然而，伟大的思想家卢梭却提醒我们：人是应当服从法则的，但最重要的法则是，能够在有所需要的时候可以毫无危险地打破法则。难度在于，养成习惯而不束缚于习惯，保持心灵的自由。

近日，青岛一位小学校长来访，告诉我他们坚持两年抓细节培养好习惯，效果良好令人欣慰。儿童教育离不开细节的指导，但需要注意习惯养成绝不仅仅是行为训练，必须坚持以培养健康人格为导向的习惯养成。比如，引导孩子礼貌待人，不是只要求微笑和问好，而需要建立尊重他人的观念，培养人格化习惯。

培养好习惯需要明确的目标和要求。撒切尔夫人从小牢记父亲的要求是："永远坐第一排。"哪怕是坐公交车，听讲座也要坐在第一排，父亲以此来培养她的积极气质。1979年5月，撒切尔夫人成为英国女首相时说："我的一切成就都归功于我父亲罗伯茨先生对我的教育培养。"

儿童的习惯培养需要明确规范的细节，而不能只要求"一定好好的"。比如，书写姿势的第一要领是八个字，即头正、背直、脚平、臂开；第二要领是"三个一"，即头离书本要一尺，胸离桌子要一拳，手离笔尖要一寸。有些父母把皮筋绑在一寸的位置上，强化了孩子的理解，便于比照练习。

习惯决定性格，性格决定命运。那么，教育的高超艺术就是让人养成好习惯改掉坏习惯。对习惯研究最为深入的教育家当数乌申斯基。他认为："良好的习惯就像是一种有效的道德资本，你可以终身享受其利息，而不良的习惯则像是一笔偿还不清的债务，甚至可能让人破产。"

教育家乌申斯基认为："任何一种习惯都是反射行为，行为的习惯性有多深，它的反射性就有多大。哪里有习惯，哪里就有神经系统在工作。神经体不仅可以有天赋的反射，而且在活动的影响下也有掌握新的反射的能力。"这个意思是说，行为的习惯性越深，反射性就越强，习惯是刺激与反应的稳固链接。这也说明，经过培养，人可以形成新的习惯、新的反射。

养成好习惯是一个从被动到主动再到自动的过程，如此漫长的过程靠什么才能坚持下来呢？吴凯教授认为，对儿童来说，关键的因素是主体体验。就是说要孩子自己体验到，按照好的习惯做就成功就快乐，按照坏的习惯做就失败就痛苦。显然，父母和老师的鼓励与引导对提高孩子的认识特别重要。

究竟如何培养孩子的好习惯？如何矫正坏习惯？我总结的基本方法是加减法，即培养好习惯用加法，矫正坏习惯用减法。加减法也是正强化和负强化的方法，即你希望孩子养成什么样的好习惯，就鼓励他相关行为多多出现；你希望孩子矫正什么样的坏习惯，就鼓励他控制和减少相关行为。

## 什么是习惯

当前我国的德育屡屡因"实效性低"而受人诟病。早在2004年，我就提出了一个学校教育和家庭教育的难题："德育为何成了一壶烧不开的水？"我曾与儿童心理学博士赵霞合写过同题论文在《中国教育报》发表，直到现在我仍在努力探讨如何解决这个问题。

德育，简而言之，是培养人品德的教育。品德是一个极为复杂的整体结构，从其所涉及的心理过程来看，道德的发展一般包括道德认知、道德情感、道德意志和道德行为四个方面，也就是我们常说的"知""情""意""行"四要素。一般来说，德育的具体实施可以以任一要素为起点。

心理学研究发现，整个小学阶段是培养道德行为习惯的最佳时期。小学儿童道德行为习惯的发展水平呈"马鞍"形，低年级和高年级较高，中年级较低。低年级儿童的道德行为处于一种依附性很强的"父母和教师的权威"阶段，其行为具有不稳定性；随着儿童独立性和自觉性的发展，中年级儿童可能因破坏了原有的道德行为习惯而导致行为习惯水平下降；到了高年级以后，儿童的道德行为开始具有一定的自觉性和稳定性。

一个人良好的道德品质的形成最终必然落实到优良的外在行为上，衡量德育效果的真正标准，不是看其偶然出现的行为，更不是听其口若悬河的演讲，而是看其是否养成了良好的道德习惯。从这个意义上说，德育的目的，简单地说，就是养成良好的习惯。但在我国德育的传统中，我们比较重视对学生进行道德知识的灌输和教育，以此来提高学生的道德认识。德育的考核也重在考查学生对道德知识的掌握。这种将德育学科化、知识化、课程化的做法，虽然在某些方面说明了对德育工作的重视，但从德育本身的特点看，这一形式却很难实现德育的真正目标。长此以往，在某些学生的意识里，道德似乎成了一门知识，靠死记硬背和高谈阔论便可以得到高分数，而实际的道德行为与他们的道德认识之间存在着巨大反差。这就是知行脱节，知行不一的严重现象。

于是，我用了一个形象的比喻：德育成了一壶烧不开的水——水的沸点是100℃，可我们的德育往往在50℃左右就停了下来。例如，当孩子认清一个道理并开始做好事了或者开始守纪律了，人们就以为德育的目的已经达到了，教育已经成功了。事实上，这绝不是德育的最终目的，而只能算是前50℃的教育。它绝不应该成为教育的终点，而应该被视为一个重要的教育过程和契机。抓住孩子偶然出现的道德行为，将其反复训练养成道德行为习惯，才是德育的真正目标，是德育的后50℃。

2001年至2010年，我曾连续主持了全国教育科学"十五"和"十一五"规划课题，即"少年儿童行为习惯与人格关系的研究"和"少年儿童自我管理习惯培养与社会适应的关系研究"。我主张，教育的核心是学会做人，培养一个真正的人，即重在培养孩子的健康人格，而实现这一目标特别需要重视培养良好习惯。如果我们依然不重视习惯养成，德育可能仍会是一壶烧不开的水。

当然，习惯养成并不是简单的事。让孩子培养什么样的习惯？如何培养孩子的好习惯？这些问题的解答首先要涉及习惯与人格两个重要概念，涉及许多复杂的理论与实践的问题。

### 1. 习惯是忘不掉的

《现代汉语词典》这样解释"习惯"一词："习惯就是在长时期里逐渐养成的、一时不容易改变的行为、倾向或社会风尚。"

心理学的解释是："习惯是刺激与反应之间的稳固链接。"

从完整的定义来说，"习惯"一词其实涵盖了个体和社会群体两方面的内容。心理学研究者更关注个体层面的习惯，主要是指人们在一定情境下自动执行或完成某些动作或固定活动模式的需要和倾向，也可以称为刺激与反应之间的一种稳定的联结，包括自然的反应倾向、自动化的动作和稳定的行为方式。

由此，人的行为可以分为三个层面，第一个层面是在外在要求下的被动反应，是一种完全由意志驱动的行为；第二个层面是内化的主动行为，但它的发起和维持需要意志努力；第三个层面是自动化的行为，很少需要个人的意志努力，甚至是人们无意识觉知、自然触发和维持的行为。

习惯正是属于第三个层面的行为方式，它不但是一个人无须意志执行的自动化的行为，而且还会在相应的情境中反复出现相对稳定。习惯有可能是有意练习养成的结果，也有可能是无意的多次重复的结果。反复的行为强化和对某些行为的模仿都可能形成一定的习惯。

当然，习惯并非一成不变，人既能在某些情况下自觉地养成某些好的习惯，也可以有意识地改变某些不良习惯。习惯往往是后天环境塑造的结果，人们往往为了规避外界的消极刺激（逃避惩罚），为了获得积极刺激（寻求奖励），也可能是通过社会学习模仿他人行为而形成了一定的行为习惯。

我们可以用一个简单的定义来阐述：习惯就是人的行为倾向。也就是说，习惯一定是行为，而且是稳定的、甚至是自动化的行为。我们每个人身上可能有很多好习惯，也可能有些坏习惯。

在巴黎，有人问一位诺贝尔奖获得者：

"请问您是在哪所大学、哪个实验室学到了您认为最主要的东西呢？"

这位白发苍苍的老人平静地说："是在幼儿园。"

提问者非常惊讶，又问：

"您在幼儿园学到些什么呢？"

老人耐心地回答说：

"把自己的东西分一半给小伙伴们；不是自己的东西不要拿；东西要放整齐；吃饭前要洗手；做错了事情要表示歉意；午饭后要休息；要仔细观察周围的大自然。从根本上说，我学到的全部东西就是这些。"

这段对话是耐人寻味的。从幼儿园学到的基础的东西，直到老年时还记忆犹新，可见留下的印象是非常深刻的。这说明从小养成的良好习惯会伴随人的一生，时时处处都在起作用。在儿童时期，特别在幼儿园和小学期间是养成一个人良好习惯的关键时期，也是最佳时期。

有一个女孩子叫董伊伊（化名），小学毕业考入了北京的一所名牌中学——东直门中学。她到学校以后，各方面表现很出色，很受老师和同学们的喜欢，大家推荐她当了班干部。

有一天老师正忙着批改作业，还要准备发给学生父母们的信，就跟董伊伊说："你到我的办公室去，打开我的抽屉，然后拿出我的图章来。咱们把这些信盖上章好吗？"董伊伊去了却没有拿回章来。老师奇怪地问："怎么回事？"董伊伊说："我去了一趟，发现办公室里没有人。"老师说："没有人，你打开我的抽屉把章拿出来就是了。"董伊伊说："老师，我觉得如果老师不在的时候，打开老师的抽屉是不好的。"老师马上就明白了，特别理解和感动。

其实，这是一个习惯，一般在主人不在的情况下，不能打开主人的抽屉、翻动主人的书包。这个女孩子为什么能够有这样的好习惯呢？

这可能得益于她小学时所受到的教育。董伊伊是北京府学小学的毕业生。府学小学非常重视良好习惯的养成，是我们习惯研究的子课题学校。学校曾经教给孩子不能乱翻别人的东西，动别人的东西一定要经过主人的许可。所以说，小时候养成的习惯是很重要的。

我们的基础教育很不到位的一个重要原因，就是行为习惯养成教育非常欠火候。

爱因斯坦说：**"什么是教育？当你把受过的教育都忘记了，剩下的就是教育。"** 科学大师的话说得多么睿智，真正的教育是忘不掉的。就是说一个人碰到事情的时候，不可能说"等我想想我受过哪些教育，老师怎么说的，我想想……"那肯定不行，**忘不掉的才是真正的素质。** 什么是忘不掉的？习惯就是忘不掉的。

## 2. 如何判断儿童是否具有健康人格

什么是人格呢？请先看2010年1月6日的两则新闻报道：

据《新闻晨报》报道，美国宾夕法尼亚大学PCP–PCCW国际特训班面向中国选拔优秀高中生赴美学习。招生面试中，一位宾大教授问一位奥数获奖选手："你读书读得这么好，是为了什么？"这位学生回答说："是为了挣钱。"教授又问："挣钱是为了什么？"他答："为了周游世界。"教授问："除了周游世界还想干什么？""还可以买房子。"……最后，美国教授将这位奥数佼佼者淘汰了，原因是："没有回报社会之心，我们希望培养的是对社会有价值的人。"

据《中国青年报》报道，袁苏妹，人称"三嫂"，她没有上过大学，也不知道什么是"院士"。她一生只学会写5个字，却被香港大学授予"荣誉院士"。袁苏妹这位港大"杰出人士"，她没做什么惊天动地的伟业，只是44年如一日地为学生做饭、扫地。她被港大许多学生感念：学生学习到深夜，她会为学生预留晚餐；学生有人生病，她会主动送药、煲粥；学生遇到烦恼，会去找袁苏妹倾心交谈……就是这么普通的事，袁苏妹做了40多年。港大认为这是对学校做出的"独特贡献"。在颁奖台上，这位82岁的普通老太太被称为"以自己的生命影响大学堂仔的生命"，是"香港大学之宝"。

同一天的两则新闻报道都是指向教育的，却反映出两种教育两种结果甚至预示着两种命运。什么是教育？说到底教育就是一种导向，是各种教育活动中最本质的追求，也是对人影响最为深刻的价值观的鲜明体现。香港大学授予只会写5个字的普通女工袁苏妹"荣誉院士"的称号，就是倡导一种精诚服务精神，而这正是学会做人的根本，是每一个学生乃至每一个人都需要具备的品质。这涉及的核心因素就是人格。

可见，人格是我们在日常生活中经常感受到的现象。比如，一个孩子乐观自信、不怕失败、活跃而有创造力，人们会说："这个孩子具有健康的人格。"若一个孩子缺乏安全感，常常自卑或常主动攻击别人，人们会说："这个孩子可能有人格障碍。"

简单地说，每个人的行为、心理都有一些特征，这些特征的总和就是人格。人格的形成是先天的遗传因素和后天的环境、教育因素相互作用的结果。

行为遗传学的研究证明，遗传对人格（总体上）的影响占50%左右。但是，人格发展也受个体的生活史以及社会历史条件的重要影响。

那么，在外界经验或个体的生活史中，有哪些重要因素影响孩子的人格发展呢？在北京师范大学出版社1989年出版的《个性心理学》一书中，北京师范大学心理学教授高玉祥列举了家庭、学校和生活实践（包括人际关系和职业）三个因素。在儿童成长的全部过程中，父母对子女的态度和教育方式一直起着重要作用。这一论点已经得到了许多心理学实验研究的支持。因此，我们非常关注现代教育制度和家庭教育方式能否使儿童具有健康人格。

判断儿童是否具有健康人格，在我与卜卫等著的《如何培养儿童的健康人格》（江苏凤凰教育出版社2016年出版）一书中，我们建议参考如下问题：

① 儿童能否专注于学习活动？

② 儿童是否感到对所学的东西有一种胜任感？

③ 儿童是否是学习活动中的活跃的参与者？

④ 儿童是否有自由感，是否有获得创造性培养的机会？

⑤ 儿童能否根据自己的成熟程度在一定范围内决定自己的生活？

⑥ 儿童是否能够缔造适合自己的有意义的生活？

⑦ 儿童是否有能力控制自己的生活？

⑧ 儿童是否对新的经验有一种开放的态度？

这些方面将在很大程度上决定儿童的人格。我们用更通俗的语言来表述现代社会中儿童所应具有的健康人格，一个具有健康人格的孩子至少具有以下几个特点：

- 能比较客观地认识自我和外部世界。
- 开放的，对所承担的学习和其他活动有胜任感。
- 充分发挥潜能的，对父母、朋友有显示爱的能力。
- 有安全感。
- 喜欢创造。
- 有能力管理自己的生活。
- 有自由感。

## 3. 习惯与人格的关系

中国科学院心理研究所张梅玲研究员与我共同担任习惯研究的课题组组长，在我们的一次课题会议上，她对习惯与人格两个概念的关系做出了如下解释：

习惯是在长时期里逐渐养成的，习惯一旦养成就不易改变；习惯一旦养成了，就变为自动化动作的需要了。因此也可以说，习惯是人在一定情境中所形成的相对稳定的、自动化的一种行为方式。

习惯总是表现在一个人的行为中，而且是比较稳定和自动的。但习惯养成和表现行为也受着一个人诸多因素（如一个人的理念、能力、智慧、性格等因素）的影响。一个人一旦形成了一种良好的习惯，这种习惯的深化和整合又能促进其健康人格的形成。如一个人不论做什么事情事先总是习惯于要认真地制订计划，并听取有关人士的意见，这就是一个人的责任心的体现。而责任心是属于健康人格的，是它的一个组成部分。责任心这种人格特质在有的人身上可以表现得很强，在有的人身上则表现得不强。因此，对中小学生培养良好的习惯，尤其是智慧性习惯和社会公德性习惯，应该是有利于健康人格的形成的。

我赞同张梅玲研究员的分析与概括，并且认为：习惯与人格的关系是相辅相成的。习惯影响人格，人格更会影响习惯。也许可以说，年龄越小，习惯对人格的影响越大；年龄越大，人格对习惯的影响越大。因此，在儿童时期重在培养良好习惯，就是为健康人格奠定基础。

我们课题组采用实证研究的方法对习惯与人格的关系进行了初步探索。研究发现，在小学中高年级的儿童中，情绪型的儿童所占的比例最多，这类孩子比较任性，会很容易出现冲动、焦虑、反复无常等行为表现，当面临各种压力情境时，也很脆弱，容易出现更多的攻击和退缩行为。如何帮助儿童养成调整自己不良情绪和控制情绪化行为习惯，获得较高的情绪稳定性人格特质呢？

研究发现，通过一系列"做人""做事"良好习惯的培养，儿童在情绪性维度的得分有较多的降低。这一研究结果提示我们，在面对情绪型的儿童时，老师父母可以着重从两方面进行行为习惯的培养。

一方面，要积极促进儿童的人际交往，建立良好的人际关系。儿童在交往中养成尊重他人、真诚待人、关爱他人、乐于助人习惯的同时，也逐渐学会更好地调节自己的情绪；良好的人际关系会让儿童获得广泛的社会支持，在面对压力情境时他们能获得他人更多有效的帮助，从而减少不良的情绪发泄。

另一方面，鼓励孩子独立承担自己力所能及的事务，提倡孩子进行自我管理，这不但减少了他们的依赖性，也时常给他们带来完成任务、战胜挫折的成就感。此外，对于情绪型的孩子，我们除了在培养他们做人、做事方面的行为习惯外，还注意多与他们沟通，公平地对待他们，维持比较和谐的家庭氛围和一致的教养方式。

我们的研究还发现，在年龄较小的孩子尤其是男孩子中，退缩型人格有较高的比例。这类孩子并不像情绪型孩子那么惹人注目，平时容易给人以依赖、散漫、懒惰、羞怯、不善言谈等印象。一些老师和父母在教育中可能更多地对他们的消极行为有更多的监督和批评，而较少去发掘和鼓励他们的积极表现，然而，对于他们简单的批评说教和严格的监督束缚并不奏效，退缩型的孩子更多的是需要树立他们的自信心。

在我们的实验干预中，培养学生自尊、尊重他人，帮助他人等习惯的活动之所以能有效地改善这类孩子的人格发展，是因为在儿童养成帮助和尊重他人的行为习惯过程中，自然而然地扩大了他们的人际交往范围，同时他们积极友善的行为方式也赢得了他人的回应、帮助和支持，从而获得了对自己的肯定和信心，促进了他们人格特质多个维度的积极发展。对于退缩型的孩子，需要更多积极的鼓励和帮助，给予他们自我前进的动力，用生动活泼的方式吸引他们参加集体活动，着重培养他们人际交往和自尊自信方面的行为习惯。

由此，作为教育者，在培养孩子的好习惯时要以健康人格为导向。那么在当前时代，要注意什么呢？

首先，要理清习惯的分类。

习惯按其价值可分为良好习惯和不良习惯。例如，有的小学生在做完作业后能做到自我检查，一方面能促进学生自我评价能力的发展；另一方面能提高其学习能力，这就是积极的良好习惯；而有的小学生做作业时，一边吃零食，一边听音乐或看电视，不能专心致志地抓紧时间完成作业，这就是一种不良习惯或称之为消极习惯。

习惯按其水平可以分为动作性习惯和智慧性习惯。如吃饭前洗手的习惯，这是生活方面的一种基本卫生习惯，也是动作性习惯；做重要事情要了解各方面情况后制订一个切实可行的计划，这是智慧性习惯；有人做事不习惯先计划，想到就做，而且任意改变做事的计划性、策略性等，后者的做法可以说是缺乏智慧性习惯。

习惯按其性质可以分为一个人必须遵守的社会性习惯和一个人所独有的个性化习惯，如公平公正、遵守交通规则等习惯均为社会性习惯；有人思考问题的时候总要在房间内来回地走动才能有思路，有人则喜欢一个人闭上眼睛默默地思考才更有效，这些都是每个人所特有的一些习惯。

习惯按其功能可以分为一般性习惯和某种工作所需要的特殊性习惯。善于观察事物、勤于思考等，这是一个人无论做什么工作都需要养成的良好习惯；建筑师、艺术家等职业则需要养成在头脑中利用表象构图的习惯。

其次，要注意三个层次。

第一，在培养个人性习惯的同时，侧重培养社会性习惯。即在兼顾个性差异的同时，要侧重培养如遵守规则、公平公正等社会性习惯。

第二，在培养动作性习惯的同时，侧重培养智慧性习惯。如饭前便后洗手，随手关灯，用过的东西放回原处，这都是动作性习惯。智慧性习惯如总结、反思、质疑、有计划等。

第三，在培养传统性习惯的同时，侧重培养时代性习惯。传统性习惯如尊老爱幼、节约、守纪律等，时代性习惯即讲效率、双赢、竞争、环保、创新等。

所谓习惯一定离不开行为，即使是质疑和反思等智慧型习惯具有非动作性的一面，最终还是会表现在某种行为上。如吴凯教授所说，智慧型习惯是一种思维方式，思考后也会体现在行为上。如养成接受新任务必先了解情况的智慧型习惯，就会开始调查研究，做文献检索和分析等，这不就是转化为行为了吗？

一般来讲，幼儿阶段是培养生活习惯的黄金时期；小学阶段是培养品德习惯的黄金阶段；中学是培养学习习惯和智慧型习惯的阶段。

当然，习惯的养成是需要技能的，而技能必然包含着一系列的指标与规范，但习惯培养应当以人格化为追求而不能单纯地技能化。具体地说，就是在习惯培养过程中，应当以健康人格为核心目标，注意观念与情感的培养，使孩子对每一个好习惯都知其然、知其所以然，从而晓之、信之、践之。

以未成年人10个好习惯中的"耐心听别人讲话"这个习惯为例，如果将其培养成技能化的习惯，可以视此为命令或铁的纪律，一旦违反将受惩罚。可以相信，人是可能这样养成习惯的。如果按人格化的习惯培养的要求，则重在培养对别人的理解与尊重，相信每一个人都是平等的，都有自己的尊严。技能化的习惯会使人机械，缺乏内心的认同与热情；人格化的习惯则是自然和谐的，内心认同也有热情。简言之，单纯技能化习惯培育的是机器，而人格化习惯培育的是真正的人。

## 习惯的重要性

2013年1月12日，以"用心托起孩子的未来"为题的公益讲座在拥抱大海的青岛奥帆中心剧场拉开帷幕。作为主讲者，我不禁重新审视"用心"，对父母而言，何为"用心"？如何"用心"？在我看来，习惯培养就是一种独特的"用心"。与600名父母近距离接触，分享教育心得时，我再次提出了我一贯的教育主张"习惯决定孩子一生""培养好习惯用加法，改正坏习惯用减法"。有网友称其为我的"养成教育秘诀"。是的，教子成功就要首先从培养孩子的好习惯开始。

日常生活中，我们经常会听到一些父母抱怨自己的孩子毛病太多，贪吃零食、不爱学习、甚至旷课逃学。那么孩子的这些坏习惯是如何形成的？一个人在青少年时代的习惯培养与他的人格塑造，究竟有着怎样的关系？我曾经对148名杰出青年与115名青年死刑犯的童年教育进行过对比分析。

分析发现，这148名杰出青年之所以获得成功，是因为这些人在童年时代就集中体现了6个习惯特点：自主自立，意志坚强，友善合作，明辨是非，选择良友，道德为先。与此相反，在对115名青年死刑犯的犯罪原因进行调查研究中发现，他们在童年时代也有着共同的习惯特点：厌恶学习，粗野无礼，好逸恶劳，亡命称霸，是非颠倒，荣辱不清。通过对比研究可以明显看出，148名杰出青年与115名青年死刑犯的显著差异之一就是习惯的不同，好习惯让人终身受益，坏习惯让人终身受害。

正如俄国教育家乌申斯基所说，习惯是人的行为的反射，反射是可以改变的。好习惯是人在神经系统中存放的资本，这个资本会不断地增长，一个人毕生就可以享用它的利息。而坏习惯是道德上无法偿还清的债务，这种债务能以不断增长的利息折磨人，使他最好的创举失败，并把他引到道德破产的地步。

美国心理学家威廉·詹姆士说："播下一个行动，收获一种习惯；播下一种习惯，收获一种性格；播下一种性格，收获一种命运。"就是说习惯可以决定一个人的命运。有了好习惯的孩子是走遍天下都可以放心的孩子，一身坏习惯的孩子会让你一生都不能放心，不得安宁。

有这样一个故事：北京有一家外资企业招工，对学历、外语、身高、相貌的要求都很高，但薪酬也高，所以有很多条件不错的人都来应聘。这些年轻人，过五关斩六将，终于到了最后一关：总经理面试。

总经理说："很抱歉，年轻人，我有点急事，要出去10分钟，你们能不能等我？"年轻人说："没问题，您去吧，我们等您。"总经理走了，年轻人一个个踌躇满志、得意非凡，围着总经理的写字台，翻阅文件资料。

10分钟后，总经理回来了，说："面试已经结束。""没有啊？我们还在等您啊。"总经理说："我不在的这一段时间，你们的表现就是面试。很遗憾，你们没有一个人被录取。因为，本公司不能录取那些乱翻别人东西的人。"

翻看东西，是儿童时期的一种习惯，是一种好奇心。对儿童来说，这是一个特点，不是一个缺点，但需要大人及时纠正和引导，否则儿童随手翻惯了别人的东西，就养成了一种不好的习惯。

1959年10月，苏联首位宇航员的选拔工作在全国展开。加加林从3 400多名飞行员中脱颖而出，成为20名入选者中的一员，并于1960年3月开始在苏联宇航员训练中心接受培训。

1961年4月12日，莫斯科时间上午9时零7分，加加林乘坐"东方1号"宇宙飞船从拜克努尔发射场起航，在最大高度为301公里的轨道上绕地球一周，历时1小时48分钟，完成了世界上首次载人宇宙飞行，实现了人类进入太空的愿望。

当时20个宇航员在培训，为什么加加林能脱颖而出？原来，起决定作用的竟然是一个偶然事件。在确定人选前一个星期，主设计师罗廖夫发现，在进入飞船参观前，只有加加林一个人把鞋脱下来，只穿袜子进入座舱。就是这个细节，赢得了罗廖夫的好感。罗廖夫说："只有把飞船交给一个如此爱惜它的人，我才放心。"

所以，加加林的成功，得益于他良好的习惯。有人开玩笑说：成功从脱鞋开始。实际上就是从好的习惯开始。

我再讲一个故事。

1992年的某个周四的下午，比尔·盖茨在纽约的一所小学作了一场励志报告。临走时，盖茨表示，自己会在以后的某个周四的下午再次来学校看望大家，如果发现到时谁的课桌收拾得最整洁，谁就将有机会获得他免费赠送的一部个人电脑。电脑在当时还是非常昂贵和稀有的，大家自然都希望得到。

因此，当盖茨走后，每逢周四的下午，大家都会不约而同地将课桌收拾得整整齐齐，但在其他时间则不愿意收拾。有一个学生却觉得盖茨有可能会在周四的上午就来，于是，每个周四的上午他就开始收拾课桌。

之后，他又觉得，盖茨也许会在除周四之外的其他日子里突然来访，于是他又决定每天都要收拾一次课桌。可是，每次收拾后不久，桌子便乱了。他想，如果这个时候盖茨恰巧来了，那么自己之前付出的劳动和坚持岂不是白费了。为此，他又决定，必须要让自己的课桌时刻都保持整洁，这样就万无一失了。

可遗憾的是，盖茨此后却一直也没能再来，其他的同学早就忘记了要继续收拾课桌，但这名学生却因此养成了一个随时保持整洁的习惯，并且从此学会了做事要有条理性和坚持性。

多年后，他终于再次见到了盖茨，但这次见面，盖茨并不是为了兑现当年的承诺——送他一台电脑，而是来送给他一件更大的礼物——用2.4亿美元购买他公司1.6%的股权。

他，就是创立了世界第一社交网站Facebook（脸谱网）的马克·扎克伯格。

这样的故事告诉我们，从小培养起来的良好习惯，将会影响一个人的一生，坚持下来就意味着走向成功。

当然，一些根深蒂固的习惯，无论好或不好，几乎都跟教育有关，但是我们却常常忽略这些问题。很多中国家长太重视孩子的功课、分数、名次，却忽略了习惯养成教育。实际上，一个人的习惯可能更重要。

2003年，在全国人民代表大会、中国人民政治协商会议（简称"两会"）上，为中国公民出境后的不文明行为"会诊"，成为了社会关注的焦点之一。无独有偶，十年后的2013年，全国政协委员、故宫博物院院长单霁翔在他的提案中，又呼吁从国家到地方各有关部门，针对游人的各种不文明行为，加大宣传引导力度，在全社会大力倡导"保护文物，文明参观"。在"两会"前夕，这个提案因两桩破坏文物及其环境的事件而引起社会关注。

一件事是2013年2月下旬的一天，北京故宫工作人员颜先生巡视时发现，太和门附近的一口大铜缸被人偷偷刻上了一行字"梁齐齐到此一游"。由于没能"人赃并获"，气愤之下颜先生将此事发到微博上，写道："今日，一位名叫梁齐齐的游客，在故宫大铜缸上刻下了'到此一游'，逮到你都得剁你的手。"这条微博引来众人关注，网友纷纷谴责该游客"太缺德"，在网上齐喊："梁齐齐，故宫喊你回家剁手！"甚至扬言要"人肉"此人。

另一件事是2013年2月28日，环卫工人从故宫筒子河里捞出4吨垃圾，其中有1万多根吃剩的玉米芯。原来，这一年冬天降雪次数较多，筒子河里堆积了积雪，许多游客在河边吃完了买来的玉米，顺手就向河里一扔。不料，雪融冰化时这些垃圾集中冒出来，很是难看，而且雪融化后又冻结成冰，环卫工人只能先用冰钻将冰打碎才能把垃圾取出来。这显然暴露出游人随手乱扔垃圾的恶习。

从一定意义上看，教育就是培养好习惯，改正坏习惯。比如，德国人严谨的习惯就是教育的结果。

德国人的严谨也体现在家庭教育中，比如，孩子说："爸爸，我明天想去爬山。"爸爸不会说"NO"或"YES"，他会说："你的计划呢？你准备去什么地方，怎么去，跟谁去？"如果孩子说："我还没有想过。"父亲就会说："你没仔细计划的事就不要说。"由此可见，德国人特别讲究孩子做事有计划。这样的习惯造就了严谨的德国人。

春秋战国时代，儒家和墨家是最有代表性的两个思想流派，但是有很多问题的认识是一致的。墨子最有名的关于习惯的思想就是"染丝说"："染于苍则苍，染于黄则黄，故染不可不慎也。"对孩子的教育也是这样的道理。不同的家庭教育出不同的孩子，这就与染丝一样。明代的思想家王廷相这样说："凡人之性成于习。"由此，我们要认识到习惯的重要性。

## 习惯培养的12个重点指标和5个最重要的习惯

心理学家华生认为，人类的独特之处在于情感、言语或思维、行为三大习惯系统的巨大发展，而人格是习惯系统的最终产物。人格是一个人在反应方面的全部资产和债务。资产是那些适应环境的习惯，债务是人对环境适应欠缺或阻碍的行为习惯。当一个人的人格已经"资不抵债"时，再来培养习惯塑造人格或许为时已晚。

我一直呼吁，教育的核心是培养健康人格，而习惯养成是培养健康人格的重要途径，即良好习惯缔造健康人格。

依据习惯与人格的这种密切关系，要以建构健康人格为目标选择重点培养哪些习惯。结合我国现阶段的教育方针、《公民道德建设实施纲要》和联合国教科文组织关于21世纪教育的建议，中国青少年研究中心习惯研究课题组提出了当前少年儿童良好行为习惯培养的主要内容。

联合国教科文组织指出，21世纪教育的使命是帮助学生学会学习、学会做事、学会共处、学会做人。在素质教育中，应该使受教育者身心和谐发展，使他们主要在思想道德、能力、身体、心理等几个方面形成一系列优良的素质。这些主要方面的素质基本上都包含在学会做人、学会做事和学会学习三个大的方面。基于以上认识，我们认为，培养少年儿童良好习惯基本内容应该集中在三个大的方面，即：做人、做事和学习。

在良好习惯的具体内容上，我们既强调要继承民族美德和优良传统，坚持和弘扬民族精神，同时也要具有当今时代的气息，适应社会发展的趋势。这主要包括中华民族的传统美德以及当今时代的要求和挑战。根据这一原则，我们将少年儿童学会做人、做事和学习三大方面的良好行为习惯归结为12项重点内容：（1）做人：真诚待人、诚实守信、认真负责、自信自强；（2）做事：遵守规则、讲究效率、友善合作、合理消费；（3）学习：主动学习、独立思考、学用结合、总结反思。这12项重点内容对应着12项重要的人格特质指标（见表1）。

**表1　少年儿童良好习惯的12个重点培养内容**

| 分组 | 重点指标 | 人格特征 | 序号 |
|---|---|---|---|
| 做人 | 真诚待人 | 真爱 | ① |
| | 诚实守信 | 诚信 | ② |
| | 认真负责 | 责任心 | ③ |
| | 自信自强 | 乐观 | ④ |
| 做事 | 遵守规则 | 规则意识 | ⑤ |
| | 讲究效率 | 效率意识 | ⑥ |
| | 友善合作 | 合作 | ⑦ |
| | 合理消费 | 勤俭节约 | ⑧ |
| 学习 | 主动学习 | 自我能动性 | ⑨ |
| | 独立思考 | 独立 | ⑩ |
| | 学用结合 | 勇于实践 | ⑪ |
| | 总结反思 | 勤于创新 | ⑫ |

需要指出的是，我们在研究与实践中总结出的这12项重点培养内容，具有鲜明的"智慧性""时代性"和"社会性"特征。这些指标所代表的人格特质构成了面向信息社会的个体健全人格的基本结构和特点。这12项重点内容具有人格化特点，虽然不是具体的行为习惯，但是它们的形成需要以在日常学习和生活中养成一系列具体的行为习惯为基础。比如，养成

认真负责的智慧性习惯，就要求学校和家庭经常对孩子进行相关方面具体行为习惯的培养，如认真听讲、认真完成作业、自己的事情自己做、积极为他人服务等良好的行为习惯。

课题组在实践中，结合中小学生日常行为规范的有关要求，对这12个重点培养内容包含的相应的主要具体行为习惯作出了示例（见表2）。

**表2 少年儿童12个重点"人格化"习惯对应的主要具体行为习惯示例**

| 12个重点指标 | 主要行为习惯示例 | 序号 |
|---|---|---|
| 真诚待人 | 礼貌待人（礼貌用语、基本礼仪和礼节等）、孝敬父母（理解、尊重、关心）、尊敬师长、与自己和伙伴或同学真诚相待 | 1 |
| 诚实守信 | 说话算数、不说谎话、对别人交代的事情不敷衍了事、自己做错了事情主动承认、借了别人的东西及时归还 | 2 |
| 认真负责 | 自己能做的事情自己做、敢于承担责任、学习认真（听讲、作业等） | 3 |
| 自信自强 | 生活有规律，按时作息、坚持体育锻炼、穿戴整洁、讲究个人卫生、情绪饱满乐观、敢于竞争和参与、面对困难和挫折不退缩 | 4 |
| 遵守规则 | 遵守家规、遵守课堂纪律、遵守班级纪律、遵守校规、遵守交通秩序、公共场合不打闹嬉戏、看比赛和演出时文明有序 | 5 |
| 讲究效率 | 做事有计划、讲究方法、珍惜时间、善于自我管理 | 6 |
| 友善合作 | 不打人骂人、不歧视同学、不随便给别人起绰号、善于交往、关心班集体 | 7 |
| 合理消费 | 爱惜个人用品、吃穿不浪费、不乱花钱、节约水、电等资源 | 8 |
| 主动学习 | 学习有计划、求知有方法、学习时间有保证、课余生活有安排 | 9 |
| 独立思考 | 勤于动脑、敢于提问和质疑、主动与人讨论、大胆想象和联想 | 10 |
| 学用结合 | 动手操作、参与劳动、仔细观察、注重体验 | 11 |
| 总结反思 | 及时总结、整理知识、勤于反思、处理信息 | 12 |

良好的习惯最终由优良的外在行为体现。因此，习惯的培养主要应通过行为训练和行为强化来进行。习惯是一种相对稳定的、自动化了的行为。个体的行为，其生理上的机制主要有无条件性（先天的无条件反射）

和条件性（条件反射）两种类型。良好的行为习惯主要由条件反射类行为组成，是个体受后天环境影响和教育的结果。对少年儿童来说，有明确目标的教育训练对其养成良好的行为习惯是很有必要的。合理使用各种强化手段和方式，是良好行为习惯培养的基本方法。

需要指出的是，行为训练的有效性不仅依赖于培养目标制定的科学性，即符合主体（少年儿童）身心发展的规律和客体（行为习惯养成）的规律，而且还依赖于训练方法的科学性和灵活性。

良好行为习惯的养成对儿童人格发展具有积极的促进作用。首先，良好行为习惯是促进少年儿童能力发展的重要生长点。研究与实践表明，良好习惯是个体能力的重要生长点，儿童自幼养成的某些好习惯往往能转化为某种能力，而某些能力的形成，需要一些良好的习惯为基础。①

教育家叶圣陶对此的论述非常精辟。他说："走路和说话是我们最需要的两种基本能力。这两种能力的形成是因为我们从小就习惯了，'成自然'了；无论哪一种能力，要达到习惯成自然的地步，才算我们有了那种能力。如果不达到习惯成自然的程度，只是勉勉强强地做一做，就说明我们还不具有那种能力。"因此，"通常说某人能力不强，就是说某人没有养成多少习惯的意思。比如说，张三记忆力不强，就是张三没有把看见的、听见的一些事物好好记住的习惯；说李四表达能力不好，就是说李四没有把自己的思想和感情说出来的习惯。因此，一个人习惯养成得越多，能力就越强。做人做事，需要种种能力，所以最要紧的是养成种种习惯"。

老子说："天下难事，必作于易；天下大事，必作于细。"越难的事情要把它变得比较容易来做，大的事情要从细致和细小的方面来做，这才能做成功。他还说："是以圣人终不为大，故能成其大。"就是不贪大才能做得大。所以，在日常的教育活动中，从这12个指标入手进行一系列好

---

① 以上指标的设计和解释是中国青少年研究中心习惯研究课题组全体成员智慧的结晶，课题的结题报告由孙云晓和陈卫东执笔完成。详见孙云晓、邹泓主编《良好习惯缔造健康人格——少年儿童行为习惯与人格的关系研究报告》，北京出版社2006年5月第一版。

习惯培养，有侧重地进行重点突破，是比较可行的。

我们在与北京师范大学心理学院的合作中，心理学专家们提出了更为精练的研究重点。他们的建议是：

做人方面重点研究：① 少年儿童积极的自我概念和自尊的培养；② 少年儿童的同伴交往能力的培养研究。

做事方面重点研究：① 少年儿童责任心的培养；② 少年儿童自我管理能力的研究。

学习方面重点研究：① 少年儿童学习策略与学习习惯的培养研究；② 少年儿童学习主动性与创新的研究。

也许，这样的研究更容易探索少年儿童行为习惯与人格之间的关系。

2013年1月2日，我在《中国教育报》"2013年，我期待"的特刊上说："我期待基础教育将培养良好习惯缔造健康人格作为重要使命之一。中国基础教育的重大缺陷在于忽视了良好习惯的养成。在少年儿童行为习惯与人格的关系研究中，我们得出的结论是行为习惯的培养需要以促进健康人格的形成为导向，重视做人、做事和学习三大方面的习惯培养，特别需要培养爱心助人、主动学习、勇于担当、自我管理和尊重他人（即仁爱、求知、责任、自制、尊重）五个方面的好习惯，可以说，这五个好习惯的指标也是健康人格的指标。"

说实话，我曾设想培养孩子一百多个好习惯，但在研究与实践中放弃了，因为习惯要求过多可能忽视差异伤害个性。习惯培养的最高价值是人的解放而非束缚。习惯培养务必尊重个人的权利与尊严。实际上，一个人有三五个好习惯即可成功，如能养成十个好习惯必定杰出。其他习惯可通过迁移实现。

那么，少年儿童行为习惯与人格的关系究竟是一种什么关系呢？

少年儿童行为习惯与人格的关系研究课题，既是一个教育问题的研究，更是心理发展的研究，非常需要心理学专家的深度参与。我与中国科学院心理研究所研究员张梅玲担任课题组组长，特邀北京师范大学心理学院时任常务副院长的邹泓教授率领其团队参与研究。

为了深入探究少年儿童行为习惯与人格的关系，北京师范大学心理学院派出李文道、屈志勇、张春妹、刘艳、张秋凌、李彩娜6位心理学博士生和多位硕士生，到北京理工大学附小等11所小学，做为期一年的实验研究。他们分成三个研究组，"做人组"主要以尊重和助人为主题，"做事组"以培养小学生的自我管理和责任心为主题，"学习组"以培养小学生的学习行为习惯为主题。

经过一年颇为辛苦的实验干预发现，良好习惯的养成有效促进了小学生健康人格的发展。比如，以独生子女为主体的城市小学生情绪性偏高，这是他们显著的人格缺陷。经过一年的习惯培养实验干预，实验班和非实验班学生相比，情绪性的学生比例下降了5%。[①]

在以上研究实验的基础上，我们总结提炼出特别需要培养爱心助人、主动学习、勇于担当、自我管理和尊重他人（即仁爱、求知、责任、自制、尊重）五个方面的好习惯，并且认为，这五个好习惯是健康人格的基石。

## 怎样培养良好习惯

**第一，要确定规范。**

《论语》说："不学礼，无以立。"《礼记》说得好："凡人之所以为人者，礼义也。"什么叫人？人就是身上的兽性越来越少，文明性越来越多，适应社会的发展。比方说动物，它们不讲什么平等、怜悯，它们就是弱肉强食，这是它们的生存法则。

我给大家讲一个故事，可以看到立规矩对习惯养成的作用。父母都特别希望老师关照自己的孩子，喜欢自己的孩子。但是，什么样的孩子老师容易喜欢，在班里容易受欢迎？答案之一是有礼貌的孩子。

---

[①] 孙云晓，邹泓主编：《良好习惯缔造健康人格——少年儿童行为习惯与人格的关系研究报告》，北京：北京出版社2006年第1版。

我一个朋友的女儿叫早儿，早儿就是一个非常有礼貌的孩子，上小学、上中学是人见人爱，到哪个地方都自然成为一个受人欢迎的女孩，善解人意，待人彬彬有礼。

早儿接电话，一拿起电话就说："您好，请问您找谁？"如果她妈妈不在，她会说："我妈妈现在不在，您有什么事情需要我转告她吗？需要让她给您回电话吗？"对方不挂电话，她肯定不会放下电话，都是先让客人挂电话之后，自己才放下电话。

有些孩子一接电话，开口就是：喂，找谁？不在！挂了。早儿为什么那么有礼貌呢？那就是习惯养成的结果。妈妈跟她说："凡是给咱们家来电话的人，都是我们的朋友、客人，对客人一定要热情，要抱着愉快的心情接电话。接电话先说'您好，请问您找谁'，然后该谁接电话谁就接电话，该做什么记下来，而且要后挂电话。"

早儿当然也有忘记的时候，妈妈看见了，就提醒她："想一想，应该怎么办。"提醒多次之后，过了21天，过了三个月，早儿就非常习惯了。这就是非常细致的礼仪习惯培养。

北京史家小学发动学生自定班规，我认为是一个很好的办法，没有规矩不成方圆。其实班规、家规、校规都是养成习惯的好方法。明末清初有个学者叫朱柏庐，他著的《朱子家训》这样写道："黎明即起，洒扫庭除，要内外整洁。""一粥一饭，当思来之不易，半丝半缕，恒念物力维艰。""善欲人见，不是真善；恶恐人知，便是大恶。"这些都是我们应该要给孩子确立的规矩。

**第二，为孩子改造成年人的世界。**

大家一定要有这样的准备，今天培养孩子的习惯是非常困难的，最大的困难在于父母，甚至爷爷、奶奶，也包括老师，本身可能就有很多不良的习惯。

下面是我的亲身体会。

2003年，我在新西兰访问。一天傍晚，我们走进一家超市。一进去，里面的蔬菜色彩鲜艳。我看到柿子椒又大又鲜亮，有鲜红的，橙黄的，碧绿的，忍不住就拿了一个柿子椒轻轻地捏。

没想到，一个在当地生活多年的台湾导游说："孙先生，这儿的习惯是用眼睛挑东西，不要用手挑东西。"我听了之后简直是呆住了。因为我自认为还是一个比较文明的人。坦率地说，第一次听说不要用手挑东西，要用眼睛挑东西。这就是习惯。

还有一次在菲律宾，那里冬天很温暖，在椰子树下游泳十分惬意。当时香港女童军的几位女士邀请我们一块去游泳。我想，游泳要走很远的路，到那个地方更衣也不知道是什么情况，我就穿好了泳裤，然后穿着睡衣就出去了。一位女童军的小姐说："孙先生，你怎么这样穿呢？"我当时还不太明白，怎么可笑？后来我才知道，其实这是一个很简单的礼仪：穿着睡衣是不能离开房间的，因为不合礼仪。但是坦率说，我真不知道。在北京，我家附近有一个饭店，在那儿吃饭的人有一多半都是穿着睡衣的，男女都有。自从知道这个礼仪习惯，我再看到他们就很不顺眼了。

还是要说说我们中国人随地吐痰的习惯。北京有个调查推算，中国每天约有四亿人随地吐痰，即32.9%的人有随地吐痰的恶习。著名作家邓友梅考证了一下，发现随地吐痰在中国大概有两千年的历史。京剧《文昭关》表现的是距今两千多年的战国时代的故事，剧中的老生东皋公就先在帘后"嗯，吐恩"一声再出场。邓友梅不明白，就问研究京剧的人，这是什么意思？人家告诉他，这就是吐痰的声音。"非典"的出现让我们知道随地吐痰的可怕。

为了孩子，为什么要改造我们成年人的世界呢？

孩子在学校培养好习惯，放学回家："爸爸好！妈妈好！"可是我们有的父母就不习惯："你叫什么呀？"孩子进门说："爸爸，我回来了！妈妈，我回来了！"家长则不耐烦地："回来就回来吧，啰唆什么啊。"父母如此态度，孩子就不知道怎么办了。实际上，"出必告，返必面"是我们中国的优良传统。孩子外出，走的时候得打招呼；回来的时候，要问候家里人，这既让孩子学会关心家人，也有利于孩子的安全，因此父母应积极回应。要让这个打招呼的行为成为每个家庭的一个很重要的习惯。

第三，要尊重儿童的权利，让孩子充分地参与。

多年的研究使我有一个感受：习惯培养是一把双刃剑，既可能培养主人，也可能培养奴隶。什么意思呢？就是大人在研究习惯，大人在定规范，强迫孩子去做、去执行，忽视孩子的主体作用，这就很可怕。所以对待儿童的习惯养成，父母要小心谨慎。

好习惯培养应以健康人格为导向，首先要尊重孩子的主人地位。因为真正的教育是自我教育，儿童是主人，我们应当发挥他们的主体作用。

习惯养成的最高境界是形成人的自身需求，而不是外在的强制。这一点特别重要。养成一个好习惯，应该是要让孩子们觉得：这是我盼望的，我特别希望有这个好习惯，这对我的帮助很大，对我的发展很有用，好习惯多了，我才是一个好学生，我才可以多交朋友。这才是自主自动的心态，而不是被逼无奈的。

在乔布斯的成长经历里有一个很有意思的故事：在他11岁的时候，他居然能够说服父母搬家，由此我们一方面可以看到少年乔布斯拥有的智慧和意志力；另一方面更可以看到其父母对孩子的理解和尊重。这个故事启发我们，认真倾听孩子的心声是何等的必要。同样，习惯培养也要重视孩子的心声，这就是一种尊重。

教育的一大失败可以说就是把太多的教育变成了一种从上到下的要求，而没有一个从下激发出来的主动的需求。现在全世界都在研究儿童，一个重要的主题是儿童参与。

儿童参与在许多地方是一个非常困难的事情。下面这个例子是我的一次亲身经历。

香港中华基督教青年会成立100周年的时候，我随全国青联代表团去祝贺。全世界很多国家和地区来了1 800多个嘉宾。晚上就餐之前，看演出。第一个节目——狮子舞，表演的青少年非常地尽力。可我发现这些耍狮子的人眼神有些异样，直直的、愣愣的。我非常奇怪："眼神怎么这样？"一问才知道，这是一些弱智孩子在表演。我非常震惊，感动得落泪。

试问，如果面对来自世界各地的1 800多名嘉宾，第一个节目我们敢让弱智孩子来表演吗？我们会挑一些嘴巴灵巧、模样可爱的孩子来表演。那么，儿童的平等在哪里？儿童的参与在哪里？素质教育的第一个原则就是面向全体，而不是面对少数。可以说，行为习惯的养成，如果没有儿童主动而充分的参与就不会成功。

据中国社科院研究员卜卫对儿童权利的研究，儿童参与有一个阶梯，这个阶梯有八层：

第一层是操纵，成年人操纵儿童；

第二层是装饰，找几个孩子来表演一下，来装饰；

第三层是象征性地参与；

第四层是成人指派；

第五层是与儿童商量；

第六层是与儿童讨论一起商定；

第七层是儿童提出方案，如"我要养成说话算话的习惯"，儿童决定，成人不限制；

第八层是儿童和成人一起决定。

在我看来，习惯培养的起点在第五层，与儿童商量。培养孩子的良好习惯，我们要和孩子商量：你们需不需要培养这个习惯？你愿不愿意培养这个习惯？把选择权还给孩子，这样才能真正培养出好习惯。

尊重孩子，让孩子参与选择和决定，这是习惯培养的最低起点。首先，成人与儿童商量，并认真对待儿童的意见。最理想的状态是儿童自己提出一些意见，并与成人共同做决定。在充分尊重儿童权利的基础上，让孩子发挥主人作用，自己决定养成哪些好习惯，改正哪些坏习惯，自己决定采用哪些方法，并主动学会与成年人合作，这应当成为习惯培养的首要原则。当然，成年人的引导与帮助是必需的，但只有唤醒孩子心中沉睡的巨人，教育才能成功。

**第四，习惯培养人格化高于技能化。**

习惯培养一个比较好的、比较高的境界是人格化。什么叫人格化习惯？就是行为习惯是以人格为导向的。人格是心理和行为特征的总和。人格化不是一个简单的技能化。当然技能化也很重要，有智慧型的，有技能型的，就像骑自行车和游泳，属于动作性、技能性的习惯。

但是，要注意一个误区，在习惯培养的行为训练当中，不能讲单纯的技能化。比方说，有一家外资企业要求员工见了客人要微笑，微笑的标准是露出八颗牙齿，因为这样的微笑是灿烂的。但是我们在生活中会发现，露出八颗牙齿的微笑未必发自真心，如职业化的微笑、无奈的假笑等。这种笑对孩子未必就好。培养孩子对人发自内心地笑，当然允许有个性化差异。比方说，在表达对人友好的时候，儿童的表达方式是不一样的，有的孩子不习惯叫人，父母却说："过来，叫叔叔，叫阿姨……"小孩子就跟着鹦鹉学舌，其实这样做的效果并不好。

我们不要强迫孩子，可以告诉他，对客人要有礼貌，要让孩子真心地去理解别人，尊重别人，可以用他自己的方式表达出来，如笑着点头，千万不能像训练动物那样训练孩子。

有一个英国皇家教育代表团到我国南方某幼儿园参观。园长为了让外国人看小朋友是怎样守纪律的，给每个小朋友发了一碗汤圆。

代表团到时幼儿园先举行迎接仪式。小孩儿都特别喜欢吃汤圆。对着汤圆，有个小男孩等不及了，低下头舔了一下。园长看见了，狠狠地瞪了他一眼。小男孩马上低下了头，知道犯错误了。

参观完了之后，中国的老师们就问英国的客人："你看我们幼儿园的教育怎么样？"一位英国教师说话很幽默："我看你们训练孩子的方式和我们英国皇家训练马队一样，要先出哪个蹄子，后出哪个蹄子……"多尖锐的讽刺啊！

**第五，培养孩子良好习惯的六大步骤。**

步骤一：提高认识。要认识习惯的重要性，我们可以通过讲故事、让孩子分析案例等各种方式来进行，使他们切身感受到习惯的重要性，主动养成好习惯。

步骤二：明确规范。与孩子一起讨论制定行为规范。定家规，定班规，制定习惯培养目标，一定要发动学生以及父母和老师都参与。要共同协商制定培养目标，三个月或半年培养一个习惯，不宜贪多贪快。

步骤三：榜样教育。一般来说，各个领域的杰出人物都有好习惯，而少年儿童最崇敬榜样，用各种方式进行榜样教育是有效的。大家都知道李嘉诚很守时，他怎么守时？他的表都是拨快10分钟的，这就是好习惯。

步骤四：持久训练。行为习惯一定要长期训练。习惯培养有很多技术手段，大家可以尝试，但是有一条很重要：即一个行为习惯的形成一定要经过长期的坚持和必要的训练。但是这训练不是天天正步走，不是这个意思，而是要进行分析、评估、引导、训练等，这些都是不可缺少的环节。

步骤五：及时评估。习惯培养过程需要用各种方式评估、表扬、引导，孩子一定要及时地表扬。

步骤六：形成环境。要形成良好的集体和风气，谁出现了好的行为，在班里或家里都会得到鼓励、支持、欣赏；谁有不良的行为出现了，大家会批评帮助，这对一个人好的习惯发展是非常有意义的。

六大步骤，把每个步骤都做细化，良好习惯就养成了。

## 怎样矫正不良习惯

在培养好习惯的同时必然要矫正不良习惯。面对孩子，我们会发现他们有很多坏习惯：学习不好的孩子往往是学习习惯不好；品德有问题的孩子，可能是品德习惯不好。怎么办？

我们来重温一下乌申斯基的话：神经体不仅可以有天赋的反射，而且在活动的影响下也有掌握新的反射的能力。经过教育，经过培养，人是可以形成新的习惯、新的反射的。我们完全可以通过训练来矫正孩子们的不良习惯。

矫正不良习惯一定要有科学的态度和方法。例如，广东一位老先生性子比较急，听说21天可以养成一个好习惯，就让孙女改正不良的阅读习惯，可是30天也未见效，于是便怀疑专家的理论。这位先生的质疑是有道理的，因为孩子的个性和成长环境差异很大，所以习惯养成的时间也就有所不同。基本规律是坚持时间越长，越有可能养成习惯。即使养成了稳定的习惯，如果条件改变了，习惯还会有变化。因此，习惯培养的特点是坚持坚持再坚持。

我再给大家讲一个更具体更值得借鉴的故事：儿童教育专家高寿岩女士介绍的好经验——如何改掉孩子写作业拖拉的习惯。

梓豪是小学5年级的学生，有个不好的习惯：写作业拖拉。明明是快则半小时，慢则1小时的功课，他每天都能写 3 个小时以上。母亲很伤脑筋。

梓豪的外公是教师，暑假时给梓豪补课，他发现梓豪反应快，但是不专心，往往写几分钟就起来东走西走，每小时至少五六次以上。为此，母亲想出了各种办法，专门抽出时间陪梓豪写作业。梓豪每写几个字必须围着屋子溜达一圈，即使有时候在母亲的强压下不能起身，勉强写作业，可是母亲只要一离开房间，梓豪立刻我行我素。母亲不能每天都专门陪读，所以梓豪的毛病一直没有改掉。

梓豪写作业已经长期养成不能专心的习惯，要他写作业不起来走动实在不容易。儿童的不良行为，若是属于初犯，可以运用忽视、不直接作反应的方法来削弱。但事实上，真正初犯就被注意到的不良行为很少，多数是出现好多次以后才被发觉。这些长期塑造而成的行为，父母或教师发现的时候，已经相当牢固。可是一般父母或老师往往忽略这项关键因素，恨不得马上改善。因此，会把儿童所要改善不良行为的标准定得很高，很严格，就会造成双方对立的尖锐形势。在面临此种情形时，运用区别强化的策略非常有效。

首先，母亲与梓豪约法三章，如果梓豪写作业时，每小时能减到 3 次之内的离座次数，就可以允许看电视。否则就禁止看晚上 6 点钟的动画片（因为动画片对梓豪有吸引力，是梓豪每天的必修项目）。结果第一星期有 3 天达到标准，3 星期后可以完全做到。

其次，等梓豪能完全做到每个小时离座不超过 3 次的标准时，再把标准依次提高到 2 次、1 次。这样，3 个月后，梓豪终于改掉了写作业拖拉的习惯。

这个故事告诉我们，要想改掉一个坏习惯，需要用一种递减法。就是说孩子的坏习惯，必然有一个过程才能改掉。培养好习惯用加法，加一加一加一，一直加到好习惯养成。

所以，无论是养成一个好习惯还是要改掉一个坏习惯，都需要及时评估，也就是要及时运用表扬、鼓励或者批评、惩罚等手段，正如上面提到的梓豪母亲的成功经验。

### 关键词：区别强化

区别强化理论的依据是斯金纳的白鼠实验。

斯金纳设计了一个类似箱子的装置，在箱子旁边有个杆子。箱内的白鼠如果压下了这个杆子，一颗食物就会落入离杆子不远的食物盒内。一只饿鼠在斯金纳的箱内停了许久，仍然没有任何压杆反应的迹象。

这时，为了让白鼠有动作，并且学会压杆的行为，斯金纳把所期待的行为分为若干个阶段，使白鼠逐步达到各阶段所设定的标准。假如这只白鼠在箱子里活动，许多的动作都不是斯金纳所期望的，只有当它的头朝向杆子时，才能符合斯金纳的期望，这时立即就有食物落入食物盒内。这种奖励会强化白鼠朝向杆子的反应动作，而其他动作相对逐渐减少。下一步要奖励的反应是白鼠更接近杆子，其次就是碰撞到杆子。最后只有压杆的行为，才会获得食物的奖励。

45

这个实验就是行为塑造的经典实验，可以塑造所期望的行为。如果从反面来看这项实验，又引导出另外一个策略——区别强化。这只白鼠在箱子里活动，开始时，动作都不是斯金纳所期望的，但只要头朝向杆子时就可以获得奖励。经过数次后，头朝向杆子这种行为逐渐增多，其他错误行为慢慢减少；其次缩小奖励的范围，要白鼠朝向并移动杆子，最终出现压杆的行为。

同样，对于儿童的偏差行为，其改善之道，并非立即要求儿童改掉，不要出现这种行为，而是采取渐进方式，分阶段逐步要求孩子递减不当行为的发生次数，最后减到可以接受，甚至完全没有的情境，这种策略就是区别强化。①

我觉得这个妈妈很了不起。从她的成功经验中，我总结出了习惯培养的基本方法——加减法。也就是说，培养好习惯用加法，改正坏习惯用减法。你想让孩子养成什么样的好习惯，就千方百计让他不断出现好的行为，出现的次数越多，好习惯越牢。反之，你想让孩子改掉什么样的坏习惯，就给孩子一个可以接受的过程，让他们慢慢地把坏习惯改掉。

用递减法减去孩子的不良习惯，就像戒毒的过程。有一年，我到阿姆斯特丹参访，发现有的商店卖毒品。我很奇怪："全世界都在戒毒，你们怎么卖毒品呢？"荷兰人说："我们是卖给那些戒毒的人的，戒毒不能马上戒掉，我们允许他们微量吸毒，只要凭一个证，就可以来买，这样让他逐渐减少吸毒量，最后戒掉。"这就是递减法。

我想，坏习惯就类似毒瘾，要用递减法去矫正。当一个人的坏行为比原来次数减少，就可以容许他甚至奖励他，一次比一次少，直到成功。

当发现孩子某个坏习惯比较顽固的时候，如果总是批评等于是强化，

---

① 高寿岩：《怎样改正写作业拖拉的习惯》，载《少年儿童研究》2002年1月。

不如暂且视而不见，去培养一个好习惯。如吴剀教授所说，采取"以优替差"的策略，同时还可以消除坏习惯的根源。比如，孩子乱花钱，兜里钱多就容易乱花。如果改为只给十块、五块，并逐渐减少，乱花钱的习惯就能逐渐改变，最终养成合理消费的好习惯。

## 在快乐的体验中养成良好习惯

人总是有向善、向乐心理，趋利避害是人的心理常态。因此，培养好习惯，我们要让孩子体验到坏习惯的丑陋，不能容忍。

我国南北朝时期的教育家颜之推倡导的"勤学、切磋、眼学"，就是说的学习要勤于观察，亲身体验。

先来对比体验式学习和传授式学习。教育专家刘京海认为，从国际教育比较来看，西方的教育以美国为代表，主要是体验式学习；东方的教育以中国为代表，主要是传授式学习。体验式学习是尝试、探索，容易形成能力，但不容易形成知识。传授式学习是灌输、记忆，容易形成知识，不容易形成能力。所以，中国的孩子会考试，但创造能力不太强，美国的孩子创造能力比较强，但不大会考试。目前，最好的教育是把二者结合起来。中国学生需要多一些体验。

正如荀子所说："不闻不若闻之，闻之不若见之，见之不若知之，知之不若行之。""闻之而不见，虽博必谬；见之而不知，虽识必妄；知之而不行，虽敦必困。"

我再举一个例子：中日儿童餐桌教育之比较。

日本的孩子在餐桌上的表现让我感动。日本的学生有一个习惯，吃饭前集体"感恩"，表达一种对接受美好食物的谢意。

中国孩子吃饭前啥也不说，在餐桌上挑食、剩饭。日本孩子说了之后就吃，不能剩饭，而且吃饭前人人要劳动，连两三岁的孩子也要帮忙。集体就餐时，吃完饭，日本孩子会向厨师鞠躬：辛苦啦！

中国的孩子则没有养成这些习惯。孩子到饭堂吃饭，拿着勺子敲盆"砰砰砰"："还不开饭！饿死了！"更是很少听说中国孩子给厨师鞠躬的。

我们的孩子在餐桌上的表现值得深思，我们有没有把习惯的养成和孩子的生活体验结合起来呢？

当然，教育在于引导。在习惯的培养当中，要有些快乐的事情，让孩子在体验中快乐成长。

教育不是说出来的，而是做出来的，实践出真知。洛克就强调儿童学习中的两个习惯：热爱求知和实地观察、亲身体验。

那么怎么做呢？我认为有很多种方式，特别是要创造多样的让孩子体验的活动方式。

我们教育孩子，千万别这样说："我跟你说了一百遍了，你还记不住！"你越这样说，他就越是记不住，甚至听不懂你的话，不知道是什么意思。

社会学大师费孝通对我说：孩子懂道理，经常不是听会的，而是看会的。所以，我们要创造各种方式，让孩子在体验中快乐成长。

体验教育具有形象性和情感性。体验教育强调少年儿童参与到实践活动中去，或者参与到创设的模拟性情境中去。这种鲜活、生动、真实的情境更能激起个体真实的感受。对少年儿童来说，在良好的行为习惯培养中，这种感受尤为重要。

同样，少年儿童良好行为习惯养成的过程是一个主动建构的过程。少年儿童良好行为习惯的培养不是外部强加的，而是通过主体参与实践活动主动实现的。

在少年儿童良好行为习惯的培养中，应让儿童主动地参与到实践中，参与到活动中去，在实践活动中去感受和体验，从而强化良好的行为，最终形成习惯。也就是说，让儿童在实践活动中把外部的要求逐渐地转化为自身的内在需要，使被动的行为逐渐转化为主动的行为，随后再提升到自动化的行为。这样就会自然而然地成为习惯。

让孩子在体验中快乐成长，少先队和学校的作用是巨大的。

上海华阴路小学中98%的小学生都主持过中队会。原来，这个学校少先队活动开展得很好，因此有的队员提议，我们希望天天都开展队活动。于是，少先队通过决议，具体做法是在每天下午上课之前的10分钟，各个班开中队会，因此叫作"10分钟队会"。一般情况下，队会的主题都由队员们自己选择，活动主持人则自由报名。于是，每天这十分钟，校园里充满了快乐与精彩。因为每班的队会主题都不一样，有马路歌手争夺战、猜谜、故事会、新闻播报等，内容和形式都是丰富多彩的。

大家想想看，即使是成年人，可能都有不少人没有在众人面前讲过话。没有这样的体验，就更谈不上习惯。因为不敢在众人面前开口，于是在碰到困难，遭遇委屈或伤害时，他也不会表达，只能找别人帮忙，把命运寄托在别人身上。

我觉得学校让每一个小学生都能站在全班同学面前主持10分钟队会，是一种了不起的锻炼，这就是一种很好的体验，让孩子从中能体验成功，体验快乐。

美国心理协会前主席马丁·塞利格曼教授被称为积极心理学之父，他认为孩子的积极情绪与童年的认知构建和社会体验有关，孩子对外界的直接探索有利于孩子的控制感，而这种控制感的本身就会给孩子带来积极情绪和好的习惯，这个过程就像是螺旋楼梯一样扶摇直上。

例如，马丁利用儿子喜欢收集石头的兴趣，锻炼孩子的毅力和培养孩子的勤勉习惯。他让6岁的儿子达利经常跟着自己矿物学家的朋友外出去挖矿石。有一次，他们在火热的太阳下连续挖了4小时，最后大人都感觉到累了，儿子还在从齐腰深的洞里把棒球大小的火山岩石往外扔，并汗流浃背地说："矿物学家是不休息的！"

## 继承中华民族重视习惯养成的优良传统

中华民族的历史上有很多培养习惯的好思想、好方法、好规范。在习惯的培养中，我特别希望大家能重视、继承这些优良传统。

宋代的教育家朱熹，被称为孔子之后的又一大儒。他专门写了《童蒙须知》，论述的就是儿童的习惯培养。书中这样写道：

"大抵为人，先要身体端正。自冠巾、衣服、鞋袜，皆须收拾爱护，常令洁净整齐。"

"凡脱衣服，必整齐折叠箧（qiè 音切，即小箱子）中。勿令散乱顿放，则不为尘埃杂秽所污，仍易于寻取，不致散失。著衣既久，则不免垢腻，须要勤勤洗浣（huàn 音焕）。破绽，则补缀（zhuì 音坠）之。"

"凡为人子弟，当洒扫居处之地，拂拭几案，当令洁净。文字笔砚，百凡器用，皆当严肃整齐，顿放有常处。取用既毕，复置元所。"

衣服脱下来，要放在固定的位置，这是一件小事，但要真正做到做好则并不容易。比方说，孩子早上起来，大叫："我的袜子呢？我的鞋子呢？"每天早上都在找袜子，找了半天也找不着。这就是不良的习惯。

作为我们的子课题学校之一的北京府学小学的老校长李熟熙非常用心。他对学生有一个非常具体的要求：凡是我们学校的学生，每个人上学期间，要有两双袜子，每天回家要洗袜子。第二天要穿一双干净的袜子上学。

每天洗袜子，要穿一双干净的袜子上学——这看似一个简单的要求，对一个小学生意味着什么？

穿着一双干净的袜子上学，不仅脚丫子很舒服，还有一种面对新开始的愉悦，对新的一天，新的生活的向往。而且洗袜子能养成劳动的习惯，自己的事情自己做。孩子年龄越小，我们提出的要求就要越具体。

有一次，府学小学组织学生去亚运村玩，其中一项是跳蹦蹦床。别的学校学生一脱鞋，臭气熏天。可是，府学小学的学生脱了鞋，却闻不到一点儿异味。这让管理人员大为感动，特别欢迎府学小学的学生。这就是行为习惯的差异。

北京实验一小的一位老师，对学生有个要求，写字之前要洗手，把手洗干净了，才能看书写字。我觉得这也很有意义。小孩子总喜欢用手东抓西抓，脏乎乎地马上又拿起笔写字，本子上污迹很多，这就是不良习惯。要求先洗手，从心理学上来讲，洗手的过程就是一个心理准备的过程：我要写作业了，写作业是一个很神圣的事情，我要把手洗干净了，才能好好写作业。

总之，幼儿园和小学是一个人养成习惯的最佳时期，我们一定要抓住这个关键期。

**相关链接**

# 未成年人的十个好习惯

**习惯一：热爱祖国，升国旗奏国歌时自觉肃立**

国旗、国歌是一个国家和民族的象征，要做一个合格的公民，就要维护国家荣誉，尊敬国旗、国徽，会唱国歌。

**习惯二：文明礼貌，微笑待人**

每个人都愿意面对一张微笑的脸，看到别人的微笑，我们会觉得别人对自己很友善，和蔼可亲，彬彬有礼。会微笑的人无论走到哪里都是受欢迎的人。

**习惯三：尊重他人，耐心听他人说话**

尊重他人是重要的文明习惯之一，也是吸纳一切智慧的必要态度。因此，从小学会用心倾听各种声音，而不去粗鲁地打断别人或随意插嘴，是现代儿童应有的良好素养。

### 习惯四：保护隐私，别人的东西不乱动

每个人都有自己的隐私，每个人都要学会保护自己的隐私。如不乱动别人的东西，不打扰别人学习、休息、工作和生活，一旦妨碍他人要及时道歉。同时也要学会保护自己的隐私，自己家的电话号码，父母的工作单位、姓名等情况不要随便和别人说。

### 习惯五：利人利己，用过的东西放回原处

自己的事情自己做，不给别人添麻烦。珍惜别人的劳动成果，不做破坏别人劳动成果的事。在家里、学校里用过的东西要放回原处。善始善终对于儿童是困难的，却又是必要的。用过的东西放回原处，有助于培养儿童思维的有序性，也有益于其责任心的形成。

### 习惯六：诚实守信，说了就要努力做

诚实守信是人的立身之本，是高尚道德的重要内容。一个言而无信的人，是不堪为伍的；一个言而无信的民族，是自甘堕落的。

### 习惯七：待人友善，观看比赛文明喝彩

观看比赛时应热情为双方运动员加油，不能起哄、谩骂裁判、运动员。观看演出时，演出结束时，要鼓掌致谢，要有秩序地退场，不随便中途退场。

### 习惯八：遵守规则，上下楼梯靠右行

按规则办事是地球公民学会共处的基本准则。如果每个人只从自身利益出发，不遵守公共规则，不考虑他人的需要，这世界必定永无宁日，也必定危及每个人的利益。因此，上下楼梯或者乘坐滚梯请排队靠右行，留出左侧通道，供有急事的人迅速通过。

### 习惯九：勤奋自强，坚持每天锻炼身体

大脑是思考的机器，机器好，学习效率才会高。要想保持清醒的头脑，每天进行适当的体育锻炼是必不可少的。少年儿童正处于身体快速发育的阶段，锻炼对于健康的意义就显得更加重要。健康第一是少年儿童教育永恒的方针，也是少年儿童成长的基本保障。

一个重要的发现值得注意：一个人如果在童年养不成运动习惯，长大

了很难养成运动习惯，而一个没有运动习惯的人，生命的质量必定下降。因此，小学生每天应保证睡眠 10 小时，学习不超过 6 小时，而校园运动 1 小时以上；初中学生每天应保证睡眠 9 小时；高中学生每天应保证睡眠 8 小时。

### 习惯十：环保卫生，干干净净迎接每一天

在现代社会养成讲究清洁卫生的好习惯特别重要，它是一个人文明的表现，既体现了良好的个人面貌，又包含了对他人的尊重。要勤洗澡、洗头，勤剪指甲，勤换衣服、袜子，注重牙齿健康，爱护环境，不随地吐痰和乱扔杂物等。

**教你一招**

重视孩子第一次出现的行为。比如，小孩第一次骂人的时候，他就特别注意看大人的反应。如果大人笑，还夸他"孩子真聪明，嘴巴真巧"，那这孩子第二次还会骂，而且会骂得更厉害。小孩子并不知道他的行为的后果，他只关心大人的反应。所以，对孩子骂人的第一次，最好的反应就是冷处理，让孩子自讨没趣，他才会明白：这不是好事情，别人都不喜欢。

# 引子

　　现在很多父母在用经济学里的博弈论的方式来设计孩子的前程：别的不用管，只要最后进到名牌大学，似乎就是成功。这个愿望果真都能实现吗？当你的孩子表现出别的才能时，你能够发现和欣赏吗？请了解多元智能与人人成功。

# 第三章
## 多元智能与人人成功

　　在北京饭店听一位著名女歌星唱歌，想起去其家乡时得悉她上学时成绩较差，其实学习成绩好坏与她唱歌水平没有太大关系。所以，千万不要因为孩子学习成绩差就禁止其发展兴趣和特长，恰恰相反，兴趣和特长是孩子热爱生活及生存发展的人生支柱，而首先就是成功的体验和信心的源泉。

　　明智的父母培养孩子自信、兴趣和习惯，而不是给孩子压力、专制和打骂。台湾脑科学家洪兰博士根据研究结果认为，强大的压力会永久地改变青少年的大脑结构，心灵不自由的感觉能影响神经元的发育。何为压力？超越孩子的能力范围就是压力。因此，期望与要求应在孩子力所能及的范围内。

　　孩子特别需要成功的体验，因为这是他的兴趣之源也是信心之基。心理学家阿德勒回忆说，他小时候，好几年都是班里的数学低能儿，但是某一天，他意外发现自己做出一道难倒了老师的题目，从此信心大增，成为学校里的数学成绩佼佼者。他认为，兴趣是心理功能发展中的最大因素。

谁会宽容一岁半的女孩把蚯蚓带到房间里玩？谁会支持十几岁的女孩到非洲探险的梦想？珍妮·古道尔的母亲做到了，所以，女儿成为著名的野生动物学家。作为《和黑猩猩在一起》的作者，她以发现黑猩猩能够使用和制造工具等成果，获得剑桥大学博士学位。

好父母支持孩子追求梦想。

## 成功在于选择

中国青少年研究中心的调查发现，有83.6%的中小学生父母要求自己的孩子要考进班级的前15名，这显然是一个不可能实现的愿望。所以，很多父母觉得孩子的成功之路充满艰辛，只有少数孩子才能成功，而自己孩子的表现却总是不能让人满意，离成功的标准太远。这种思想不仅让孩子承受着巨大的压力，同时也让父母的心里背上了沉重的包袱。

目前很多父母认为孩子学习成绩搞好了，能考上一所好大学就是成功，父母的这种态度直接影响着孩子的心态。据调查，有20%的独生子女最烦恼的事就是学习，另外有20%的独生子女为考试发愁，15%的独生子女担心自己的学习成绩。因为学习不好就很可能受到父母的批评。这种以学习成绩作为衡量孩子的成功标准，不仅容易造成孩子的"童年恐慌"，还直接影响了父母与子女的亲子关系，直接影响了家庭教育的效果。

所以说成功在于选择，因为成功的道路有千万条，但对于个人而言仅有一条是最适合自己发展的路。对于一个肯奋斗的人来说，成功在于选择，而选择在于自知。成功者就是选择了自己适合的路，失败者则是选择了不适合自己的路。例如，青年作家韩寒及泡泡网CEO李想，都没有选择千军万马过独木桥的高考之路，他们一个选择了适合自己的写作之路，另一个选择了适合自己的网络，都取得了各自人生的成功。

## 多元智能

美国哈佛大学的教授、著名心理学家霍华德·加德纳博士提出了著名的"多元智能理论"。在他看来，每个人至少存在着八种智能：语言智能、音乐智能、数学逻辑智能、视觉空间智能、身体运动智能、人际交往智能、自省智能和自然观察智能。但是，每个人的智能结构是不同的，优势自然也不大相同。

绝大多数人并不存在显著的智力水平上的差异，只有不同智力优势、组合与发展速度上的差异，多数人都会在一两种智能方面有突出的差异，每个人都有相应较容易的成功领域。一个人能不能成才，很重要的原因就看能不能发现自己的智能优势，并是否能发挥这个优势。父母发挥了孩子的优势智能，孩子就有了成功感，就能提升弱势智能，进入良性循环，他的发展就是正面的。因此，父母特别需要了解子女的智能特点，让他走一条适合自己的道路，这是成功的关键条件。你的孩子最适合的发展道路是什么？这个问题你想过吗？

北京一位著名的中学校长，有一天跟我见面，说："哎呀，孙老师，我犯了一个大错误。"原来他有一个儿子，他特别希望儿子学医，儿子却一点也不喜欢，不过儿子很听话，考上了解放军某军医大学。学了五年医学，他的儿子在择业时还是不喜欢，最后选择了自己喜欢的计算机职业。但与计算机专业学生相比较，医学专业毕业的孩子当然没优势。为此，这位父亲后悔莫及。

那么，父母如何发现自己孩子的潜能呢？我们先来了解八大智能：

第一，语言智能。父母要注意孩子是不是喜欢读书、写作，喜欢朗诵，喜欢一些关于文字的游戏，猜谜语、读外语、讲故事等。

韩寒读中学时六门功课五门不及格。但是，他作文写得很好。上海举办了一场新概念作文大赛，当时韩寒来晚了。考官是一位作家，他后来对我说，这孩子来了之后，考官都要吃午饭了，怎么考呀？于是，考官就把餐巾纸往水杯里一扔，餐巾纸在水杯里慢慢地沉下去了，说："你今天的作文就写这个。"韩寒居然写出一篇题为《杯中窥人》的文章。后来作文获得一等奖，自此推出了一位中国新生代作家。

第二、音乐智能。有的孩子听觉特别发达，表现出对音准和声音变化的高度敏感，并能迅速而准确地模仿声调、节奏和旋律，这些都反映出一定的音乐智能。

看电影《泰坦尼克号》的时候，我完全没有想到主题曲《我心永恒》深深地震撼了我。充满激情的旋律，对爱情与生命的呼唤，竟然会通过一首歌感天动地。由此，我开始关注天后级女歌手席琳·迪翁。

席琳·迪翁1968年生于加拿大魁北克。她回忆说："家里人洗碗的时候，他们就把我抱到厨房的桌子上，那里就成了我最初的舞台。我用尽全力去唱，把叉子、勺子或洗碗布当作话筒。我的演唱逗的大家前仰后合。我毫不胆怯，谁也不怕。问题在于我一唱就没完没了，根本没法儿把我从桌子上抱下来。"

席琳·迪翁的母亲在小镇上开了一间小酒吧，一到周末，他们一家在那里演唱民间歌谣。在14个孩子中排行最小的她，5岁开始在小酒吧里唱歌。这本来是谋生的行为，但是因为喜欢歌唱，反倒成为席琳·迪翁崭露头角的机会。因为表现出超强的敏感与喜爱，她的音乐才能逐渐被发现。

所以，当孩子对某些事情表现出强烈兴趣的时候，父母不要急于以自己的喜好做出价值判断，而是以欣赏的态度观察孩子的，珍惜孩子的每一点潜能优势。如何判断孩子的音乐智能？或许可以注意孩子在以下方面的表现。

孩子是否喜欢哼唱歌曲；是否对音准比较敏感；是否随便听一首歌能够容易记住旋律甚至会唱；是否喜欢朗读文章并注意音调；是否喜欢模仿他人的音调；是否容易理解音乐作品的内涵与情绪？

如果孩子具有以上特点，就可能是音乐智能较为发达的表现，值得珍惜，更需要给予引导和帮助。虽然不一定成为歌唱家，但喜欢并且擅长唱歌，会给人生带来许多快乐。

第三，数学逻辑智能。父母要了解孩子是否喜欢计算，容易理解数字、数学的概念，对科学感兴趣。具体说，孩子是否表现出喜欢猜谜、出谜、解难题、喜欢计算机、喜欢编造密码和科学实验等特点。

第四，视觉空间智能。这就要看孩子是否喜欢画画、喜欢设计、喜欢建筑，是否具有想象力。

广州市少年宫的美术老师陈元璞，小时候被确诊为智力发育迟缓，连简单的计数都不会。但是，他对绘画有浓厚兴趣。他的父母说服了少年宫的老师，得以让小元璞破例进了美术班学习。

在学习的过程中，老师发现小元璞虽然在好多方面的反应都很迟钝，但他对音乐形象的想象力却出奇地好，于是特别有意识地培养他这方面的能力。后来，小元璞以令人惊叹的技巧，超乎常人的想象力，将他听过的许多著名的交响乐，画成一幅幅或雄伟或瑰丽或深沉的图画。凡是看了这些画的人，无不啧啧称奇，无不为他对音乐有如此深刻的感悟感到不可思议。今天，陈元璞也成为了少年宫的一名老师，担任少年宫弱智班的指导老师。

陈元璞的成功在于他找到了适合自己发展的方向，避开了弱点，成为了自食其力的人。假如父母对小元璞的兴趣视而不见，只把他当弱智孩子抚养，那他到现在也只能是一个饭来张口、衣来伸手的人。

第五，身体运动智能。父母要了解孩子在身体协调方面的能力。比如，他的动作是否灵活、是不是善于运动、喜欢跳舞、善于用自己的身体来表达情绪，或者喜欢手工、喜欢制作模型、喜欢修理各种器具。

一次，我遇到排球明星郎平的老师，他给我讲了郎平童年的一些故事："郎平学习一般，特别喜欢爬树、爬墙，是非常好动的女生。"可见，郎平的成功也在于选择了适合她发展的人生道路。

第六，人际关系智能。父母要注意孩子是否善于与别人打交道，是否善于组织管理等。

第七，自省智能。了解自己的特点，对自己的优点、缺点有自知之明，喜欢写日记，喜欢设计自己的目标，这样的孩子表现出的就是自我认识的智能优势。

第八，自然观察智能。有自然观察智能的孩子能善于观察周围世界，喜欢分辨动植物，喜欢养宠物，对环保、生态感兴趣。

达尔文在少年时代就整天在自然环境里玩耍，正是在大自然中认识了各种各样的昆虫，并因此对小虫子产生了浓厚兴趣。后来，这种兴趣变成了他的执着追求，并引领他成为了一个伟大的划时代的生物学家。

负责任的父母，首先需要了解你的孩子的智能特点，并基于孩子的优势智能加以引导，从而挖掘出孩子身上的无限潜能。在家庭教育中，发现孩子的智能特点、选择适当的发展方向，是十分重要的原则。否则，就会影响孩子的成功，影响他的发展。

值得欣慰的是，教育界十分重视多元智能理论的借鉴运用。北京教育学院梅汝莉教授早在2003年就提出了多元智能理论在小学、初中和高中三个学段的不同运用。如为小学生提供多方面智能发展的创造条件；加强多元智能研究在初中生的实用性，预防厌学现象发生；注重多元智能理论在高中生艺术能力的推进等。

北京大学国家软实力研究院多元智能课题组，经过6年的努力，对我国7大区域10个城市几十家有代表性幼儿园的3~7岁幼儿进行了500万个科研数据的采样后，于2011年，发布了多元智能幼儿园应该具备的五个特征，其中特别强调了"个别化"的学习，亦即尊重孩子自己的经验、兴趣和智能倾向。避免传统教学只注重单一标准的学习方式，因为这会使得许多孩子认为自己没有能力，或是能力不足。而要重视孩子的个别化学习，包容所有智能的个别差异和其最终结果，使教育与智能相互配合，挖掘学习者最大的潜能。

## 选择自己的最佳才能区

也许，有的父母说，我不是教育专家，怎么样才能发现孩子的智能呢？其实，最好的方式就是给孩子创造一些条件，什么都让他去尝试，但绝不以成败论英雄。让孩子去运动，去观察，去听音乐，去画画，去交往，从中你用心观察孩子在什么方面做得最好，什么方面做得最轻松，这就是他的智能优势。

你熟悉童话大王郑渊洁吗？他可真是一个神奇人物。有"童话大王"之称的郑渊洁在读小学的时候，有几门功课成绩非常不好，数学老是不及格。老师说："郑渊洁，将来咱班最没出息的那个人，就是你！"然而，郑渊洁却不这么看自己，他觉得自己还是有许多长处的。比如，自己很富有想象力，一个小茶杯、一把钥匙也能编出一个故事来，自己的作文有时还被老师当成范文读给同学听。既然数学学不好，总可以在写作方面发展吧。因此，他坦然接受自己的不足，并注意在自己擅长的方面培养自己。最终他成功了，成为了著名作家！

他创作的《舒克和贝塔历险记》《皮皮鲁和鲁西西》等作品不仅被制成画册，还被搬上了电视和儿童剧的舞台，那些可爱的卡通形象被小朋友们津津乐道。《童话大王》《大灰狼》两本杂志也是他一个人写出来的。在中国作家收入排行榜上，他经常名列第一。

我和郑渊洁年轻的时候，曾经工作和生活在一起，我们还一起在早晨跑步，所以相互比较了解。多年后的一天，我曾特地请他详谈成长经历，并且透露一些成功秘诀，他说："一句话，我找到了自己的最佳才能区，这是上帝赋予每个人的特殊能力，是任何人代替不了的。"最佳才能区就是自己最愿意做、做起来感到最轻松的事情，这种最擅长的能力就是最佳才能。试想，如果郑渊洁的爸爸妈妈非让他去学医或当律师，那他就不一定有今天的成就了。可见，找准自己的智能优势并发挥自己的智能优势多么重要。

其实，我的体会和郑渊洁是一样的。如果让我去当会计，我大概就是天底下最糟糕的会计。但是，别人觉得很辛苦的写作，对我来说，却是很快乐的事情。每天，我只要坐在写字台前，打开电脑，就有一种愉悦的感觉。我可以每天都写，持续一个月、两个月地写，并且越写越舒畅，因为写作中的我是快乐的。

## 扬长补短大有必要

那么，是不是发现孩子的智能优势就行了呢？这是不够的。要创造条件让你孩子的优点变成一种优势的同时，还要扬长补短。

那么，怎么样让每一个孩子都获得成功呢？我的建议是，千万不能要求孩子门门功课100分，不必要求他排名在前3名，因为这样的要求，孩子是很难做到的。我们倡导：孩子前进一步就是成功，多考一分就应该奖励，最重要的是让孩子有信心。

我曾到上海闸北八中采访，当时这所学校被叫作"垃圾学校"，凡是学习不好的小学毕业生，就到这个学校读初中，留级的学生一度占38%左右。当时学校要做课题研究，要让每个孩子都成功，每个孩子至少要及格。

一天，八年级八班班主任楼老师发愁了，班里来了一个留级三年的女孩子，叫张爱华（化名），外号"傻大姐"。第一次考物理，张爱华仅考了7分。楼老师很用心，安排老师和同学给她补课，并经常找她聊天。

一次，楼老师问她："怎么样，下一次考物理能不能有进步？"张爱华说："老师，我肯定考不好，我一听考物理就紧张，浑身就哆嗦。"楼老师问："上一次你考了7分，这一次能不能考8分呢？"张爱华说："8分是可能的，但还是不及格呀！"楼老师说："只要你能考8分，老师就奖励你，因为你前进一步就是成功！"

结果，张爱华第二次考物理考了37分。因为这仍是全班最低的分数，她伤心地哭了。学习委员把她的卷子丢在地上，说："你净给我们班丢脸。"楼老师说："同学们，听说我们班这一次物理考试进步很大，我想知道谁的进步最大。"全部同学一算，当然是张爱华的进步最大，7分到37分，增加了30分。楼老师拥抱张爱华，说："祝贺你，你是我们班进步最大的人。"为此，老师还送了一本笔记本给她。张爱华非常感动，后来再考物理，考了67分，又取得了进步。

总之，我想送给大家一句话，成功不但在于奋斗，还在于选择，天才就是选择了最适合他的道路，蠢材就是选择了最不适合他的道路。

**教你一招**

给孩子尽可能多一些体验的机会，不以成败论英雄，而是注重发现孩子特有的潜能优势。即使孩子的优势并非父母所好，也要给予特别的尊重和支持。实践证明，在孩子最有特质的方面重点培养孩子，就是最成功的教育。

# 引子

今天的父母非常辛苦，也很困难，我们如果用父母教育我们的方法来教育今天的孩子，恐怕是很难取得理想的效果。因为今天的孩子和我们小的时候生活的环境完全不一样。

很多事实告诉我们：你亲眼看到的儿童现象未必是真实的。所以，教育孩子的前提是了解孩子，了解孩子的前提是尊重孩子。概言之，了解孩子是做好父母的一个基本功。

# 第四章

## 教育孩子的前提是了解孩子

　　儿童不是学习机器。2012 年 12 月 7 日，我出席首都师范大学儿童生命与道德教育研究中心揭牌仪式，中国陶行知研究会会长朱小蔓教授发言说："陶行知是在中国首先倡导生命教育的，但是，今天的教育在很多地方没有生命气息。尊重生命是一切教育的核心理念，更应该成为儿童教育教学的根本原则。"

　　最大的动力是热爱。所以，选择自己喜欢的事情做是多么重要，甚至可以说是多么人道。我赞同清华大学副校长谢维和教授的观点，就教育的使命来说，不是塑造生命，而是让生命舒展。作家冰心呼吁，让孩子像野花一样自然生长。因此，尊重孩子就要尊重孩子的潜能优势，尊重孩子的兴趣与选择。

　　为什么不能把孩子简单比较呢？因为孩子是千差

万别的，如遗传和成长环境的差异等，在许多方面没有可比性。如成尚荣研究员所说，儿童既是复数，也是单数，而且主要是单数，即儿童是"这一个""那一个"。因此，不要盲目攀比，而要发现孩子的特点，尤其要发现孩子的进步。

父母和教师的行为对孩子能否养成好习惯影响巨大，因为儿童最善于观察和模仿。班杜拉的观察模仿学习理论认为，儿童通过观察他们生活中重要人物的行为而学得社会行为，其中，自我效能即对自己能力的判断起着重要作用。因此，父母和教师首先要给孩子做榜样，同时要培养孩子的自信心。

## 尊重孩子首先应尊重规律

一次，我到山西侯马讲课。一位妈妈领着一个男孩来找我。"孙教授，你看看我儿子，都10岁了，个子长得小，这是怎么回事？"我一看，孩子的确是长得太小，看上去像8岁的样子。我说："你儿子每天睡多少觉啊？"她说："8个小时。"我说："你知道孩子什么时候长吗？"她说："不知道，是不是吃饭的时候长啊？"我说："吃饭的时候不长，睡觉的时候长。当孩子睡得很香甜的时候，身体分泌的生长激素决定他的发育，因此孩子的发育主要因素之一是充足睡眠。我不能马上判断还有哪些因素影响你孩子的发育，但国家规定小学生每天要睡10个小时觉，可你的孩子每天缺觉2个小时，而且成了习惯，这很可能是影响孩子发育的重要因素。"这位妈妈很尴尬，这么简单而重要的知识她竟然不知道啊！

所以，父母要重视孩子的睡眠。剥夺孩子的睡眠，就是剥夺成长。其实，我们根本没有理由剥夺孩子的睡眠。我们在10年的跟踪对比调查中发现，1999年全国有近半数的中小学生学习超时、睡眠不足，到2010年，睡眠不足的中小学生已经上升为近八成。

生理学研究发现，一个人缺觉4个小时，第二天的反应能力就会下降45%。睡眠不足会影响学生的记忆力、理解力，而且可能会带来潜在的心理问题。正在发育中的儿童，更要保证充足的睡眠。

父母要想让孩子成长得好，首先得让孩子睡好觉。晚上9点、10点，你还在打麻将或看电视，孩子能睡着吗？

《北京青年报》曾登过一个案例：

北京一个7岁的男孩子，晚上频繁到厕所撒尿。妈妈说："你怎么啦？"

"不知道怎么回事，难受。"

妈妈过来一看，发现儿子的小阴茎红红的。第二天，妈妈带孩子去儿童医院。大夫一看，说："你这个孩子每天洗不洗啊？"

妈妈说："洗啊！"

大夫说："怎么洗的啊？"

妈妈说："用水撩着洗啊！"

大夫说："你得给他彻底清洗，就是翻开清洗。"

妈妈疑惑地说："这么小的孩子，怎么能够翻开清洗？"

大夫说："你的儿子由于没有彻底清洗，现在发生了粘连，就是包皮和龟头之间有包皮垢，这种东西有很强的致癌的可能性。"

接下来的治疗是艰难而痛苦的过程。

后来，这个妈妈含着泪写了一篇文章，题目叫《男孩子也要每天用水》，我把这篇文章转发在《少年儿童研究》杂志上，呼吁父母们了解自己的孩子。

据对安徽省5 000多名大中小学生的分析调查，小学50%以上的男孩存在着包皮的问题，其中约10%的男孩子包茎，需要做手术。包茎里面的小龟头露不出来，包皮不能翻上来的，这就需要到医院做手术，这是一个很简单很安全的手术。但是，我敢说中国的父母们，有这种意识的人不多。

因此，很多男孩子就稀里糊涂地长大了，带着麻烦和痛苦长大了。当他要结婚了，才发现早已经丧失了生育能力，婚姻生活受到了严重的影响，造成一生的不幸。

可以说，独生子女的父母都是没有经验的，等有了经验，孩子已经长大了。所以说，孩子是一本书，值得父母与教师用心去读，而且要读懂。孩子有成长的规律，父母如果不关心这些问题的话，怎么能让孩子健康地成长呢？

山东省一个儿科大夫，给我们《少年儿童研究》杂志寄来一篇文章《性顽皮酿悲剧》，当时发在杂志的头版。一个小男孩，撒不出尿来，疼！找不出什么原因来，只好上医院。结果，医生发现他的尿道里面有挺长的塑料绳。原来是几个顽皮的小孩在一块把塑料绳往尿道里面捅。

北京儿童医院设有小儿妇科门诊，专门解决14岁以下女孩子的妇科问题。医生发现，有的女孩子的阴道里面有玻璃球、扣子之类的东西。这样的问题都是我们闻所未闻的。

所以说，儿童的成长会出现各种各样的问题。因此，我们要特别了解孩子，不了解孩子，就谈不上教育。

父母们是否感受到孩子特别厌烦你在饭桌上的训斥。我们在调查中发现，不少父母在全家吃饭时就谈论孩子的学习，一边吃一边说："你的成绩怎么老是不及格，考那么点分，怎么对得起我这么辛苦地给你做饭！你怎么学的呢？"

餐桌训子会影响孩子的食欲，最容易制造胃病。所以，我有一个观点就是：餐桌训子害处多。

为什么害处多呢？

著名的生物学家巴甫洛夫做了一个关于狗吃东西的实验。他事先准备好一条管子（内窥镜），放入狗的胃，然后给狗吃骨头，狗吃得很开心。这时，研究人员把一只猫扔到狗的旁边，这只狗情绪大变，变得紧张生气后，这狗就丧失了食欲。由此可见，一遇到刺激，狗都无法正常进食，何况于人呢？

我的建议是，吃饭时不要训斥孩子，吃饭前后的1小时可以适当说说。虽然父母都希望孩子学习成绩好，希望孩子争气本身并没有错，但务必要注意方法。

## 不要把孩子的特点当缺点

孩子一旦犯了错误，经过父母的教育引导后会说："妈妈，我再也不犯错误了。"可是，第二天保不准又犯错误了。其实这就是孩子的一个特点：孩子是在犯错中长大的，在错误中长大是孩子成长的特点之一。

我在网上看到一个妈妈的求助，他的儿子两岁半了，说话还不是很流畅，而邻居同龄的小姑娘已经伶牙俐齿，为此这位妈妈非常焦虑，甚至生活和工作都受到了影响。

原来，这位妈妈从孩子出生后，就将全部精力放在了孩子身上。她经常上网查资料，跟一群年轻妈妈在育儿群里讨论如何带孩子；经常用网上的一些标准来对比自己的孩子，只要有些差距，她就很紧张。孩子咳嗽时，害怕孩子是肺炎；孩子动作慢，就担心孩子是脑瘫。现在因为儿子说话不流畅，就担心儿子言语能力发育迟缓。

事实上，男孩的言语发育能力通常比女孩要慢，5岁的男孩言语能力只相当于3岁半的女孩，所以女孩在幼儿阶段比男孩要伶牙俐齿是很正常的。在孩子成长的过程中，孩子的许多表现只是成长中的特点而不是缺点。父母对孩子的教育应该是三分教七分等，父母的焦虑状态不仅对孩子的成长毫无益处，而且会引起孩子的负面情绪，加重孩子的心理负担。

北京师范大学校长董奇教授是著名的儿童心理学家，他给我们讲过一个耐人寻味的故事。

有个孩子上课，刚刚上了20分钟，就说："老师，我要上厕所。"老师瞪了一眼："你课间干嘛去了？课间10分钟你没有上厕所啊？"孩子说："我去了。""去了怎么又要去啊？""我真的憋不住了。"老师说："别人都憋得住你怎么憋不住啊！你这不是成心捣乱吗？"这孩子说："我也不知道他们怎么就憋得住，我可是憋不住啦！"其实，人的膀胱有大小之分，有的孩子的膀胱大、存尿量多，他就能坐得住。有的小孩子的膀胱小、存尿量低，他喝水喝多了，尿也就多了，过了不到20分钟他又想去撒尿了，根本与捣乱扯不上边。你能说他这是成心捣乱吗？这不是问题啊！这是特点不是缺点。

有的孩子上课说："老师，我听不见。""为什么别人听得见，你听不见？坐在你后边的人都听得见，你怎么听不见？"小孩也就真觉得奇怪，是啊，他们怎么听得见，我怎么就听不见？为什么呢？因为小孩的听力有差异，有的孩子的听力只有别人的70%，他坐得远了还真听不清楚。

事实上，父母容易犯错误，老师也容易犯错误。老师一看到孩子在捣乱，眼光就容易盯住那些往日里调皮捣蛋的孩子。根据我的经验，有时调皮捣蛋的事反而是好孩子干的，但老师却很少怀疑好孩子。殊不知，老师这样制造了多少"冤假错案"啊！

有时候，孩子的反应很有意思。有的孩子受了冤枉他不解释。班里有人东西丢了，老师就现场"破案"："我们现在看一下是谁拿走了。"结果，有的孩子头上就冒汗，那不是心虚，而是紧张。这时老师从外在反应就以为找到"嫌疑人"，其实未必。

法律对犯罪嫌疑人实行无罪推定，那么对孩子更要无错推定。我曾经写过一篇报告文学，叫作《邪门大队长的冤屈》。这部作品前面用两句话做了手记："在每一个调皮大王的背后，都有一段被冤屈的历史。"

有一年的某个下午，北京一个区举行大型活动，邀我出席，我是这个区的校外辅导员。活动在下午2点半开始，有2 000人参加，锣鼓喧天、彩旗飘飘，每个孩子都很兴奋。

到了下午3点钟，主持人突然宣布："全体起立，默哀3分钟，向著名的故事爷爷孙敬修默哀。"因为孙敬修爷爷也是这个区的校外辅导员，他去世了，下午3点钟遗体火化。这个时候，孩子们站起来，低着头，可是没过一会儿，有个小孩"噗嗤"一声笑了出来。笑有传染性，于是整个场面混乱一片。

主持人特别生气，拿着麦克风就说："同学们，孙敬修爷爷为我们讲了一辈子故事，现在他离开我们了，我们有些同学不但不难过，还笑！"话说得如此严重，这个时候孩子们就不敢笑了。可是，孩子憋又憋不住，又笑出来了。

活动完后，那位主持人老师跟我说："哎呀，孙老师，您看现在这孩子，一点同情心都没有。"我说："恕我直言，不是孩子没有同情心，是您今天的安排有问题。让孩子由快乐的心情转到肃穆的心情，他需要一个转换的条件。你没有提供这个条件，孩子转换不了心情，因此孩子笑是正常的，不笑才不正常。"

我说，学校组织学生去扫墓，先讲烈士故事，然后扎花圈，戴白花。经过充分酝酿，走到烈士的墓地，有孩子就哭了，你哭，我也哭。经过充分的准备，孩子转换了心情——由快乐的心情转到肃穆的心情，这就很正常，这就是孩子。

因此，不能简单地说孩子没有同情心，是我们违反了孩子的心理规律，把他们的特点当缺点了。我们把孩子们的特点当缺点的事太多了，我们得反思这一点。

## 注意孩子的真实动机

要真正了解孩子，就要在碰到问题的时候，学会透过现象看本质，了解孩子到底在想些什么，以及为什么。

一次，北京一所小学安排课间餐喝豆浆。孩子们很爱喝豆浆，豆浆一来孩子就兴奋。孩子们争先恐后："噢，喝豆浆喽！"

但是老师发现，有一个女孩子从来不去抢，而是先坐在桌子上继续看书。老师问她："你为什么不争着喝豆浆呢？"这个女孩子诚实地回答："老师，豆浆上面的稀，底下的稠，底下的好喝。所以不用去抢，后面的更好喝。"

这个事对我很有启发，即你亲眼看到的现象未必是真实的。因为孩子的行为有一个特点，他可能出于一种很高尚的目的，做了一件很愚蠢的事情，好心办坏事。孩子也可能做了一件很漂亮的事情，动机却不高尚！所以说，对孩子的行为一定要透过现象看本质。

教育中还有一些比较深刻的问题。比方说，父母离婚问题。中国大概从1994年开始每年有100万对夫妻离婚，其中67%离婚夫妻有孩子。2009年，全国120多万对夫妻喜结连理，但有196万多对夫妇离婚。目前，北京、上海的离婚率已超过1/3。从年龄结构看，22~35岁人群是离婚主力军。

我们很多人都知道，父母离婚最受伤害的是孩子。我们在研究中发现，真正对孩子伤害的，不一定是离婚的事实，而是父母在离婚过程当中的战争，无论冷战热战，彼此之间的敌视、仇视对孩子伤害最大。

我讲课的时候经常有父母问，孙老师，离异家庭的教育要注意什么。我说，单亲家庭也是正常家庭。但是，有的时候，一旦父母离婚，很容易造成教育问题。比方说，妈妈抚养儿子或者闺女，就觉得孩子可怜，然后就百般地溺爱。其实，这样一种做法，并不利于孩子的生活和成长。

有的父母离婚后在孩子面前说前任的妻子或者丈夫的坏话。如对孩子说："你可记住，天下的男人没有一个是好东西。""天下的女人都是狐狸精。"其实，这样的话对孩子的成长也不利，可能会影响孩子的异性交往，甚至会影响他的婚姻观。

那么，父母离婚了怎么办呢？实际上，我建议父母们要正常地生活，让孩子独立，相互尊重，坚强而自信地生活。当然，要注意一点，不要让孩子在一种单性别环境中生活，否则就有可能使孩子的成长失去平衡。

比方说，离婚后母亲带着男孩子生活，但父亲对孩子还是负有义务的，有责任的。虽然不抚养孩子，也需要探望孩子。另外，可以让孩子跟男性的亲戚来往接触，多接触男性老师或者教练。只有保持两性的教育，孩子的成长才会更健康和谐。

我特别要为那些所谓调皮捣蛋的、表现不太出色的孩子辩护。对这样的孩子特别要透过现象看本质，不要冤枉他。生活中这样的事特别多。我认识一个贵州的小女孩陈弋弋，她获得了世界儿童征文大奖，她的文章让我很感动。

陈弋弋是一名中队长，家里条件很好。一个农村来的小男孩和她同桌。男孩表现一般，穿得也不太整洁。结果，那个小男孩就成为了班里被捉弄的对象。同学们让这个男孩把班级获得的奖状挂到墙上。这个农村的孩子，把椅子叠好爬上去，刚把奖状挂好，其他同学就摇晃椅子，他"咣当"跌下来，大家哈哈大笑。

有一天，上音乐课。陈弋弋发现自己忘带了音乐书，特别紧张，因为音乐老师会把不带课本的学生轰出教室。作为中队长，在众目睽睽之下被老师轰出教室，这不是很丢人吗？

于是，陈弋弋对男孩说："把你的课本借给我用用。"想拿人家的课本蒙混过关。憨厚的男孩也害怕被轰出教室，就把课本放在两人的中间。老师发现后说："你们俩谁没带课本，站起来！"女孩吓得不敢站起来，悄悄用手碰了碰那个男孩，意思是反正你也不是好孩子，你站起来吧！结果，男孩站了起来。老师说："你上学不带课本，你来干嘛啊！"男孩的眼泪"叭"就掉下来了。

后来，男孩回家干活，上房顶晒辣椒的时候，从房顶上掉下来摔死了。那年春天，陈弋弋采了一束野花来到男孩子坟前忏悔。

陈弋弋将这段经历写了一篇文章，题目是《春日，我来到你的坟前》。在文章里，她对已不在人世的男孩忏悔：其实每个人都是平等的，每个人都有自己的尊严，是我、是我们剥夺了你的尊严。这篇文章寄到印度参加世界儿童征文大赛，获得了尼赫鲁金奖。

如今，陈弋弋已经大学毕业，锻炼成为媒体的高手。我们见面喝茶，谈及那个男孩，依然是感慨万千。

父母或老师在孩子的眼里如高大的巨人，地位是神圣的，一句话就有可能伤害孩子的自尊。所以当你要处罚孩子的时候，要给孩子辩护的权利，给孩子说话的机会。当然，我并不赞成只是一味表扬、赏识孩子，正如我一贯的主张：没有惩罚的教育是不完整的教育。当孩子犯错的时候，父母要对孩子实施合理惩罚，惩罚的前提是理解和尊重孩子。

## 教育的真谛是发现儿童、解放儿童和发展儿童

全部儿童教育的使命，可以用12个字来概括："发现儿童、解放儿童、发展儿童。"发现儿童就是发现儿童的成长规律，发现孩子的潜能；解放儿童就是打破对孩子的束缚，让孩子身心获得自由；发展儿童就是引导儿童充满自信健康协调的成长。

一次，我在广州一所名牌小学与一位孩子交流，这位孩子是学校选出的代表。我问："你们双休日都干嘛呢？有时间玩儿吗？"

"没有时间玩儿。"孩子答。

我接着问："玩儿一天都不行吗？"

"不行。"孩子摇摇头。

我说："能玩儿半天吗？"

"半天也不行。"

我很惊讶，因为我敢肯定地说，如果连一天玩儿的时间都没有的孩子，极有可能成为问题儿童。凡是不会玩儿的孩子、不想玩儿的孩子，都是问题儿童。

有的父母认为，不能让孩子输在起跑线上，于是给孩子报了6个班，争分夺秒地学习。在我看来，生命必须留有余地，孩子必须有玩儿的时间。正如鸡蛋，当我们剥开煮熟的鸡蛋的时候，会发现鸡蛋里面有个空洞，没有一个是全满的。鸡蛋留下的"窝"就是留有余地。

大家是否发现一个奇怪的现象，孩子越小父母的期望越高，孩子的年龄越大，父母期望越低。其实，有的孩子开窍得晚，特别是男孩，整体发展速度相对比女孩慢。因此，父母更要关注男孩的成长规律，不要把男孩的成长特点看成缺点。

其实，很多教育问题都与观念有关。比如说，父母认为孩子只要把学习搞好就可以了，于是恨不得把孩子的每一分钟都安排满了，定好日程表。可是，测量现代儿童的标准之一，是看这个孩子可自由支配时间的多少。凡是孩子自由支配的时间少，孩子就极可能有问题，这个家庭教育也就容易出问题。

在全国的独生子女调查中发现，平均每个孩子可以自由支配的时间每天是68分钟。假如你每天只有68分钟能自由支配，其他时间都是别人支配你，你忍受得了吗？

那该怎么办呢？孩子不管行吗？确实不管不行，但是管需要正确的方法。以写作业为例，当孩子高兴地说："噢！写完作业可以玩啦！"父母说："真不错，好的，我再给你出10道题。"如果这样鞭打快牛，孩子就明白了：早写完了没用，写得越慢就越好。于是，孩子就有可能养成写作业磨蹭的坏习惯。

曾经有个小孩子对我说："孙叔叔，你知道家里什么地方最安全吗？"我当然不知道，孩子悄悄地告诉我："厕所。"这是孩子的答案。现在孩子上厕所的时间特别长，洗澡的时间特别长，把门一关，嘴里哼着歌，因为在厕所里面可以轻松一会儿。看看，我们的孩子多可怜啊！

聪明的父母应该怎么做呢？写作业，好好写，写完了作业自己检查，自己检查完了，剩下的时间归自己支配。这样的话，孩子就会慢慢养成认真写作业的好习惯，写作业的效率也就提高了。

当然，一旦发现孩子写作业磨蹭，怎么办呢？比如，一二年级的孩子，首先要和孩子约定睡眠的时间，一般小学生在晚上八九点睡觉。到了睡觉时间哪怕作业没写完也不许写了。第二天老师批评怎么办呢？那就得挨老师的批评。这样做的目的在于让孩子对自己负责。

有的父母说："孙老师，看到孩子坐着发呆，我就着急，觉得是浪费工夫。"其实，儿童的成长需要空间，发呆是需要的。

有的父母对孩子说："哎，不要带其他孩子来玩儿，不卫生。"对于孩子的成长而言，过于追求整洁反倒让孩子失去了朋友，那是因小失大。

## 好的关系胜过许多教育

"好的关系胜过许多教育"，这句话的意思是，当你与孩子感情越深，关系越好，你的教育就越有效。

真正的教育是自我教育，最好的学习是热爱学习，绝不是逼着、管着学习。

北京有一个五年级的孩子，考试考了59分，不敢回家。

他找到班主任："老师啊，我今天不敢回家！"

"怎么啦？"老师很奇怪。

"我今天回家就死定了！"

"为什么啊？"

"我爸爸说了，'小子，你要是考试不及格，我打断你的腿！'你看，这次考了59分，我回家不是找死吗？"

老师问："那怎么办呢？"

这个孩子鼓足了勇气说："老师，您能不能借我几分啊？"

老师从未碰到学生"借分"，但这位老师很有智慧，说："你借了我的分，能还我吗？"

"老师，我保证，以后一定好好学习，考个好分数还给您。"

"那好，老师相信你，说话算话。这样吧，老师今天多给你6分。"就这样，老师大笔一挥，65分。于是，孩子高高兴兴地回家了。

从此，孩子见了老师，跟见了哥们儿似的。上课认真听讲，学习进步很快。

这就是教育的规律，孩子因为喜欢某个老师而喜欢某门课；相反，孩子因为不喜欢某个老师而不喜欢某门课。那么，对于父母来说，建立好的亲子关系特别重要。以孩子撒谎为例，孩子撒谎有两大原因：第一，说真话受到惩罚；第二，为了逃脱困境。在这两种情况下，多数孩子都会撒谎。这样看来，孩子撒谎、弄虚作假其实可能就是大人逼的，孩子犯错可能是大人造成的。如果父母和老师注意引导和宽容，孩子的命运就可能会发生奇迹。

北京有一个五年级的男孩子，回家说："我再也不上学啦！"妈妈说："你才五年级，不上学你干嘛呢？"他说："老师不喜欢我，同学也不喜欢我，上学活受罪，我不去啦！"

妈妈到处找人想办法，后来找到一位著名的女作家。作家很逗，"我给你开个处方。"

处方这样写道："孩子有病，需要表扬，表扬一个星期。"她妈妈疑惑不解："这有什么用啊！"作家说："你把它交给班主任看一看，可能有用。"妈妈硬着头皮，找到班主任。班主任一看，眉头就皱起来了，叹了口气，"哎呀！你这儿子，有什么可以表扬的。"不过，老师还是同意

77

了，"那好吧！我试试看。"

从此每堂课，老师就留意观察那个孩子，每天都表扬这个孩子："今天上课很认真。"孩子听到老师的表扬高兴极了，于是他的腰板挺直，两眼放光，上课很认真。第二天，老师表扬孩子，"今天的作业写得有进步。"孩子听了，写作业特别有劲儿。五天下来，孩子似乎变了一个人，爱上学、爱写作业，而且特别喜欢这位老师。

这是什么原因呢?

对于小学生来说，老师只要摸一摸他的脑袋，就像活佛摸了顶，孩子们就会昂首回家："妈妈，今天老师摸我的脑袋啦！"因为孩子们都渴望得到老师的表扬。当然，对中学生就不能摸脑袋，那可能会起鸡皮疙瘩，但中学生更希望被欣赏、被肯定。

孩子是年龄越小越认不清自己，他越需要通过成年人的肯定来认识自己。他们需要老师的鼓励、表扬，需要父母的欣赏，就像花儿需要阳光雨露一样。

有一个妈妈，总怀疑儿子有感觉统合方面的问题，前后花了不少钱，给孩子进行感觉统合专门训练，仍没有治好。后来，妈妈带着孩子找到北京师范大学著名的儿童心理学家董奇，让专家给好好地检查。董奇教授如今是北京师范大学校长，也是我的朋友。他后来跟我说："我检查了半天，发现这孩子根本没有毛病，是他妈妈有毛病。"

我从事了40多年的儿童教育，可以毫不夸大地说，我见过无数的孩子，我还没有见过一个没有优点的孩子。看一个孩子，不出3分钟我就能发现他身上的优点。但奇怪的是，很多妈妈对我说："我孩子没有优点，全是缺点。"

在此，我建议父母们要多学习、多观察，不要光抱怨养育孩子太麻烦，而要享受养育孩子的幸福。21世纪，是两代人相互学习、共同成长的世纪。我们要向孩子学习，与孩子共同成长。

**教你一招**

　　看孩子的第一眼首先发现优点并且及时指出来，这是好父母的基本功。要是能发现孩子的 6~10 个优点，就说明你是一个优秀的父母；要是能发现孩子的 1~5 个优点，你可以说是一个合格的父母；如果，你连孩子的一个优点都没发现，你就该"下岗培训"了，要争取合格上岗。

# 引子

　　我一直强调：教育的核心不是传授知识，而是培养健康人格。培养健康人格最好的选择是从培养习惯做起，而儿童时期是养成习惯的关键时期。下面我从学习问题来谈习惯的养成。在生活中我们发现，孩子的学习情况并不乐观，因为中国的中小学生厌学的情绪是比较严重的。在全国中小学生调查中发现，因为喜欢读书而上学的小学生只有8%，初中生是11%，高中生才有4.3%。这个比例太低了！要知道，喜欢读书是把书读好的动力，爱学是万善之源。

# 第五章
## 爱学是万善之源

为什么说教育是唤醒的艺术？因为最有效的教育是自我教育，最有效的学习是自主学习。如余文森教授所说，自主的自核心内涵包括自觉、自立和自控，自主的主核心内涵包括主人、主体和主见。因此，学生自主学习要培养阅读、思考和反思三种核心能力。自主的学习才是真正的学习。

看一种教育的得与失乃至好与坏，最简单的办法是看它让学生处于主动的还是被动的状态，进而说是主人还是奴隶。如陶行知在《新教育》一文中说："学"字的意义，是要自己学，不是坐而受教。"生"字的意义，是生活或是生存。学生所学的是人生之道。因此，学生就是要学会生活。

孩子越小越需要成功的开始，尤其是需要拥有学习的快乐体验，而快乐来自兴趣。古罗马教育家昆体良是班级授课制思想的倡导者，但他告诫人们："最要紧的是要特别当心不要让儿童在还不能热爱学习的时候就厌恶学习，以致在儿童时代过去以后，还对初次尝过的苦艾心有余悸。"

引导孩子养成良好的学习习惯有两个法宝，一是自信心，二是好方法。日本学生指导学会常任董事长诸富祥彦教授认为，养成男孩学习习惯有四个要领：一是减少学习时间和学习量；二是玩完以后再学习；三是父母和孩子最好一起学习；四是选择简单易懂的练习题。一切以自信心为前提。

质疑是创造的前提，而应试教育的灾难首先就是扼杀质疑精神。哈佛教授安娜·斯诺对北京中学生讲课说，美国、中国和犹太教育的重要区别在于学习习惯不同，对于已有的理论，犹太人会提出自己的看法和质疑，美国人会自己探索，中国人习惯于接受。因此，中国学生最需要批判性和创造力。

## 厌学是万恶之源

一个人不怕他学习不好、不怕不会，就怕厌学。厌学会让人根本无心学习，甚至完全丧失了学习的热情与斗志。

2010年，中国预防青少年犯罪研究会主持进行了"全国未成年犯抽样调查"。结果显示，未成年人犯绝大多数是学业失败的孩子，有83.2%的未成年犯在上学时有过旷课逃学的情况，普通未成年人有过旷课逃学情况的只有4.8%。而由于学校过于注重学生的分数、片面追求升学率导致学生厌学、旷课逃学甚至辍学。从未成年犯旷课逃学时间来看，其中最长一次在"一个星期以内"占54.3%，"一个星期以上"占20.1%，"一个月左右"占16.1%，有些甚至一个学期和一个学年都不见踪影。而这些逃学旷课的孩子大部分都成了闲散未成年人。

什么叫作闲散未成年人？这是指达到法定入学年龄，不在学，无职业的未成年人。其中很多人已经厌学，或是因为其他原因，根本就不上学了，游荡在社会上。调查还发现，这相当数量的闲散未成年人，成了未成年人犯罪的主力。可以想象，青少年时代精力旺盛，这个时候他不学好，就学坏；不学正，就学邪。如果一个人偏离了正常的学习和生活，发展的结果是非常可怕的。

我从事多年儿童教育研究，接触了许多在校园传唱的童谣，其中不少都反映出厌学问题。例如："书包最重的人是我，作业最多的人是我，每天起得最早的、睡得最晚的，是我是我还是我。"还有一些孩子唱得更绝："太阳当空照，骷髅对我笑，小鸟说早、早、早，你为什么背上炸药包？我去炸学校，老师不知道，一拉线赶快跑，轰隆一声学校炸没了。"

当然，传唱这种歌谣的孩子并不会真的炸学校，孩子只是通过这样的方式来发泄自己压抑的心情。成年人可能无法理解："你看你们多幸福，不愁吃，不愁穿，条件这么好，还有什么不满意？"但很少有孩子会说："我们很幸福。"孩子很无奈，因为他每天都要面对没完没了的作业，面对父母望子成龙的压力。殊不知，父母对孩子最关心的问题，往往就是学习，但是学习却带给孩子许多烦恼。

学会求知是21世纪教育四大支柱之首。求知的"知"不只是指"知识"，而且指广义上的"认识"，这种认识的对象包括人类的自身及其主观世界，也包括自然、社会的外部世界，"求知"则是一个只有起点而无终点，在实践和认识的无限往复中探索未知、追求真理的过程。我们为学会学习确立了习惯与人格培养的四大指标，即主动学习、独立思考、学用结合、总结反思，其核心是勇于创新。

毫无疑问，爱学是学习好的第一特征，只有爱学才会真正地主动学习。所谓兴趣是最好的老师，说的就是这个道理。

因此，父母与教师的最大魅力，便是引导孩子热爱学习。让孩子爱学习、会学习是奠定孩子一生的基础。然而，让父母心痛的是，许多孩子从心里不爱学习，甚至厌学成了普遍的现象。

作为父母，该怎么解决这个问题呢？

我们需要看到，如果要让孩子乐学，最好的教育是自我教育，而自我教育则重在养成良好的学习习惯。因为良好的学习习惯能让孩子体会到学习的快乐，享受学习的乐趣。有四个重要的学习习惯，我们要加以特别重视：上课认真听讲、独立完成作业、认真预习、认真复习。要让孩子爱学、乐学、学好，父母务必要重视孩子良好学习习惯的养成。

## 学习动机不同效果大为不同

我们在研究中发现，并不是说家庭收入高、父母文化水平高，孩子就一定会好好学习。其实，孩子一生下来就是一个学习者，天生就有一种学习的需要。

学生的学习状况受到学习动机或学习需要的直接影响。一般来说，人有四种学习需要，即认知需要、发展需要、报答需要和竞争求胜需要。

认知需要是以学习本身为目的的需要。美国心理学家奥苏伯尔提出，认知需要是要求知道和理解（事物），要求掌握知识以及系统地阐述并解决问题的需要。也就是说，认知需要是直接指向学习或知识本身的。

发展需要主要反映学习是自我发展和自己成长的需要，是除认知需要外，学习的主要动力，它使那些难以直接给学习者带来认知快乐的学习活动可以坚持下去。

报答需要反映了学习以知识报答父母等长辈的愿望，但这是一种类似欠债还钱的信贷关系。在这种需要驱使下，学生在学习活动中感受更多的往往不是学习的乐趣，而容易产生因无法使父母满意所导致的焦虑。

竞争求胜需要主要反映了学生把学习作为竞争的手段，从而提高自己在群体中地位的需要。竞争求胜需要的存在，是自尊不能满足的结果，如自身接纳程度低、伙伴关系不和谐、在家庭中感觉不良，不能受到父母的理解与尊重，得不到老师的欣赏等。

显然，从学生的前途和幸福着想，应当鼓励和表扬认知需要，认可和鼓励发展需要，反省报答需要产生的原因，争取消除产生竞争求胜需要的根源。因为认知需要是最稳定的学习需要和内在动力，更主要的是，认知需要的满足，是人类生活的快乐源泉之一，是其他任何满足都无法替代的。

学习知识没有错，但认为知识高于一切就是大错特错，甚至可能成为杀人的教育。鲁洁教授认为，引起当今教育危机的原因在于塑造知识人成为根深蒂固的信条，即把知识扩张为人性的全部。我同意刘慧教授的观点，儿童教育要以儿童的生命为本，要以是否有利于儿童生命健康成长为标准。

台湾作家林清玄曾经现身说法：不必让孩子第一名。因为很多实例证明，分数在成长中并不如我们想象得那么重要。好成绩对于每个孩子来说都是需要的，但如果孩子的分数不能尽如人意，父母也大可不必过于焦虑。

瑞士小学生的成绩单上没分数。瑞士教师对于孩子能否学会和适应在户外"玩"的关心程度要远大于对他们学习成绩的关心。长长的成绩单上，主要是老师对孩子学习能力、自理能力、性格成长等各方面的评价，以及对于父母如何指导孩子提出的建议，哪些值得赞赏，哪些需要加强。

所谓基础教育，打的不仅是知识基础，还有做人的基础，要让孩子有正确的世界观、人生观和价值观，让他们明白什么是最有价值的，什么样的人生是有意义的，什么是生活的本质、成长的方向、人生的追求。

教育的真理是朴素的。今天重压之下的孩子因为扭曲，所以就成长得很费劲。

2013年1月11日，呼和浩特市某实验中学初一"火箭班"的14岁男孩强强（化名）从11楼跳楼身亡，这件事震惊了社会。同年1月23日，我在接受《光明日报》记者采访时大力呼吁：不要把学习变成一场你死我活的战斗。

殊不知，强强跳楼原因仅仅是因为他的期末考试排名从全年级的290多名落到了600多名。

　　强强的爸爸说，那天是强强返校领成绩单的日子，孩子下午从家出发去学校时，还没有任何异常反应。大家像往常一样在家等着孩子回来……突然，窗外"砰"的一声巨响，像有什么东西爆炸，楼下很快聚起围观的人群。强强爸爸也跑下楼，当时就傻了——那熟悉的帽子、衣服、书包，血泊中竟然躺着自己的儿子！

　　后来警方调取的监控录像显示，强强进入电梯，经过3层的家就没有停留，直奔顶楼11层，出了电梯大步走向楼层的窗口，蹬上窗口前的一条木凳就一跃而下。民警从录像上强强毫不犹豫的态度判断，强强在回家的路上就已经做好了思想准备。

　　闻讯赶到的妈妈长跪不起，撕心裂肺地号哭。妈妈费尽心血把儿子送到了全市首屈一指的"名校"，谁能想到竟是送上了绝路？

　　很多时候，父母为孩子的学习过度焦虑，正如强强的妈妈一样，变成了教育狂，这是要反思的。教育是一门科学，是一门艺术，不能用一种焦虑的心态去对待。现在过于强调考试名次的学习，很容易对孩子造成伤害。

　　其实，不是每个孩子的学习都优秀，学习差一点的就只有死路一条吗？学习不好，可以选择其他的成长道路。俗话说，三百六十行，行行出状元。当然，也不应该以状元为标准，尽到努力就很好。所以，父母要了解孩子的学习能力是有差异的，他可能尽到最大的努力也不一定达到你的要求。这个问题值得我们做父母的好好反思！反思什么呢？对孩子来说最重要的是什么？是热爱学习！

　　孩子只要爱学习就有希望，而且爱学习的孩子才能体验到学习的快乐，才能够持久地学习。孩子只要尽到努力就行了，孩子的学习态度、学习习惯、学习兴趣比分数重要。我相信孩子只要有了好的学习习惯，只要热爱学习就一定能够发展下去。我们在研究孩子的人格发展的时候发现，认知需要是最重要的、最稳定的内在动力。有远见的父母不要计较孩子偶尔的得失，而是鼓励他去善待生活，去发展自己的兴趣，这将使你的孩子能成为一个长期奋斗、不懈努力，向着自己理想目标前进的孩子。

## 质疑与独立思考能力是珍贵的

21世纪最重要的学习，就是学会管理知识和处理信息的能力。21世纪的学习特别需要一种质疑精神，能够发现问题，提出问题，能够独立思考。孟子说："尽信书，则不如无书。"孔子说："学而不思则罔，思而不学则殆。"说的就是这个道理。

但是要做到这一点很不容易。首先，严厉的父母就可能阻碍孩子的质疑。我发现，今天的孩子出现了一个问题，叫作集体失语现象，就是孩子不相信自己的语言，不相信自己的大脑，不相信自己的思考。

有一个外国作家到北京访问，来到一所小学，孩子们热情接待，辞令非常得体，却非常模式化。结果，外国作家摇头叹息，认为这些孩子不会说自己的话，不像孩子。这是很可怕的。

其实，社会上也有一种集体失语的现象，大家说话都是套话。我觉得这是一个不好的现象，对儿童是一种伤害，因为他缺乏思考，说不出自己的话。

我给大家讲一个很有意思的故事。

一次，我出席全国少先队大会。正逢星期天，国家机关一位干部把儿子也带去了。他儿子嘴巴很巧，什么都能说，我们听得津津有味，不断鼓励他。说着说着，他突然跟我们说起他爸爸妈妈怎么样过性生活，说得是绘声绘色。他爸爸在旁边听得眼睛都直了，不明白他儿子是怎么知道这些事的。他瞪一眼儿子，结果孩子却越说越来劲。爸爸很是无奈。

许多成年人都害怕孩子胡说八道，而小学生恰好就是处在一个"胡说八道"的时期。往往孩子一张嘴，父母就说："闭嘴，不许乱说话！"但是，不让孩子说话是很残忍的，不让孩子说自己想说的话，是制造集体失语的糟糕做法。因此，我到各地讲学经常提道："提倡童言无忌，防止集体失语。"

有一次我到河南讲课，讲到这个问题。讲完课，有一位女老师在门口等着我，她说："孙教授，你怎么能说让孩子童言无忌呢？"我说："为什么不可以呀？"她就给我讲述她儿子的"丑事"。

她的儿子6岁，读小学一年级。老师上课时讲一个词叫"对称"。什么是对称呢？老师启发大家说："同学们，人的身体哪里是对称的？"孩子们一听乐了，抢着说：眼睛、眉毛、耳朵、鼻孔、手、脚……这个女老师的儿子想发言就把手举得特别高，老师应允："你说吧！"那孩子腾地站起来，说："老师，人的两个屁股是对称的！"全班一阵哄堂大笑，他又说："男孩的两个小蛋蛋是对称的，我妈妈的……"老师急了，厉声喝道："你坐下！"

一下课，老师找他妈妈，说："哎哟，你的儿子呀，思想太复杂了，你得好好教育他，不得了啊！"妈妈吓坏了，赶快找儿子谈话："儿子，你上课怎么能说这些事呢？"孩子经常听不懂大人的话，他还不知道妈妈是批评他呢。儿子说："他们不知道，我才知道呢！"

这位妈妈焦急地问我说：我儿子6岁就这么乱七八糟的，长大后会不会变成流氓呢？我说不会，6岁的孩子不会产生你所担心的问题。

对于6、7岁的孩子来说，这不是问题，我们千万不能把孩子的特点当缺点，不能用成年人的思维去看待孩子，更不能简单地用道德的或政治的标准去评价孩子。

生活中这样的事情太多了。团中央邀请我在甘肃省人民政府礼堂讲课，我把这个"人的两个屁股是对称的"故事讲了。

讲完课，又有一个妈妈在门口等着我，她说："孙教授，您的课讲得好，我明白了很多道理，可你知道吗？我的儿子也是一个牺牲品啊！"

我说："你儿子怎么啦？"她说："我儿子上小学四年级，10岁，课间的时候我儿子跟另一个男孩吵架，你骂我一句我骂你一句。我儿子挺文明的，不怎么会骂人，大概骂了一句就没词儿了，手在空中比画了半天，他突然伸出一个拳头，对着那个男孩子说：'你有子宫肌瘤！'那个男孩一听，愣住了，不知道那是什么东西。其实我儿子也不知道是什么东西。

没想到被老师听见了，老师把我儿子叫过来说："你这个孩子啊！性早熟，思想复杂，我们班不能要你这个学生，告诉你妈给你转学！"

小孩子怎么会说出这个词呢？孩子记广告词是天才，耳朵就像录音机，听过一遍就能记住。

还有一次，我到湖北某市讲课。讲完了课，一位女老师来找我，说："孙老师，我今天厚着脸皮跟你说说我儿子的事，我教育孩子没水平。"我问为什么。"你说了一个观点，孩子从小要跟大人分床睡觉，这对孩子生理发育、独立性很有好处。可是，我儿子都9岁了，还天天跟着我睡觉。而且手总要放在我身上某一个地方才能睡着，我也没办法。"

这一天，她丈夫不高兴了，想和儿子谈判："儿子，你都9岁了，9岁就是男子汉了，男子汉就要自己睡觉了。"没想到，他儿子竟然对父亲说："你更是男子汉，你更要自己睡觉。"这父亲一急，说："你妈她是我老婆！"儿子想了想说："那我先和你老婆睡觉，将来你跟我老婆睡觉。"

一般情况下，我们会觉得孩子思想不健康，其实这是儿童的一种推理方式，我把这叫作顶针式的推理方式。对孩子而言，童言无忌是学会质疑的基础，是他们拓展思维的重要契机。

前国家总督学柳斌先生讲过这样一个故事：

一次，柳斌先生到北京光明小学去检查工作，随意走进一间教室听课。当时他推开的是四年级的一个班的教室门，班里正在上语文课，学习课文《麻雀》。这是俄罗斯著名作家屠格涅夫的作品。

课文讲一个猎人牵着一条猎狗，走在森林里。突然，一只刚出生不久的小麻雀不小心从窝里掉了下来，猎狗一见，就要吃那只小麻雀。猎狗匍匐着身子，向着麻雀靠近。在这危急关头，一只老麻雀"呼"地飞了下来，发出凄厉的叫声，并用身体挡住小麻雀，跟猎狗周旋，把猎狗吓了一跳。猎人一见，对老麻雀顿生敬意，于是把猎狗牵走了。

课文讲到这里，老师提了一个问题：这只老麻雀的行为表现出的是什么精神？同学们纷纷举手说是母爱，因为课文的标准答案是：表现了伟大的母爱。这时，一个小男孩举起手了，说："老师，我不同意这个答案。"老师说为什么呢。小男孩说："你怎么知道这只老麻雀是母的呢？"他说，这篇课文我看了好几遍，没有一个地方指明老麻雀是母麻雀，怎么就说这表现了母爱而不是父爱呢？

老师一听，说：这位同学能独立思考，发现了问题。老麻雀表现出的是伟大的亲子之爱，应该包括父爱和母爱，对不对？

这个答案对不对呢？我觉得这个答案是对的。有时我们以人为的标准答案完全束缚住了孩子的思维，这需要警惕。

假如老师这样说："你懂什么啊！《麻雀》这篇课文是大文豪的作品，是专家们选的，教材是这样讲的。"那孩子们谁还敢质疑呢？

这个故事向我们提出一个问题，当我们面对孩子的时候，不要过于强调所谓的标准答案，因为很多所谓的标准答案并不标准。

总之，"胡说八道"是儿童的一种思维方式。凡是敢于质疑的孩子，发现问题的孩子，那说明他认知需求高，他处在积极的学习状态中，这是一件好事。

有一位北京学校的老师对我说："现在的孩子很厉害，学《邱少云》这一课，孩子说：'老师，邱少云叔叔身上背着枪啊！手榴弹啊！在烈火中熊熊燃烧了半个小时，为什么枪不响呢？手榴弹不炸呢？'为什么我教了几十年书都没有发现这些问题？"

《聂耳》这篇课文写道："聂耳在雨中拉着小提琴，发出悠扬的琴声。"雨水把琴弓琴弦都打湿了，琴声怎么还会那么悠扬呢？这些都是孩子发现的问题。

美国内华达州有这样一场官司：

有一天，一位叫依迪丝的3岁小女孩告诉妈妈，她知道了"OPEN"的第一个字母是"O"，这位妈妈非常吃惊，问她怎么认识的？依迪丝说幼儿园老师教的，于是这位母亲一纸诉状把孩子所在的幼儿园告上了法庭，理由是该幼儿园剥夺了女儿的想象力，因为她的女儿在认识"O"之前，能把"O"说成苹果、太阳、足球、鸟蛋之类的圆形东西，然而自从幼儿园教会她认识了26个字母后，女儿便失去了这种能力。

诉状递上之后，在内华达州立刻引起轩然大波。幼儿园的老师认为这位母亲疯了，一些父母认为她有点小题大做，甚至律师也不赞成，结果这位母亲却坚持把这场官司打下去。

最后的结果出人意料，内华达州立法院判幼儿园败诉，因为陪审团23名成员被这位母亲在辩护时讲的一个故事感动了。

她说：我曾到东方某个国家旅行，在一家公园里见过两只天鹅，一只被剪去了左边的翅膀，一只完好无损。剪去翅膀的被放养在较大的一片水塘里，完好的一只被放养在一片较小的水塘里。当时我非常不解，就请教那里的管理人员。他们说，这样能防止它们逃跑。我问为什么？他们解释说，剪去一边翅膀的无法保持身体平衡，飞起后就会掉下来；在小水塘里的，虽然没被剪去翅膀，但会因为没有必要的滑翔路程而无法起飞，只好老实地待在水里。当时我非常震惊，震惊于东方人的聪明。可是我也感到非常悲哀，为两只天鹅感到悲哀。今天，我为我女儿来打这场官司，是因为我感到伊迪丝变成了幼儿园的一只天鹅。他们剪掉伊迪丝的一只翅膀，这是一只幻想的翅膀，于是她被投进了那片小水塘，那片只有A、B、C的小水塘。

后来，内华达州因为这个案例而修改了《公民教育保护法》，现在美国《公民权法》规定，幼儿在学校拥有两项权利：第一，玩儿的权利；第二，问为什么的权利。

武汉市某学校四年级的女孩子江典帅，被老师誉为"问题大使"。江典帅的妈妈有两本笔记，专门记孩子发现的问题，孩子发现什么问题，妈妈都记下来了，并鼓励孩子。结果，孩子逐渐养成了敢于质疑的习惯。她发现了四年级《数学》第七册"带小数"的定义不准确，并给教材主编写信。教材主编经过仔细核对，还真发现有问题。

你看，一个小学生敢于向教材提出问题，那对她这种学习能力的影响很大。这就是唐代韩愈倡导的："抒意立言，自成一家新语。"

## 走出"习得性无助"的误区

我们在多年的调查研究中发现，孩子的学习状况是父母们最关心的问题，也是父母们最烦恼的问题，因为不爱学习或者学业失败的孩子比比皆是。

孩子的学习问题千头万绪，明智的父母需要做到两点，一是真正了解自己的孩子，包括了解孩子的潜能特点和优势；二是学会抓根本，抓住"牛鼻子"，牵一发而动全身。

这里重点谈谈在家庭教育中如何抓指导孩子学习的根本，即抓住两个关键点，一是父母的解释和导向风格，二是培养良好的学习习惯。为了讲清楚一些，需要借助心理学的发现和建议。

2012年11月，我在北京见到了马丁·塞利格曼先生，他是美国宾州大学心理学教授、美国心理学会前主席，主要从事习得性无助、抑郁、乐观主义、悲观主义等方面的研究，被誉为积极心理学之父。我了解他是从"习得性无助"现象开始的，而我认为所谓积极心理学就是从"习得性无助"到"习得性乐观"。

1967年，读博士期间的马丁·塞利格曼在参与研究动物时发现，起初把狗关在笼子里，只要蜂音器一响，就给狗施加难以忍受的电击。狗逃避不了电击，于是在笼子里狂奔惊叫。多次实验后，蜂音器一响，狗就趴在地上，惊恐哀叫，也不狂奔。后来在给电击前，把笼门打开，此时狗不但不逃，而是不等电击出现，就倒地呻吟和颤抖。它本来可以主动逃避，却绝望地等待痛苦的来临，这就是习得性无助。这一项研究显示，反复对动物施以无可逃避的强烈电击会造成无助和绝望情绪。

心理学家们发现：如果一个人总是在一项工作上失败，他就可能在这项工作上放弃努力，甚至还会因此对自身产生怀疑，觉得自己"这也不行，那也不行"。而事实上，此时此刻的我们并不是"真的不行"，而是陷入了"习得性无助"的心理状态中，这种心理让人们自设樊篱，把失败的原因归结为自身不可改变的因素，放弃继续尝试的勇气和信心，比如孩子会认为学习成绩差是因为自己智力不好等。

那么，如何引导孩子走出"习得性无助"的误区呢？这与父母的解释和导向风格有着极为密切的关系。

比如，当孩子某次数学考试成绩很糟糕，父母会怎么评说即解释呢？有些父母可能会抱怨道："真是笨到家了啊！你是马尾拴豆腐提不得呀。"有的父母可能会安慰孩子："老爸老妈数学细胞少，看来你也不是学数学的料。"显然，父母如此消极的解释风格会让孩子更加自卑甚至更加绝望，也就更难以继续努力。

积极心理学认为，积极的解释风格导致乐观，消极的解释风格导致悲观。何为积极的解释风格呢？就是不把孩子出现的某些问题归结为难以改变的原因，而是归结为可以改变的原因。

比如，仍以孩子某次数学考试成绩很糟糕为例，父母如果解释为："孩子，你完全有能力学好数学，这次没有考好是因为你没有好好复习。""偶尔一次没考好不能证明学不好，吸取教训加倍努力，一定能够赶上来！"这样的解释是人性化的，也是符合认知规律的。孩子听到这样的解释不仅会被父母的理解所感动，更有可能增强自信心和激发奋斗的志向。如马丁·塞利格曼教授所说，最重要的层面是对于永久性的解释。要告诉孩子不是事情发生了就一成不变，我们可以通过行动来改变状况。

积极的解释风格是引导孩子从"习得性无助"到"习得性乐观"的推进器，让孩子保持自信心是学习好的重要前提。

## 成功更是成功之母

正如过去我们总说失败是成功之母，但是对孩子来说，不完全是这样。上海闸北八中的教师们，在实践中发现孩子有个特点，不是因为失败了，他才更努力去做，而是成功了，他才更努力去做。由此可以说，失败是成功之母，成功更是成功之母；反复失败的孩子会越来越差，反复成功的孩子会越来越好。成功教育就是要把反复失败变为反复成功。

有一个例子让我印象特别深刻。上海闸北八中有一个孩子，叫周彩虹，是一个企业家的女儿，13岁，个子高高，漂亮可爱，衣服也穿得非常得体，但就是不爱学习。

老师很负责，说："彩虹，今天放了学，我专门给你补课，我相信你肯定能学好。"周彩虹却说："老师，我五点半要赶最后一辆班车，您要给我补课，您就得给我钱打出租车，否则我没办法回家。"老师心想，存心捣乱，这个孩子是大款的女儿，而且平时根本也不小气，哪个学生没有钱交饭费，她替人交，没有书费，她给人交，她干嘛问老师要打车的钱呢？原来是她不想学。于是，老师说，"好吧，你回家吧！"

过了两天，老师找周彩虹谈话，说："彩虹，你个子高，审美眼光也不错，我看你去当模特挺适合的。"一听这话，周彩虹眼睛发光，说："老师，我太想当模特了！""老师给你一些资料，你看，现在某某大学正在招模特办培训班，我看你能行，你要想去，我就推荐你。""真的？"老师点头。后来周彩虹考上了模特班。

没想到，这孩子学了模特之后，非常积极，进步很快。全校举办文艺汇演，她积极组织班里同学进行模特表演，结果这个节目获得全校一等奖。

这一天，老师又找她谈话，说："彩虹，你模特学得真不错，给班上争了光，看来你很想将来就从事模特这个职业吧？""我这一辈子就是想从事模特职业。"老师说："我也希望你能实现梦想，这有一些关于模特的资料，你看一看。"

周彩虹一看，是关于模特资格的规定，最高一级的模特必须大学毕业，最低一级的模特也得要高中毕业。于是，老师说：如果从现在开始，你能努力学习，我相信你还有机会实现你的模特梦。于是，彩虹主动找各科老师补课，成绩进步很快。

这位老师的方法就是用成功引领成功。成功的体验对人的发展有一种牵引、迁移作用。我曾经为上海闸北八中写了一篇长篇报告文学，叫作

《唤醒巨人》（又名《唤醒孩子心中沉睡的巨人》，收入孙云晓教育作品集）。我想，教育是一种唤醒，唤醒孩子心中沉睡的巨人，而这巨人就是自信。

刘京海担任上海闸北八中的校长之后，将曾有"垃圾学校"和"差生集中营"之称的闸北八中改造成为了一所名校。可以说，他是中国对所谓"差生"问题颇有研究的人，教育女儿自然也有一套。

刚上小学三年级的女儿，学习成绩从前6名滑到了倒数第10名。妻子非常紧张，说："你还研究差生呐，你的女儿都快成差生了。"刘京海说："放心吧，女儿包在我身上，一定能让她成功。"

这天晚上，刘京海让女儿拿出数学卷子，问她会不会做，发现女儿都会。他说："女儿多聪明呀，没有一道题可以难倒你，只要有信心和细心，成绩一定好！""可我才得82分。"女儿依然心有余悸。父亲说："分数是测试你会不会的。你都会了嘛，我给你100分！"

女儿兴奋起来，又看作文，因为她没有写出后两部分内容。父亲说："作文关键看才华不看分数。女儿绝对是作文天才！如果仔细审题，把后两个内容写出来，那就是范文的水平了。"女儿听了信心大增。没过多久，孩子的学习发生了翻天覆地的变化。

在此，我特别提醒父母们，一定要让孩子快乐地学习，享有成功的体验。尤其在新生入学时，如小学一年级或者初中一年级，老师和父母要特意在开学的第一个月营造出快乐的氛围。在开学的第一个月，如果能让孩子有成功的体验，将会有利于孩子建立信心。具体来说，第一个月的学习要选择较简单的内容，让孩子体验学习的成就感；同时，老师和父母要多表扬鼓励孩子，从而使孩子感觉到上学真好。

遗憾的是，现在许多孩子还没上小学就已经表现出厌学的情绪。这是幼儿早期教育过度开发的恶果。开发太早，会让孩子对学习产生一种恐惧感。"学习很可怕，我学不好。我肯定又要挨批评了。"当孩子对学校产生畏惧感，那么上学对于他们来说，就是一件可怕的事。

## 学习习惯比考试分数重要

哈尔滨有一个高三班主任老师，对学生说："我当了一辈子老师，现在快退休了，没有一个学生考上北大、清华。你们谁能考上北大、清华，我奖励他1 000块钱。"结果，当年班里有3个同学考上北大、清华，这位老师拿出3 000块钱奖励给了那3个学生。

学生的父母很感动，说："老师，您这么辛苦辅导孩子们，您怎么还给他们钱呢？"老师说："钱不重要，我希望每个孩子都送我一样东西。"孩子问："老师，您要什么？"老师对第一个学生说："我要你高中三年的课堂笔记。"对第二个学生说："我要你三年的家庭作业。"对第三个学生说："我要你三年的试卷。"三个学生把这三样东西都送给了老师。

后来，这位老师发现，这三位学生的课堂笔记详略得当，家庭作业整理得非常清晰，试卷也是从容不迫对答如流。老师对此深有感触：好的学习成绩来自好的学习习惯。

中国科学院的心理学家王极盛教授对1 560名中学生进行调查，研究不良行为习惯对学习成绩的影响，发现不良学习习惯对学习成绩有影响者占72.8%，其中轻度影响者占32%，中度影响者占20.1%，偏重度影响者占13.2%，严重影响者占7.5%。

湖北师范学院教育科学学院在2010年对5省市17所小学5 600名城镇小学生的学习习惯进行调查后发现，一年级学生学习习惯平均得分显著高于其他5个年级；女生显著高于男生。小学一年级的学生学习习惯最好，之后的小学二年级、三年级明显下降，到四年级略有回升，五年级再下降，六年级又回升的波形发展态势。这说明父母和老师要从小学二年级开始注意防范孩子学习习惯的"倒退"。

在调查小学生的主动学习、作业承诺、课堂守纪、课外阅读、勤奋、听讲专注等七种学习习惯中，主动学习的习惯是随着年级增长逐渐下降的。为什么会出现年级越高，学习习惯越差的现象？专家分析认为，随着年级升高，老师和父母更加注重孩子的分数成绩，加重孩子的学习负担，反而不重视孩子学习兴趣的培养，导致孩子厌学，主动学习的习惯改变。

2011年申请哈佛大学的竞争异乎寻常的激烈：来自全世界的34 950名申请人中，最终只有2 158名被录取，录取率大约6.2%，创历史新低。而这一年南京师范大学附中的芮雪，却收到了哈佛大学的录取通知书。为什么世界顶级的大学会青睐这个18岁的中国女孩？

芮雪自己说："独立的思维能力或许给我了很大的帮助。"

芮雪的兴趣广泛，尤其擅长乐器。4岁起弹钢琴，10岁考过十级；五年级开始学竹笛，六年级开始学古筝，初中开始学葫芦丝。空闲时间喜欢写诗和做瑜伽。

广泛的兴趣并没有影响芮雪出色的成绩，芮雪的理科成绩很好，初中时就在数学、物理、信息学竞赛中斩获不少奖项。在初三这一年，她立下了出国读书的目标，而这个目标带来的直接改变就是她从理科转学了文科，但是转科对她的学习成绩丝毫没有影响。

芮雪说："我五六岁的时候就自己开始阅读、背诵各种国学典籍，包括四书五经、庄子、老子、唐诗三百首等。一直到我准备出国考试之前，我一直保持每天诵读古文、诗词的习惯。"或许这就是为什么她从理科转成文科后，成绩依然出色的原因。

2011年，芮雪在南京上海路的一个茶馆里，接受了哈佛校友、一位在南京工作的外国教授的面试。教授最后笑着对芮雪总结说："你的优点在于你的品质！"而这个品质很大程度上就是芮雪从小养成的自主学习的好习惯。

13岁时，芮雪就只身一人到南京读书，她自己在学校附近租了一间房子，吃饭在学校，回家以后就一个人学习。自主学习的好习惯，不仅使芮雪的每个知识环节都学得很扎实，而且还能让她在学习之余做做瑜伽、听听音乐，以轻松淡定的心态面对自己的每一个考试。

芮雪的成功说明了从小养成好的学习习惯的重要性。

孩子的潜力是很大的，同时惰性也是很大的。关键是怎样去培养孩子的学习习惯。刘京海等专家提出，中小学生有四个学习习惯是最重要的。

第一，上课认真听讲。程鸿勋先生总结了阶梯式学习法的五级上课：①跟着上课；②懂记上课；③联想上课；④多得上课；⑤专论上课。

《羊城晚报》刊登了关于一个农民把两个孩子培养成大学生的故事。这位农民文化水平低，对孩子说："你们上学我很羡慕，你们放学后回来教我，我跟你们学。"于是，他每天就跟着两个孩子学习。两个孩子为了当好老师，在学校学习特别用功。长期坚持下来，两个孩子都养成了认真听讲的好习惯，顺利地考上了大学。

第二，独立完成作业。作业自己检查，有问题自己改正。另外，让孩子坚持写日记，也是一种独立完成的作业。

第三，课前预习。古人语："凡事预则立，不预则废。"我的体会是预习者是主动者，可与教师同频共振。

第四，课后复习。孔子说："温故而知新。"德国哲学家狄慈根说："重复是学习之母。"

《少年儿童研究》杂志登过一篇文章《写字的姿势对学习的重要》。有的孩子从一年级开始，写字的姿势就不对。歪扭着身体写字不利于孩子健康成长：第一，扭着身子容易使骨骼发育变形；第二，扭着写字，写字必然慢。

中国古代著名的学者朱熹，专门写了《童蒙须知》，特别注意培养孩子的学习习惯：

"凡读书，整顿几案（桌子要安排好），令洁净端正。将书册整齐顿放。正身体（坐正了），对书册，详缓看书，仔细分明读之。须要读得字字响亮。不可误一字，不可少一字，不可多一字，不可倒一字。不可牵强硬记，只是要多诵数遍，自然上口，久远不忘……余尝谓读书有三到，谓心到、眼到、口到。心不在此，则眼不看仔细，心眼既不专一，却只漫浪诵读，决不能记，记亦不能久也。"

"凡书册，须要爱护，不可损污皱折。"

"凡写字，未问写得工拙如何，且要一笔一画，严正分明，不可潦草。"古人的经验，值得我们学习。

我在上海闸北八中考察时，采访过一位夏老师，他写得一手好字。我问："您的字是怎么练的？"

他告诉我，小的时候，他们哥仨学习都不是太好。他爸爸是名中医。暑假刚开始，爸爸拿回三本厚厚的医书，说："你们放假了，我有一件重要的事情要请你们帮忙。这三本医书是我要用来给病人看病的，请你们每人帮我抄一本。这可是药方啊！错一个字就人命关天啊！你们写得慢没关系，要写得工整。写完了，我就带你们去'大世界'玩儿，痛痛快快地玩儿一天。"

当时"大世界"是孩子们梦寐以求玩儿的去处。于是，哥仨就在家里专心地抄写药方，一写就是一天，差不多坚持写了一个月。结果，哥仨的字都大有提高，而且坐得住，开始爱学习了。

夏老师的父亲用了一个好方法让三个孩子都养成了好的学习习惯。总之，教育最重要的是培养孩子的健康人格。健康人格一般是从行为习惯开始的。特别是良好的学习习惯高于学习成绩，老师和父母的魅力在于是否能把学习变成一件快乐的事情，是否能够引导孩子热爱学习，成为学习的主人。

**教你一招**

一定要让孩子快乐地学习，获得成功的体验。特别是在小学一年级或是初中一年级，又或者是在第一个学期的第一个月，老师和父母要注意让第一个月成为快乐的时期，这是非常宝贵的经验。

# 引子

由于对现行教育模式的不满，加上公众文化素养的提升，私人在家教育孩子成为一种小趋势。在家上学作为一种教育模式，许多国家都有类似的尝试。在我国，郑渊洁在家教育儿子郑亚旗就是一例。

2012年秋，武汉7个家庭让孩子离开学校"在家上学"要办"桃花源"式教育，《人民政协报》请我发表意见。我想，首要标准是看对儿童发展是否有利，怎么做对孩子发展有利就怎么做，这是保护未成年人的核心原则。作为监护人，父母要确保孩子受到良好的义务教育，在德、智、体、美、劳各方面正常发展。值得注意的有两点：一是在家教育孩子应纳入义务教育管理，即使在家上学，其师资与课程等质量如何，国家依法负有监督评估与认可等管理职能；二是要解决好孩子的同伴交往。

因为孩子进学校读书并非仅仅是学习知识，如何与同伴相处是其社会化极为重要的途径，如果让孩子在家上学远离伙伴可能会造成重大缺失。同时，适应学校的各种生活，也是绝大多数孩子的必修课。因此，父母在决定孩子是否在家上学时需要慎重。

儿童长大的过程，是一个由自然人变成社会人的过程。这个过程有两个特点是非常重要的。第一是群体性。孩子离不开伙伴，再好的父母都代替不了伙伴的作用。第二是实践性。孩子是在体验中长大的，不是在说教中长大的，这种体验包括同伴交往的体验。

# 第六章
## 如何教孩子学会交往

　　当孩子之间发生矛盾的时候，最好的办法是引导孩子自己来解决，而不鼓励孩子当告密者。当然，10岁以下的孩子自己解决问题有困难，可以请求成年人的帮助。但是，10岁以后的孩子特别是中学生不宜鼓励告密，因为告密行为可能导致阴暗的人格。对孩子来说，解决问题就是成长。

　　与幼儿渴望父母与教师的表扬不同，儿童少年的自信心离不开同伴的接纳和肯定。因此，儿童少年时代的同伴交往水平深刻影响着其成长的质量。如阿德勒所说，假如一个儿童不曾学会与人合作的方式，他必然会走向悲观之途，并发展出牢固的自卑情结。显然，孩子首先要学会接纳别人。

　　父母如何干预欺负行为呢？如果你的孩子是欺负

者，一定要让孩子认识自己的错误，并且去向被欺负者真诚道歉，假如多次欺负别人，则要受到惩戒；如果你的孩子是被欺负者，首先要让孩子相信这不是他的错，相信问题可以解决，并且给他有力的支持，使孩子有足够的安全感和自信心。

今天的人才自然要经历各种考试，但只有超越考试才是杰出的人才。如新加坡教育部长王瑞杰所说，知识传授型的教育范式被全新模式所取代，新时代人才需要具备四大能力，即处理信息、发明和创新、与多元文化背景的人沟通合作、将全球议题置于本土化情境下的理解和洞察等能力。

如何给孩子一个适宜的环境，不仅仅是投资的艺术，更是教育的艺术。诸富祥彦教授的建议值得借鉴，如青春期孩子的房间最好是通过客厅才能进到里面的房间，而且房间不要只有一扇门这种闭锁的空间，要选择有窗户或阳台的房间。显然，与家人互动和开放感情是青春期孩子需要的环境。

## 没有朋友比考试不及格更严重

孩子如果没有朋友，比他考试不及格还要严重，这是我在中央电视台百家讲坛讲演《独生子女的同伴交往》时提出的一个观点，也是从许多教训中总结出来的。

还记得大学生马加爵杀人案吗？让我们来看另外一个"因丑杀人"的案件：

2010年3月30日晚上，四川大学公共管理学院的学生宿舍内，曾世杰和自己的同学一起看电视。当时电视里播放的是小品，舍友们不时被搞笑的剧情逗得哄堂大笑，但曾世杰却认为大家不是在笑小品，而是在嘲笑自己相貌丑陋。于是，他一气之下拿刀冲下了楼，跑到了学校的明远湖边。

夜色下的湖面宁静安详，谁也不会想到，灾难会在这个晚上发生。被胸中愤怒支配着的曾世杰，狂奔到湖边时脑子里只有一个念头："我要报复！我要杀人！"失去理智的他，对着湖边那些素不相识的同学疯狂地举起了手中的刀。等校园保卫巡逻人员将他控制住时，已经有艺术学院的一名女生和一名男生，还有轻纺与食品学院的一名男生，倒在了血泊中……

曾世杰来自凉山彝族自治州德昌县老家的一个偏僻小山沟，他是村里仅有的一名大学生。由于家中经济困难，哥哥初中毕业后辍学，把读书的机会让给了他。强大的生活和经济压力使曾世杰把学习当成了自己的全部生活，没有朋友的他，也很少跟同学们玩。因为家庭贫穷，同学间他是穿得最寒酸的。他成绩优秀，却又很不合群，于是他成了许多同学嘲讽和排挤的对象。上高三时几名同学赌博被老师抓，怀疑是他告的状，没有朋友可以依靠的他被同学吊起来打，这使得他更加懦弱和自卑。

后来，他以全县第一名的成绩考入了四川大学。曾世杰更加努力地学习，但由于大学学习的知识和氛围与高中有很大不同，第一年他的考试成绩很不理想，不仅没拿到奖学金，甚至军事理论这门功课还挂了科。

从大二开始曾世杰就变了一个人，几乎天天都泡在宿舍里玩游戏，而且变得更加脆弱和敏感，他到食堂吃饭，如果师傅给他多舀一勺，他会觉得别人同情他；如果少舀一勺，他会觉得别人看不起他。

辅导员曾经说过他暗恋过班里的女同学，但因为觉得自己丑，很自卑，却没敢表白。于是他开始热衷于整容美白。案发之后，在曾世杰的柜子里找到了美白护肤品，还有美白面膜。曾世杰曾经给资助他上高中的某基金会组织写过信，希望他们能够赞助他一笔整容费，但是没有得到回复。他也给他姐姐写过信，说要整容的事情，但依旧没有下文。曾世杰为何如此迷恋整容？后来，他对律师说，班里有同学说他长得很丑，甚至连食堂打饭的师傅也嫌弃过他。

曾世杰是不是真的长得很丑呢？其实，曾世杰身高1米7左右，非常斯文，班上女同学说："他的牙齿是我们班男生中最整齐的，肯定是属于对得起观众的那种。"但是因为没有朋友，得不到肯定，他深深陷入了自己很丑的自卑中，并走上了一条心理畸形的杀人之路，造成了一死两伤的惨案。

2010年12月29日，成都中院对曾世杰"因丑杀人案"做出一审判决：依法以故意杀人罪判处曾世杰死刑，剥夺政治权利终身。

2011年2月16日，曾世杰以患有精神病为由，向省高院提起上诉。

2013年1月11日，成都中院重新开庭审理此案，但并未当庭宣判。

曾经的高考状元，怎么会犯故意杀人罪？心理学研究表明，缺少朋友的孩子，亲社会行为水平较低，会有许多不成熟的行为，特别容易对同伴群体表现出强烈的敌意。所以孩子没有朋友比考试不及格更为严重。

但是，有多少父母能意识到孩子没有朋友是比考试不及格更严重的事情呢？我们在调查中发现，多数父母就怕孩子朋友太多、交往太多。例如，81.6%的父母希望孩子跟学习好的同学交往，64.9%的父母不愿意孩子跟异性同学交往。所以，对孩子的交往缺乏一种科学的指导，孩子就容易出现各种各样的问题。

再举一个例子。2012年12月，《重庆时报》报道了发生在重庆永川区某大学的一个案件：在这所大学的某宿舍，小A上完课回到寝室惊呼，自己花5000多元新买的笔记本电脑不见了。于是大家决定在寝室里搜一下。当大家搜到隔壁宿舍肖斌（化名）的行李箱时，他却一下慌了，他拼命地捂住自己的箱子不让搜。看到这里，同学们都明白了，喊来了保卫并报了警。最后在肖斌的箱子里，大家不仅发现了小A的笔记本电脑，连同学小B

丢失的手表也在里面。

肖斌家庭很富有，而且肖斌从小拉小提琴，给人感觉很文艺，很阳光，他为什么会偷这两件东西？大家都很困惑。

原来，肖斌上大学后就感觉很孤单，还经常给妈妈打电话，说交不到朋友。而小A、小B人际交往都不错，让肖斌心生不满。有一天，小B与肖斌发生了口角，肖斌心想："好，我让你跟我吵，你等着！"于是就偷了小B最喜爱的手表作为惩罚。没过几天，肖斌与小A也发生了矛盾，肖斌就把小A的电脑也偷走。

因为涉嫌盗窃，肖斌被永川警方取保候审，案子随后被移送到永川检察院。肖斌的母亲也从江西赶到重庆。"儿子从小要学习，还要拉琴，玩儿的时间很少，更不用说交朋友了。可能是小时候把儿子管得太严了，忽略了孩子性格方面的教育。"肖斌的妈妈觉得很内疚。

因为肖斌作案时还没成年， 12月18日，重庆永川区检察院对肖斌做出微罪不诉的决定。

交往和任何习惯一样，当它错过童年这个关键期，它就没有一个深厚的交往的经验积累，难以养成较好的交往习惯。所以，我坚持认为：没有朋友比考试不及格更严重。

## 警惕孩子的攻击性

我一直强调，要警惕孩子身上的攻击性。因为攻击性是孩子交往的一种障碍。在全国的调查中发现，中国城市里的中小学生，80%以上具有不同程度的攻击性需要。

什么叫攻击性需要？并不一定就是去打人、骂人，而是在与别人的交往当中，特别容易伤害别人，比如说话很刻薄。北京有个小歌星，歌唱得很好，但她的父母离婚了。她一走进校园，同学就喊："小歌星，没爸爸！小歌星，没爸爸！"你看，小学生用她父母离婚的事取笑她，用这种方式来伤害同伴，这就叫攻击性。

上海有个小孩课间玩游戏，藏在教室门的后面，同学知道门后有人，居然十来个人一齐推门，结果硬是把这个孩子的胳膊挤断了。这就是孩子所具有的攻击性，在交往当中不顾及别人，搞恶作剧，也不考虑别人是否会受伤害。

孩子的攻击性不仅仅体现在恶作剧上，有时甚至会酿成大灾祸。

2013年1月13日，《华商报》报道了在陕西省某县的一个小镇上，刚过完元旦就发生的一起未成年杀人案件。

1月4日是元旦假期后的第一天上课，初二的男生邓某和辍学在家的另外四个男孩放学后到镇里的网吧里玩儿，这时他发现了曾经欺负过他的张某。心生愤恨的邓某仗着今天人多，决定教训一下张某。

他们把张某骗到村边附近的一块空地上，邓某掏出早就准备好的刀子，捅了张某一刀，然后其他四名男孩又轮流用这把刀子将张某捅至昏迷。因害怕张某醒来后报复，五个人又将邓某拉至一间废弃的空房内，合力用衣服将其勒死。

直至1月8日的中午，张某的尸体才被村民发现，经过刑警的排查，当天就抓获了参加作案的刘某，而在抓获刘某时，他竟然还在事发前的那个网吧里，悠闲地上网。根据刘某的交代，警察将其他犯罪嫌疑人抓获。

办案警察介绍说："邓某在家被抓时，他的袖口里还藏着杀害张某的刀。"5名犯罪嫌疑人中，仅邓某是在校的初二学生，其余4人均辍学在家，年龄最大的约17岁，最小的仅13岁。据了解，被害人张某今年15岁，案发前辍学在家约两个多月。案件侦破后，除13岁的疑犯张某某因未满14周岁不负刑事责任外，其余4名犯罪嫌疑人均已被刑事拘留。

孩子的攻击性从何而来呢？除了哥们儿义气之外，一个很重要的原因，他们本身受到过伤害，他们对这个社会充满了仇，对别人充满了恨。

案件中的这些孩子的家境都比较贫穷，其中疑犯邓某及刘某两人的父母均离异。缺乏良好的家庭教育和经历生活的波折，助长了这些孩子的攻击性，以至于酿成灾祸。

因父母离异，家庭教育缺失而酿成灾难的还有震惊全国的北京蓝极速网吧事件。2002年的一场大火，把北京一个网吧烧了，烧死了24人，大部分都是大学生。与《华商报》报道案例中的两名主犯一样，纵火的中学生大都是来自父母离异的家庭，缺乏亲情关爱。这几个流浪在社会上的中学生，不上学，到处游荡，沉溺网吧。在网吧玩得没钱了，还想去玩儿，网吧的服务员笑话他们：瞧，穷光蛋，没钱还想来玩儿。他们一听，你骂我，等着瞧！就这样一句刺耳的话，马上就要报复。

怎么报复呢？他们买来汽油，半夜来烧这个网吧，这个网吧是封闭的，执照不全，大火一起，里面的人逃不出来。有一对谈恋爱的大学生，两个人都没走掉，人们最后听见喊声："我不想死，我不想死！"这么一个惨案，就仅仅是为了别人说了你。所以说，青少年的攻击性心理不容忽略。

青少年的心理具有一种动荡性，一会儿天上、一会儿地下，很容易产生一种缺乏思考、不计后果的冲动，很容易受到种种诱惑。所以说，我们要防止孩子的攻击性，还要注意其突变的可能。

几乎多数孩子都有过受欺负的体验，有些甚至是难以言说的苦痛。因此，能否处理好欺负行为对孩子的人格健康具有特别意义。挪威卑尔根大学的干预行动使校园欺负行为发生率下降一半。及时干预是有效的，而干预的最佳时期是儿童时代和青春期的早期，越早越可能避免悲剧成为习惯。

对孩子之间的欺负行为要及时制止，切不可任其蔓延，因为它具有特别的杀伤力和腐蚀性。美国的研究发现，6~9年级时被认定为欺负者的男学生中，60%在24岁时会有至少一次违法犯罪的行为，35%~40%会有3次以上。父母简单粗暴甚至经常打骂的管教方式，往往导致孩子成为欺负者。

干预欺负行为要有勇有谋。美国的经验是打破学生们对攻击或侵犯行为的认可，提供小组辅导，制定行为守则，让父母参与欺负行为的干预过程等。

我为什么特别反对父母打孩子，反对老师用刻薄的语言说孩子，因为这些都可能促成孩子的攻击性。

广州一个很有名的校长，对我说了这样一件事：一次，校长乘坐出租车外出，出租车司机三四十岁，问，你做什么工作？校长说，我是个老师。他说："我最恨的就是老师！我今天只能开出租车，就是因为我的老师骂我。"他的老师说他学习不好，并且把他的爸爸、妈妈、奶奶、爷爷都给扯进来了，说龙生龙，凤生凤，老鼠的儿子会打洞等。最后他说："我现在开出租车，在马路上到处寻找这个老师，我要是碰见他，我就撞死他！"

也许，那位老师早就忘了这位司机学生。但是，这位司机一直怀恨在心。所以说，无论是老师还是父母，你可以批评孩子，但是你不可以侮辱他们，一旦人格受到侮辱，伤口是很难愈合的。

有学者说，让孩子要有一种幸福的品质，因为幸福的孩子他会给别人多一分宽容，这是很重要的。人是环境的产物，我从来不认为独生子女是问题儿童。全世界多数学者都认为，独生子女和非独生子女不存在本质差异。孩子的差异主要由两个因素影响，第一是环境，第二是教育。所以我们要给孩子创造良好的生长环境，给他以良好的教育。

## 借个孩子去旅行

有的孩子存在着闭锁、闭居的倾向，不爱交往。大人着急，说："你不要老一个人在家待着，去找谁玩儿吧！""我不愿意！""那请谁到咱们家来玩儿吧？""我也不愿意！"

有的孩子不愿意交往，他们已经孤独惯了，孤僻惯了。对于低年级的孩子，幼儿园的孩子，他们还不太会交往。怎么办？因此，父母和老师特别要支持和引导孩子们的交往。

在这方面，我有些体会。我只有一个孩子，我特别希望她能够学会交往。我在欧洲旅行时发现，欧洲的一些独生子女或少子女的父母，如果出门旅行，习惯于借个孩子一起去旅行，使孩子有个伴儿。他们明白，再好的父母也替代不了同龄伙伴的魅力。同龄伙伴一起出门，没有风景的地方也有风景。我带女儿出外旅行时，好多次都与别人家的孩子或女儿的同学结伴。曾有朋友问我："带几个孩子一起出门，你不怕孩子打起来？"我回答："打起来也比孩子一个人闷着好。"况且，打架并不奇怪。当孩子打起来了，最好的办法是不管。让他们自己打，自己解决，只要不打得头破血流，不存在危险，大人就甭管。

通过观察，我发现孩子打架有这样的特点：打架后你不理我，我不理你，你寂寞我也寂寞，但是过一会儿就忍不住了，很快又和好，继续玩了。可见，孩子之间化解矛盾的能力比大人强，因为孩子一般不会记仇。大人不管，关键是要让孩子去体验矛盾的化解，让他产生沟通、交往的需求。打架也是体验，孩子就是在打打闹闹中长大的，最重要的是学会交往合作。

旅居加拿大的华人张诗铭曾经给《少年儿童研究》杂志撰文，介绍了她借孩子的一些有趣的事情。她写道：

在孩子的成长过程中，朋友对于孩子的意义，不亚于金钱对于成年人的意义。中国人大多不善于过"借钱"的日子，当然更不善于"借朋友"了。但在加拿大，我却有了奇特的经历。

因为工作的原因，我先生去了加拿大。后来，我们全家也一起移民到了那里。刚开始，我很孤独，因为语言不是完全通，常常觉得还不如在国内好，国内有那么多亲戚朋友。当时我就想，我孤独，我的孩子会更孤独。

那时她已经上初一，很有自己的想法。她的朋友也都在国内，为了移民的事情，她还跟我们大闹一场，说坚决不去加拿大。所以，从内心里说，那个时候我比较怨恨我先生。

鉴于这个原因，刚出国那阵子，我的心情很不好。打破这种局面还是因为一件奇特的事情。我们的邻居是一户加拿大居民，他们家独自居住在一个二层小楼，家里有两个孩子，都是男孩。刚去的时候，因为语言问题，同时又考虑到外国人比较注重隐私权，所以很少和那家人交往。虽然他们很爱说话，但我们和他们的交往也就是见面打个招呼什么的。

有一天下午，邻居家的女主人突然按响了我家的门铃。我打开门，她笑吟吟地走进来。开始，我以为她要借什么东西，后来才真正听明白，原来她是在说"把你的女儿借给我们家一天"。她反复说了好几次，大意就是要借我的女儿一起去旅行一天，第二天就还给我。她说她儿子从来没有和中国人一起去旅行过，这次是她的两个儿子的选择！

我站在那里，张大了嘴，不知该怎样回答她。外国人比中国人爱旅行我知道，可我没听说有借人家孩子的。那时候，我真的不知道，国外还兴这种"游戏"！

当时我只是想，我的女儿又不是物品，怎么可以借来还去？而且，他们家是两个半大的男孩子，和我的女儿一起去旅行，方便吗？安全吗？因为有顾虑，我就没有答应她。当然，我也没有拒绝，只是说："我的先生和女儿都不在家，我要和他们商量。"邻居家的女主人说："谢谢，我等你的答复。"然后就走了。

她一走，我就坐在家里犯嘀咕，心想这家人怎么这样儿！过了大约有半个小时吧，门铃又响了。我打开门一看，原来是邻居家的两个男孩，他们的手里还拿了一张纸。他们进来以后就说："希望得到你的帮助！"然后把手里的纸递给我。

看了那张纸，我简直哭笑不得。原来那是一个借据，上面写着借女儿的时间、保证、携带物品、会注意的事项，竟然还有费用——借我女儿一天他们家会付的费用数目，最后是他们母亲的签名。真没想到，原来把女儿借出去还能赚钱？我觉得他们的行为简直不可思议。

我看完后，忍住笑，仔细看了看那小哥俩儿。那两个孩子真的已经很大了，而我的女儿当时刚刚上初二没多久，应该说也正是豆蔻年华。把这样的三个孩子放在一起，我能放心吗？在中国的时候，我都特别担心女儿和男孩来往，外国孩子又那么开放，我有些担忧。虽说他们的父母会跟他们一起去旅行，但西方人总体来说都是开放的。

晚上，先生和女儿都回来了。在餐桌上，我说了这件事。女儿一听，非常高兴，嚷着说要和他们一起去旅行。先生则笑而不答。

我有些着急，就催问先生怎么办，人家还等着回话呢。他告诉我，在加拿大早就有这种"游戏"了，西方人特别愿意去旅行，而且喜欢结伴。一些陌生人还在网上征求旅游同伴呢。他说邻居不过是在为她的儿子征集一个旅行伴侣而已，有什么不可以的？我说起性别问题，他坦然地说："这有什么？把女儿拴在家里，你就一定看得住她？不如让女儿出去见见世面，也许还有利于她结交更多的朋友呢。"我又说："可是，把女儿借出去，还收人家的租金？这怎么有点儿像卖女儿？"先生说："这有什么？在西方人眼里是很平常的，我们是在提供他们需要的事物！"好在先生用了"事物"这个词语，没有使用"物品"！

就这样，在父女俩的一致要求下，我把女儿"租"出去了。当先生在协议上签字的时候，我的心真是忐忑不安。先生签完字，让女儿自己去送协议。女儿平时不太和外国人交谈，这次竟然非常痛快地答应了去邻居家。她回来的时候，我发现她兴奋得脸上泛着光。

女儿不在家的那天晚上，我根本没有睡好，还做了噩梦，梦见女儿被那哥俩拐跑了。我吓得哇哇哭。先生知道我做噩梦，安抚我说："没什么，明天你就会发现她好好地站在你面前！"

那天我真的觉得时间难熬。傍晚，听见邻居家的汽车在响，我一个箭步窜了出去。我看见女儿站在车门处，和两个男孩分别拥抱，然后背着大大的行囊走过来，脸晒黑了些，但看得出她很高兴。她看见我，又赶快跑过来拥抱我。说实话，到加拿大那么久，我还真不适应这种礼节呢！

晚上，女儿兴奋地给我们讲了许多旅游中的见闻，还直说"和男孩一起出去玩真好！有意思！比和你们大人出去玩强多了。"先生在一边对我笑："你看，我没说错吧？"

不过，从那以后，我们家真的慢慢接受了这种"新生事物"。我已经把女儿"租"出去若干次了，也真的"赚"了一些"出租"费用。我把这些费用都做了女儿的旅费。再后来，我们家也要出去旅行的时候，女儿也向我们要求"租"一个孩子，我们因此付过一些费用。当然，有的时候，我们也会"借"一些朋友的孩子，这些孩子是不用付费用的。但我们"借"的大多是外国人，较少"借"中国人，为的是让孩子能有机会接触更多的外国人。

每次需要"借"旅伴的时候，我都会想办法让女儿自己去"借"。事先我会给对方父母打个电话，然后也像邻居女主人那样，让女儿带着协议书去对方家里与对方的父母、孩子商讨。通过这种方式，我发现女儿变得开朗多了，也学会了彬彬有礼。

在带着女儿去旅行的时候，我也的确发现了这种活动的好处。在国内，我也带女儿去旅游过，但每次她都不爱去，一路上经常嘟嘟囔囔的，好像是我逼她去一样。自从"借"了她的同龄人和我们一起去旅行以后，我发现她对旅游的态度也变了，一路上好像到处都是风景，看见什么他们都快乐地说个不停。当然，孩子之间也会有矛盾，可我觉得这也是个教孩子解决问题的机会。

结伴旅游，的确是一种非常有意义的活动，它不仅可以帮助孩子了解不同的风土人情，扩大视野，增长知识，同时还可以培养孩子宽广的心胸以及对大自然的热爱，给孩子提供与同龄人交往的机会。

感谢张诗铭女士逼真而生动的介绍。目前，许多儿童生活在三口之家，与爸爸妈妈成为一种垂直的关系，而横向的伙伴关系则比较少。校外时间他们缺少游戏伙伴，很少有机会和同龄人接触。这种生活状态对儿童的健康成长是不利的。所以，借个孩子去旅行是让孩子学会交往的一个很好的方法。让孩子们有机会和同龄人在一起，他们的认知能力、交往能力都会有所提高。所以，独生子女的父母们要联合起来，以群治独，因为孩子需要在群体中长大，他们不能在孤独中成长。

当然这样的形式可以有很多种。我们在北京育英学校做了一个试验，叫作"一日营"，就是让七八个孩子，到其中一个同学家里去生活一天。这个活动很受欢迎，有119个家庭报名。"来吧，我们家愿意接待这些孩子。我的孩子很寂寞，来了，我接待。"有的父母说："我拿1 000元钱来招待他们。"我们说，不可以，孩子到你们家里来，就要过平常的生活，不能有特殊的优待。一天的伙食一个孩子最多交10元钱，如果家里有人下岗，交5元钱或互助解决。

孩子都很兴奋，为什么呢？对于独生子女来说，他感觉别人家的饭好吃，别人家的床睡得舒服，别人家的玩具好玩。我小时候也这样，虽然我不是独生子女，但感觉别人家的一切都是新鲜的。孩子们去到别人家，都很兴奋，跟着同学叫爸爸妈妈："爸爸、妈妈，我们来了，我们要在你们家生活一天，要在你们家学习、娱乐、买菜、做饭，还要在你们家睡觉！"

孩子们一块儿买菜，一块儿煮饭，晚上睡觉的时候兴奋得睡不着。你问我："睡着了吗？""还没有。"我问你："你呢？""我也睡不着。"第二天分别的时候，很多孩子掉眼泪了。这就是让独生子女共享兄弟姐妹一样的亲情。

前面提到的攻击性，其实根源于感情的畸形发展，真正能够抑止孩子的攻击性，并不是理智，而是情感。当孩子之间建立了友谊、感情，那他们就不会去攻击别人。

那么，在孩子学习交往当中，父母要怎么做呢？我的建议是：尊重孩子的选择。很多父母跟孩子说，你要跟学习好的人交朋友。其实这是一种错误的想法，因为交朋友与学习并不是一个概念。而且，朋友交往的功能在于性格互补。比如，一个人要有幽默感，要具有勇敢的品质，但这样的孩子可能学习不太好。孩子交往当中需要性格的互补性，所以父母要尊重孩子自己的选择。

## 培养孩子的团队精神

在孩子学会交往的过程中可以发挥学校的作用。小学都有少先队组织，我们的孩子绝大部分都是少先队员，那么一个小队的队员就是兄弟姐妹，这会给独生子女提供了难得的交往天地。

我曾经根据上海市闵行区和山东省青岛市的真实的儿童生活，写过一部长篇小说叫《金猴小队》，后来改编成了8集电视剧，曾在中央电视台多次重播。故事里的孩子在一块儿，发生了许多有意思的事。可以说，借助《金猴小队》，我想传递的意思也是我一直的观点：凡是与同伴交往好的孩子，一般出问题较少；越孤僻的孩子，没有朋友的孩子，越危险。因为很多道理，孩子不是听会的，是看会的，儿童习惯于观察，看别人怎么做，我也怎么做。所以。儿童用儿童的方式去交往，那是一种非常宝贵的体验。

今天的孩子为什么会有那么多的问题？原因之一就是他缺乏同伴交往。虽然孩子们在一块儿上学，仅限于在学习方面的交流是不充分的，无法展示出自我的魅力。在家里，跟父母在一起，习惯了有大人照顾，他也就不容易学会照顾别人。

我们会发现这样一个事实：孩子在父母那里可以宁死不屈，在同伴面前却是乖乖投降，因为他特别珍惜他在同伴中的位置。一个很霸道的孩子怎么治？大人似乎很难治，小孩却可以治。大家一起轮流玩游戏，谁输了谁就下来，有的孩子很霸道，不遵守游戏规则，那同伴就不和他一块儿玩，他也就很没趣。所以说，孩子在同伴交往中很自然地就会处理这种矛盾。

有些孩子在同伴交往中明白，为了不受到别人欺负，我就要和大家团结在一起。周恩来总理小时候在沈阳上学，他是江苏人，北方人管南方人叫南蛮子，同学都排斥他，他想方设法和同学做朋友，搞好关系，最后他成功了。对于孩子来说，这是刻骨铭心的生活经验。因此，无论是学校教育还是家庭教育，都要让孩子学会合作。

2007年1月，江苏教育出版社出版了《孙云晓教育作品集》，其中一本书《两种爱心两种命运》，较详细地进行了中日儿童教育比较，讲了日本人怎么培养团队意识。

日本人的团队精神为什么很强？我发现一个秘密，日本学校体育比赛的个人项目很少，他们重视集体项目、集体荣誉。有一个项目叫人工桥，全班同学弓着腰，拉着手，形成一个人工桥，同伴在背上踏过去。每个人都弓着腰，让本班的选手往上跑，一个接一个往前跑。你先弓着，我上，我过去了；我弓着，你上。这体现的就是一种合作精神。

孩子对集体越关心，同伴之间相互关心越好，他的心理素质就越好，越健康。这让我想起了一个很感人的故事：有一个外国学者，到世界各国做试验，都没有成功。什么试验呢？在一个瓶子里面放有五个球，这五个球连着五根线到瓶外，让五个孩子一人拉着一根线。

试验假定这样的情境：五个球代表五个矿工，现在发现煤矿要爆炸了，五个矿工听到指令后，赶快逃生，看看谁先逃出来。结果，这个试验在很多国家都失败了。五个球谁也拿不出来，因为瓶口一次只能拉出一个球，每个人都争着把自己的球拉出来，结果谁的球也出不来。

北京第二实验小学也做了这个试验。一个小队长很精明，明白了游戏的目的，于是他给小伙伴下了你一你二他三他四我五的命令，意思是按顺序做拉球动作，结果五个球鱼贯而出。外国学者很惊讶，感慨中国孩子的智慧。其实，通过这样的试验，孩子明白了：越是在危险的时候，越需要团队精神；越有团队精神，获救的可能性就越大。

著名的美国影片《泰坦尼克号》，当时巨轮的乘客有好几千人，眼看着就要沉没，求生只能靠合作精神：妇女儿童优先逃生。因为救生艇很少，只能乘坐200人左右。假如，没有合作精神，谁有钱谁上，谁有力气谁上，最后的结果就可能谁也活不了。

因此，人类社会的存在和发展需要团队精神，这已经成为了一种社会规则。儿童成长的过程是个社会化的过程，他就要熟悉、接受这些行为规范，创造和谐的因素。

## 引导孩子与异性友好相处

学会与异性交往，这是孩子学习交往当中不能回避的问题。

家里如果有一个女儿，当孩子升到高年级，特别是中学，父母就特别地紧张。如果一天，突然来了一个男孩子，父母的感觉类似于"狼来了！"一般情况下，这时父母会"监视"孩子的一举一动，其实，最好的方法是引导，父母要注意引导孩子与异性友好相处。

当然，让孩子学会跟异性交往，确实需要慢慢积累经验。

一位有30年教龄的老师跟我说了一件事，她说这件事让她特别后悔。

一个星期天，上高二的儿子在家里踱步，从这边走到那边，又从那边走到这边。妈妈知道，儿子可能失恋了，因为儿子喜欢一个女同学，但那个女同学不喜欢他。后来，儿子出门了，妈妈撬开了儿子上了锁的抽屉。当妈妈拿到儿子的日记时，手在颤抖。

原来，在日记的前边夹着一张纸条，上边写着："妈妈，我料定你会来偷看我的日记。"孩子写道："我心里有事，我自己能解决。你这么鬼鬼祟祟的样子，我就瞧不起你。"妈妈很后悔，从此以后，她再也不干这样的事了。

作为老师，应当怎样面对孩子的情感萌动呢？北京有一个优秀的中学班主任给我讲了一个故事：

一天放学，一个男孩找这位班主任，说："老师，我告诉你一个秘密，我喜欢咱们班上的一个女孩子。"老师说："是吗？说来听听，喜欢谁？""××。"

老师说："她？好眼力啊！她可真是一个很优秀的女孩子。你说说看，你喜欢她什么，她的优点是什么？""她有很多的优点。"听男孩子说了半天优点，老师又问："那她的缺点是什么？""缺点？没有缺点。"老师微笑着摇摇头说："发现不了缺点，说明你并不真的了解她。这样吧，给你一个月的时间，你去好好观察，你看看她有什么缺点。"一个月以后，这个男孩子说："哎哟，她的毛病特多！"当然，早恋的故事也没有发展下去。

可以说，师生关系越好，越容易化解危险。因此，老师在青春期教育中，首先要建立好的师生关系。

2004年1月，北京出版社出版了我和张引墨合作的一部新书，书名是《藏在书包里的玫瑰——校园性问题访谈实录》，当年就成为全国优秀畅销书。从此书中，大家会获悉许多过去难以了解的事实。

此书对13位发生过性交关系的中学生的深度访谈，尤其是5个数据引发了社会的强烈关注：

在发生性关系的学生中，半数以上是师生公认的好学生；

他们三分之一来自重点中学甚至是声名显赫的学校；

他们初次发生性行为时100%不用安全套；

他们有过性行为的事实，父母与老师100%不知道；

他们对学校与家庭的性教育100%不满意。

这里，我们且不论中国的性教育是不是"最失败的教育"，而是说中国的性教育特别是青春期性教育，已经面临尖锐而严峻的挑战，必须高度重视和大力改进。

因为，孩子的成长是不能等待的。

在中国，性教育是一个千古难题，并且让许多父母与教师陷入尴尬的境地。

2003年初春的一天夜里，我在审读4月号《少年儿童研究》杂志的稿子时，被一位母亲写的题为《儿子遭遇追求者》的文章深深感动了。

侯雅丽老师的儿子十一二岁了，长得瘦瘦小小，天真烂漫的样子。有一天，儿子突然吞吞吐吐地问妈妈：

"您说要是男生收到'我爱你'的纸条该怎么办？"

妈妈心里一动，故作轻松地回答：

"这得具体情况具体分析。"

"您这话跟没说一样，没劲！"

儿子一甩手，回到了自己的房间。

不料，晚上儿子房间飘出了焦煳味儿。妈妈急忙问儿子，儿子说烧了一张草稿纸。细心的妈妈在垃圾桶里发现了秘密：一张未烧尽的贺卡，粉红色的玫瑰绕成心形图案，下面是小孩子稚拙的笔迹："我想天天看到你。你能告诉我你的爱好和生日吗？"还有一行英文：I Love You，后面的签名一看就像个女生的名字。

当妈妈问起此事原委，儿子脸红了，说："她有毛病！自作多情！没事老来烦人！"

多情的女孩是邻班的学习委员。最让人感动的是，那个女孩不但费尽心机问到了男孩的生日，并在他生日的那一天，抱着一个玩具熊来到男孩子的班里，说要亲手送上生日礼物。这一来，男生的班里轰动起来，有些女生还往外推他，说多浪漫啊！快去呀！这男生哭笑不得，无地自容，生怕老师看见，只好接过礼物，赶紧跑掉了。

让人欣慰的是，侯女士没有用暴风骤雨对待初绽的小花，而是告诉儿子爱是一种很美好、很圣洁的感情，要珍惜同学的友谊，但太小的时候不可能产生爱情。在妈妈的建议下，儿子给所有送他礼物的同学回了礼，妥善地处理了这段曾让他尴尬万分的关系。

说来也巧，正在我为上述故事感慨之时，接到了某刊物编辑的电话，约我写自己少年时代的情感故事。

如果是在平时，我会毫不犹豫地婉言谢绝，因为我的少年时代没有谈情说爱的条件，况且，我也不愿意写太多个人隐私。但是，因为侯女士的故事，我竟欣然答应了约稿。

于是，我坐在写字台前，打开记忆的屏幕，开始在少年时代的情感频道里搜索。

也许，我的"爱情故事"会让今天的少男少女失望，因为我在小学和初中阶段，没有什么曲折的感情纠葛，更没什么轰轰烈烈的恋爱风波。

你们要知道，那是一个情感荒漠化的时代呀！

大约是1966年吧，我在山东青岛市鞍山路小学读四年级。那时，正是"文化大革命"最疯狂的初始之年，许多人都在造反。几乎所有的文学名著都被批判为"大毒草"，几乎所有的谈情说爱的电影、歌曲都禁放禁唱。后来在"文化大革命"中红极一时家喻户晓的八个样板戏，更是将爱情斩尽杀绝。《沙家浜》中只见阿庆嫂，不见阿庆；《红灯记》中的李玉和、李奶奶、李铁梅三代人个个是单身，似乎谁都不要爱情，只要革命就足够了。试想，在那样一个人性极度扭曲的时代，少男少女怎么可能兴起恋爱之风呢？

但是，只要人类存在，就有感情存在，只要有感情存在，必定有爱情发生。这是人类生存的逻辑，是任何力量也改变不了的规律。

十一二岁的我对政治毫无兴趣，一心沉醉在玩耍游戏之中。恰好，那时候已很少上课，我有充足的时间与小伙伴们在一起折腾。多年之后，我哥哥回忆说："那时候，你整天只穿一条裤头，拎着一只小桶，在街上与人玩赢杏核的游戏，别的事很少管。"

　　然而，对于那段时光，我却因为一位女生而有着深刻的记忆。记得有一天，班长杨薇突然来到了我家所在的宿舍，要代表老师逐户家访。当时虽然停课了，但老师不放心学生，还安排了作业和学习小组。可我们谁还有心学习呢？

　　杨薇是一个文静秀气的小姑娘。她穿着白衬衣和花裙子，微笑着向我家走来。说来奇怪，尽管左邻右舍也有不少女孩子，可杨薇的出现，似乎使我头一回看到了天使！一种从未有过的、强烈的使人眩晕的美，险些让我窒息。可是，这美丽也使我自惭形秽。试想，一个只穿裤头的野男孩，怎么与穿花裙子的女班长站在一起。于是，我一猫腰，钻进了院子里的小黑屋躲藏起来，心却怦怦狂跳。

　　我已经不记得杨薇与我的父母说了什么，反正是没有告状，只是友好地提醒别忘了学习等。其实，她说什么都不重要，重要的是她来到了我的家，也许，她是我有生以来第一个有影响的异性来访者。从此，她成了我心中的偶像。

　　有一回，舅舅送了我一套精美画片，这对我们这个清贫的工人家庭来说，是十分难得的礼物。可我的脑子连个弯儿都没打，理所当然地知道它属于谁。

　　第二天，在做课间操结束的时候，我第一次也是唯一的一次，鼓起勇气冲到杨薇面前，将全套画片塞进她手里，却什么话也没说就跑开了。假如杨薇婉言谢绝或问东问西，我真不知该有多么尴尬。谢天谢地，她什么话也没说，笑眯眯地接受了。那一刻，我感到天空是蓝蓝的，风儿是柔柔的，世界美丽无比。

　　直到今天，我对当时的每个细节记忆犹新，这常常让我既感慨又惊讶。也许是一个狂野男孩心中沉睡的情感，无意间被一个女孩的温情体贴唤醒了，使我第一次感受到了女孩的魅力，第一次感受到了美的冲击。我的这些感受，杨薇毫无所知，因为我们失去联系40多年。直到2018年4月我们终于联系上了并相约喝茶，心静如水地回忆可爱的往事。

"爱是不能忘记的。"多少年了，我一直欣赏女作家张洁的这句名言。

我敢断言，任何人的初恋都是美好的，当你第一次真正为异性而心动的时候，除了美丽的吸引和震撼没有别的。所以，我觉得性教育中最重要的一个观念就是：要认为爱情是珍贵的，把性看作是美好的，最重要的是让孩子感觉到性是美好的，一定要确立这个观念。父母要把性当作每个人成长过程中必须要了解的科学理念和知识介绍给孩子。

**教你一招**

不要以学习成绩为标准来限制孩子交友。与其以学习成绩作为标准对孩子交友加以限制，还不如与孩子来个真诚的沟通，向孩子提出与朋友玩耍交流要有底线和规则更有益。

# 引子

2012 年 11 月 21 日,《南方都市》报道了一名 12 岁男孩因没写完作业被老师批评后而跳楼自杀的新闻。

12 岁的小亮(化名)在广州某小学上六年级,由于比较爱玩,所以作业有时就忘了写或写不完。

事发的前几日,小亮和几名同学的语文作业又没写完,老师严厉地批评了他们,还把他们的语文课本给撕烂了。当天中午老师给小亮的妈妈打电话,说了没写作业的事,妈妈也批评了小亮,告诫他要好好学习,好好写作业。过了两天,老师遇到了来接他放学的姥姥,于是当众告诉她小亮没写完作业的事,于是姥姥又在回家的路上数落了小亮。当晚,小亮并没有什么异常,晚上 10 点,像平常一样上床睡了。

第二天一早吃完早饭,小亮背上书包走出了家门,5 分钟后,他就从 16 楼的公共走廊窗台上跳了下来,在他跳楼的窗台下面,放着小亮的英语作业本,本子上就写了一句话"我去死了,88",而这天的第一节课,就是英语。

就因为作业没有写完,受到了批评,一个 12 岁的男孩从 16 楼跳下轻率地结束了自己的生命。为人父母,必须了解和掌握心理健康教育的内容与方法。

# 第七章
## 心理健康教育的内容与方法

认识自己是心理健康的前提，悦纳自己是心理健康的重要方法，控制自己是心理健康的特别规则。

从自我意识的角度说，心理健康的标准可以概括为12个字：认识自己、接纳自己和控制自己。真正的教育都是以人为本的，没有人文精神就没有现代教育。要相信孩子都有一颗向善的心灵，这是教育成功的第一依据。师生之间教师是关键，亲子之间父母是关键，官民之间官员是关键。

面对重要考试如何减轻压力？最有效的方法是充分准备而降低期望，因为压力越大越难以正常发挥。不宜改变学习环境，也不宜改变生活规律，适当做一些家务有助于心理健康。父母的心态与情绪对孩子有显著影响，而从容淡定机智幽默最有益于孩子。户外活动也可以缓解学习压力。

儿童是最敏锐的观察家，即使成年人一言不发，孩子也知道大人在想什么。因此，特级教师华应龙认为，学生喜欢的课堂首先是安全的课堂。"老师有不好的脸色，学生就不会张开思维的翅膀，绽放出生命的光华。"在家里也一样，父母首先是用眼神教孩子的，不管你是有意还是无意。

素质教育的理念是发展，让每个人在各自不同的基础上获得发展，发展就是成功。海有潮涨潮落，月有阴晴圆缺，人有成败得失，不必过于计较。我信奉的格言是：得意淡然，失意泰然。如果心理健康，会明白福祸相依的道理，失败是成功之母，成功也可能是失败之因。

## 心理健康的 7 条标准

青少年的心理具有动荡性，如果毫无防备，父母和老师就像坐在火山口上的人，很难说哪一天就会出问题。心理问题往往具有猝不及防的特征。

我在接受中央电视台《央视论坛》的采访时，探讨了青春期"成长的烦恼"。五个女中学生离家出走，要到五台山去当尼姑。结果还未到目的地，钱花光了，后来被警察发现，给遣送回家。她们出走当尼姑的原因仅仅是因为跟学校、跟家庭发生了矛盾。

从这个案例可以看出来，心理健康教育是非常重要的。如果忽略了心理健康，就可能付出沉重的代价。

什么是健康？世界卫生组织提出了一个新的标准：健康是指人的身体没有病，心理健康，社会适应能力正常。所以说一个人健康与否的标准，应当包括心理健康。

什么是心理健康？卢家楣等教授在《心理学》一书中提出了心理健康七条标准：

第1条，智力状况正常。多数人都属于智力正常的。智商低于70为落后，是弱智的。

第2条，情绪、情感稳定乐观。

第3条，意志坚定，能够自制。

第4条，人际关系协调和谐。

人际关系和谐具体又有三种标准：

① 乐于与人交往，有知心朋友。

② 在交往的过程中，有自知之明，不卑不亢。

③ 能够客观地评价别人，友好相处，宽厚待人。

第5条，具有适度的反应力。

第6条，自我悦纳。

第7条，心理行为符合年龄特征。

每个人实际上有四种年龄：

第一种是实际年龄；第二种是心理年龄，人具有心理成熟期和发展阶段的特征；第三种是生理年龄，根据生理发育的实际状况来判定。第四种是社会年龄，指的是一个人处事待人，适应社会能力的强弱。像一些企业家，他们敢于决策，敢于冒风险，敢于跟许多人合作，这就是一种社会适应能力强的表现。

那么，心理不健康又有哪些表现呢？下面来看看心理不健康最常见的表现。

## 心理不健康的 10 大症状

症状一：抑郁，俗称"忧郁"。有事没事总是愁眉苦脸，唉声叹气，闷闷不乐，这是一种抑郁。

症状二：多疑。例如，自己丢了东西就怀疑别人，很容易从坏处去揣度他人，表现紧张，缺乏安全感。

症状三：情绪波动。青少年特别是中学生情绪波动很大。

我在央视采访时讲过一个故事：有一年，一连有三个女中学生离家出走，出走是为了到北京找我。

其中有一个女生找到我单位，又找到我家来。我打开门时，非常惊讶：这个女孩子穿着一件红色T恤，一条短裤，脚上穿着一双拖鞋。我说："你怎么穿着拖鞋来啦？"她说："我离开家门后才发现还穿着拖鞋，想回家去换，可是怕被爸爸妈妈发现，干脆就穿着拖鞋上火车啦！"

这个女孩17岁，是班里的团支部委员，团支部书记是一位男生，女孩喜欢这位男生。一天，老师在课上说，咱们班有些同学，心思不放在学习上，总惦记这男女之事。她一听就脸红了，以为老师说的就是她。她回家后，又怕父母追问，于是决定离家出走。

可见，中学生情绪很容易波动，心理如果不健康，就容易变成惊弓之鸟，为一点事就逃之夭夭。

症状四：激惹。比方说，你骂他一句，他可能就给你一刀。中学生正处于一种容易冲动、过激的阶段。

症状五：自卑。

据我们的调查发现，全国15%的中小学生对自己的相貌不满意。有个女孩，觉得自己的耳朵长得不好看，只要别人看她，她就脸红，以为别人是在看她的毛病。另外，40%的学生对自己的学习成绩不满意，并且为此很难过。当然，有的学生为自己家庭的贫困自卑，有的为爸爸妈妈离了婚自卑，自卑原因与表现是多样的，但都让学生产生了困扰。

症状六：孤独。孤独无助对孩子极具杀伤力。

症状七：依赖。指孩子过度依赖父母，无法自理、自立。

症状八：焦虑。

某女生考大学的时候紧张得晚上睡不着觉。父母想了一招：女儿睡不着觉的时候，就给她半片药，跟她说："给你吃半片安定，这药本来不应该给你吃，小孩一般是不能吃这个的，就给你半片，吃了以后你肯定会睡着，但是以后不能老吃。"这一计还真灵，女儿吃了不一会儿就睡着了。其实药片不是安定，是阿司匹林。这实际上是一种心理作用。

症状九：自我中心。就是光想自己不想别人。

北京有一个女大学生向法院起诉，状告爸爸不给她提供充足的生活费。女孩的父母离婚了，她爸爸一个月辛辛苦苦地工作就挣400块钱，给她寄200，她说不够。有位记者问她："你打工吗？你勤工俭学吗？"她说："我还没有考虑。"这是不是让父母很寒心啊！有的孩子，就被培养得很少想到别人，这值得我们警醒啊！

症状十：嫉妒。

北京某大学一个女孩子考上了美国某名牌大学的研究生，奖学金很高。但是过了一段时间，她再和美国的大学联系时，对方声称已经收到放弃的回复。女孩特别奇怪："没有啊，我一直在做准备去你们大学上学呀！"

这是怎么回事呢？原来，与她同宿舍的一个女同学由于嫉妒，竟然以她的名义E-mail给美国那所大学，信上说："谢谢你们录取我，但是我决定放弃这个机会。"

这个女孩子知道了真相后起诉了这名同学，最后法院作出了物质赔偿的判决。过去人们说，有的人损人利己，现在有的人做事不利己也损人，因为他嫉妒，他不能忍受你比他好。可以说，嫉妒是很可怕的。

焦虑的孩子越来越多，值得关注。

有一个词，叫作成就焦虑，就是总为自己不能达到一个高目标而着急，着急得无法忍受。因此，父母和老师不能给孩子定太高的目标，使孩子难以达到。因为总达不到目标，孩子就容易焦虑不安。"孩子，你必须考入前三名""你必须保证90分以上"等，诸如此类的目标，就有可能使孩子产生焦虑。焦虑的后果是他即使有能力也发挥不出来了。我的建议是，父母和老师对孩子的要求要适度。

开学恐惧症是近几年日益被关注的焦点，每到中小学开学的时间，医院的儿童门诊都会出现一些身体健康，却自称头疼、肚子疼等躯体症状的孩子。这个时期孩子出现的这种情况大多属于开学恐惧症或开学综合征，属于一种焦虑症。如果父母忽视了孩子产生这种现象背后的深层原因，就有可能产生严重的后果，例如每到临近开学，报纸和网上都会有学生因压力大，产生焦虑而自杀的报道。

2013年3月1日，《南国都市报》就报道了这样一则消息：2月26日是宁波市中小学开学第一天。但上午7点多，一个13岁小男孩从宁波某小区的8楼跳下，幸亏摔在了3楼阳台的钢化玻璃上，被邻居发现后及时报警，把男孩送进医院救治，保住了他的性命。

得知情况后，男孩的父亲赶紧跑到儿子的房间，看到桌子上有张纸，歪歪斜斜写着"我跳楼了"四个大字。而据男孩父亲讲，他对儿子学习成绩要求严格，可能学习压力过大使孩子选择了这种不理智的方式逃避开学。

而容易出现开学恐惧症的孩子，一般都是心理素质低和适应能力较差的学生，学习成绩不好的学生，对新环境不能很快适应的学生和一些过于追求完美的优秀生。而对于这类孩子，父母要降低对他们的要求，减少他们因学习压力而产生的焦虑。

有一个县级市的妇联主席告诉我，她儿子参加高考，她对儿子说："儿子，你放心吧，你肯定能考上北大。"她儿子说："不可能啊！""怎么不可能，我看你能行。"妈妈这么说，孩子压力就特别大。孩子觉得：我根本就没希望，你还说可能，要是考不上就会让你失望。结果这孩子考得很糟糕。

我们要记住这么一个规律：压力越大越不能好好学习。他考之前，满脑子想的不是怎么样解题，而总在想：我考不好，妈妈和爸爸会怎么想呢？同学们会不会笑话我？这些想法当然会干扰学习和考试。

北京有一个16岁的女孩，因为心理问题在家休学了几年。她妈妈对我说："孙老师，你能不能跟我女儿谈一谈，她很喜欢读你的书。"我说："可以啊！"

这个女孩叫马越，个子高，肤色白，头发卷，长得很漂亮。我说："马越，你有什么想不开的啊！你看你个高又漂亮，有多少人都羡慕你呢！"她说："孙叔叔，你甭劝我啦，我肯定我活不过今年。"我问："为什么？"她一扬手，我看见了，她手腕上伤痕累累，原来她有割腕自残的过激行为。

马越在小学时比较孤僻，同学都不理解，说她很怪。后来，为了治疗眼疾，耽误了两个月的课后，学习就跟不上了。

这如同雪上加霜，同学们开始笑话她是个傻子，老捉弄她。同学们在一块儿开新年联欢会，她把自己舍不得吃的糖分给大家。可是，同学们竟然把糖扔在地上，说："我们不吃傻子的糖。"全班大合唱，她穿着漂亮的裙子想参加，可是文娱委员说："你来干嘛？你是傻子，唱跑调了怎么办？"坚决不让她参加。

有一次背课文，校长亲自检查。马越和班上其他同学一道很认真流畅地背诵，只见一位老师对着校长的耳朵小声说："校长，这个孩子有点傻。"不料，这话被马越听见了，又气又羞的她，脑子里顿时一片空白，原本背熟的课文全忘了。

此后，马越的问题越来越严重，甚至发展到装精神病。因为她不想上学了，于是就装精神病，手乱抖，胡言乱语，看到地上的石头说是人头，看到天上的云彩说是血。这一装把她爸爸妈妈吓坏了，就把她送到精神病医院。

马越想：这下好啦！我成功了，我不用上学了！但是，进了精神病医院，马越就感觉不对了：里面那些人可全是真病的。她害怕了，就往外跑："大夫，大夫，我没有精神病，快让我出去。"可是她越闹，大夫反而越认定她有精神病。于是，她害怕了，不敢闹了。在里面忍耐了一个星期，在爸爸妈妈来探视的时候说出了实情，才被领回了家。

我问她："你有什么特别喜欢的事呢？"她说："我喜欢写作。"我说："你想不想发表文章？"她说："想啊！"我就说："好！我可以收你做徒弟。只要你认真写，我能保证你发表文章。""真的？"我说："真的，一言为定。但是有一条，我让你写的文章你必须写，我让你修改你必须改，你做到这一点我就愿意教你。你好好想一想，回答我。"她想了想说："愿意。"我用的是缓兵之计。因为文章可能是永远也改不完的，当时已经6月份，这样她年内就不会自杀。

没想到，我约她写的几篇文章写得都非常精彩，《我曾被送进精神病院》《蜗牛的故事》《妈妈，我不是傻子》，几篇文章都发表在《少年儿童研究》杂志上，并受到了读者的关注。很多人给她写信，她开始慢慢树立起了信心。

后来，我就把马越推荐给北京通州一个很有名的李圣珍老师。马越在李老师家住了两年，管李老师叫妈妈。慢慢康复了的马越，考上了一所重点大学。现在马越不但自己心理健康，还帮助别人解决心理问题，成为一名受欢迎的心理咨询师。

## 千方百计让孩子相信自己是个好人

在我看来，儿童教育有一个最基本的原则，也是最神圣的原则，就是千方百计让孩子相信自己是个好人，是个能人，是个充满希望的人，是个幸福快乐的人。用心理学的语言说，就是培养人的积极的自我概念。

什么是自我概念？自我概念起什么作用？用通俗的话讲，就是你认为你是一个什么样的人，你就会怎样去生活。如果你认为自己是个好人，你就会走正路做善事，心中充满希望；如果你认为自己是个坏人，你就会走邪路做恶事，心中充满绝望。

实际上，每个人的心里经常在自我建构：我是个好人吗？我是个能干的人吗？当你怀疑自己是个坏人时，你正直善良的人生防线就摇摇欲坠了；当你怀疑自己是个笨蛋时，你自信自强的人生根基便开始崩溃。父母和老师们要知道，由于弱小，孩子是非常容易怀疑自己的。因此，父母与教师的一个神圣使命，就是千方百计让孩子相信自己。

心理学认为，每个人的心中都存在一个"自我"的概念。所谓"自我"，是指个体意识中关于他自己的基本特征的一个总的观念、图式或框架。"自我"的存在及它对个体行为的作用，是自我意识的重要表现。

心理学家哈泽尔·马科斯（H.Markus，1977）在大量测试的基础上，区别出三组女大学生做测试，第一组是能够清晰地认识到自己是有高度的独立性的，第二组能肯定自己是比较独立的，第三组不知道自己是独立还是依赖的人。实验者要求被试者指出一系列形容词中的每一个是否符合其个性。结果，同第二、第三组相比，第一组以最快速度确认"独立性的"这一形容词符合其个性。

在另一项实验中，向被试者出示一份关于她的建设性能力测验的假成绩，即有些成绩是高于或低于被试的实际水平的。结果显示，具有强烈、清晰的自我观念的女性被试者，最容易拒绝或反驳那些不符合其个人特点的假成绩。马科斯于这类研究概括地指出：被试者的自我观念使她们迅速地把握外界同其自我观念有关的信息，因而能够很快决定某个形容词是否适用于她们。[1]

上述理论阐述引自卢家楣等教授主编的《心理学》一书。专家们的研究告诉我们，具有积极的自我概念的人，会更自觉更自动地认识自己，把握自己，并使自信建立在真实的基础上。

然而，不幸的是，在现实生活中，父母和老师常常忽略了培养积极的

---

[1] 卢家楣主编《心理学》，上海：上海人民出版社，1998年版。

自我概念，而是千方百计让孩子相信自己是坏蛋和笨蛋。

上海一位著名的儿童心理学家曹子方教授，应邀参加评选上海市示范幼儿园。当她来到一所被称为一流的幼儿园时，发现某班20多个小朋友的名字都写在黑板上，其中大部分孩子的名字边上都画了小红旗或小红花，唯有5个孩子的名字边上啥也没有。曹教授不知何故，便弯腰问小朋友。一些孩子背着手仰着脸，有礼貌地回答："教授奶奶，他们5个都是坏蛋！"这一回答让曹教授感慨万千。

据我40多年从事儿童教育与研究的经验，从幼儿园到小学、中学，差不多每个班里有5个左右的学生被认为是"坏蛋"或"差生"。如刘京海校长所说，小学三、四年级的老师有时会"找狗熊"。理由是：一、二年级英雄狗熊分不清，三、四年级可以分清了，让我们找找看，到底谁是英雄？谁是狗熊？结果是，越找狗熊越多，因为三、四年级小学生自我控制力低而学业难度增高，出问题较多。

除了负面语言对孩子的伤害外，对学生自尊破坏更大的就是对学生的体罚，这不仅增加了孩子肉体上的痛苦，更严重是它会损害孩子的心理健康。

《华商报》报道了一起教师严重体罚学生的新闻：

2012年12月11日，陕西某小学六年级的学生小明（化名），因为没有交上老师布置的作业，被生气的老师扇了几个耳光，之后这位老师还不觉得解恨，竟然命令全班50个孩子都要上前打小明耳光。这些学生迫于老师的权威都上前扇了小明耳光。有学生证实："有的同学打耳光下手轻了，罗老师还让重新打，我们只能用力打他耳光才能过关。"

小明的脸肿了三天还没有消肿，走在路上都会被学生们笑。事后小明在日记里写道："今天中午被打过脸，最后不知道同学为什么笑我，说我的脸肿了。我不信，回家照镜子一看，吓了我一大跳。脸乌了。这对一个自尊心强的人，绝对会想到自杀；幸好我的自尊心不强，要不然（我）就完了。"

这是一起恶劣事件。一个孩子的自尊心就此被摧毁了，而且那些被逼迫抽自己同学耳光的孩子们，心理也会受到影响，他们此后可能会觉得内疚，也会觉得自己不是好人，这都是对孩子心理上的伤害。

事情被媒体报道后，学校的校长被撤职，老师也被辞退，但孩子破碎的自尊心却很难恢复。

当然，大多数老师是尊重学生的，有些学校还有创造性的探索，如北京光明小学的"我能行"教育，就是培养学生积极自我概念的典范。该校也是我们习惯研究的子课题学校。他们总结出的"我能行"八句话，成为了积极自我概念的理想框架与经典解释。

这八句话是：

相信自己行，才会我能行；

别人说我行，努力才能行；

你在这点行，我在那点行；

今天若不行，明天争取行；

能正视不行，也是我能行；

不但自己行，帮助别人行；

相互支持行，合作大家行；

争取全面行，创造才最行。

光明小学的校长刘永胜对我说，该校的学生享有人人可以当干部等10项权利，都抱着奖状回家过年。从小培养起来的积极自我概念，会让人的一生受益。

值得注意的是，外部条件与内部努力应当结合起来，才能更为有效地培养自信。总是保持积极的态度，也是一种极为重要的良好习惯。

墨子说：志不强者智不达。

孟子说：吾善养吾浩然之气。

据说，篮球巨星乔丹成功的秘诀之一，就是比赛前一晚上默写并大叫"我能行！"

## 健康心理 12 字秘诀

健康心理的12字秘诀由三句话组成，第一句话：认识自己；第二句话：接纳自己；第三句话：控制自己。

第一句话，认识自己。自知才能自信，自信才能自强。认识自己是心理健康的一个前提；不认识自己，是心理发生障碍的重要原因。

美国的联邦储备委员会前主席格林斯潘是全世界闻名的"金融之神"，他对美国经济的影响很大。有两句形容他的话："格林斯潘一开口，全球投资人就要竖起耳朵。""格林斯潘打个喷嚏，全球投资人都要伤风。"

也许大家并不知道，格林斯潘原来是学音乐的。因为他妈妈是小提琴演奏家，格林斯潘觉得自己也有音乐才能，就报考了音乐学院。但是，毕业之后，随着乐团四处演出，他越来越发现自己并没有音乐天赋。后来他发现自己的智能结构侧重于逻辑数学，真正的兴趣是金融，他最终选择离开乐团，到纽约州立大学学习金融，去华尔街闯荡。

正是由于全面地认识了自己，格林斯潘选择了最适合自己的道路，所以取得了巨大的成功，对美国的经济做出了重大的贡献，成为美联储主席。

我再讲一个真实的故事，令人十分感慨：有一个中学生，考完大学后，觉得自己没考好，越想就越紧张，就害怕揭榜的那一天到来。最后，在揭榜的前一天晚上，他实在受不了，于是就自杀了。第二天，张榜公布，他被重点大学录取了。正是因为他心里没有正确的自我认识，结果导致了这么大的悲剧。

老子说："知人者智，自知者明。胜人者力，自胜者强。"父母和老师一定要让孩子看到自己的优势，千万别让孩子觉得自己什么都不是。但是现在麻烦的是，很多父母只看到孩子的缺点，看不到孩子的优点，这是很遗憾的。

第二句话，接纳自己。接纳自己是心理健康的重要保证。

在接纳自己方面，索菲娅·罗兰的故事十分经典。索菲娅·罗兰是意大利著名电影演员，拍了100多部电影，比如大家都很熟悉的《卡桑德拉大桥》，她曾经两次获奥斯卡奖。

索菲娅·罗兰16岁第一次拍电影时就碰到了麻烦，摄影师围着她转来转去，皱着眉头，后来耸耸肩膀，去找导演卡洛说："导演，你找来的演员太难看，没法拍。"导演就把索菲娅·罗兰找来，跟她有一番非常经典的对话。

卡洛说："亲爱的索菲娅·罗兰，您很有表演才能，但是我的摄影师抗议说，没办法把您拍得美艳动人，因为您的鼻子太高了，而且您的臀部过于发达，您得回去把它给处理一下。"你们想想看，那个时代美容业不发达，鼻子高一点可能还有办法，但是臀部发达，你怎么处理呢？很难处理。一个大导演对一个16岁的少女说这番话，你说谁受得了呢？

但是，索菲娅·罗兰心理素质极佳，自我接受能力极强。她说："导演，我的鼻子是高了一点，臀部是发达了一点，但这些都是我的特点，我不想为拍电影而改变什么。世界上的美为什么都要一个样呢？"这句话是一个美学见解，一句话就把导演说得顿悟啊！

卡洛导演连忙向索菲娅·罗兰道歉："对不起，我不该向你提出刚才的问题，这样吧，电影继续拍。如果摄影师抗议，我就另请高明，一定要把电影拍成。"

电影上映后引起了轰动，而索菲娅·罗兰更是一发不可收拾，拍了很多好电影。卡洛导演越看索菲娅·罗兰越漂亮，后来干脆离了婚，向她求婚。

我自己也有体会。我是少白头，加上经常动脑写作，头发渐渐白了，只好经常染发。但是，"非典"后，我得到了心灵的启示，从此再不染发。我觉得头发白了很正常，是很自然的事情。我曾开玩笑说，我写书太多了，把头发里的墨汁挤干了。其实，每个人都有很多烦恼，关键是看你能不能接纳自己。

一个人，即使是最安分守己的人，也不敢说一辈子不碰到一点麻烦的事。碰上了，心理健康的人可以一笑置之，心理不健康的人就麻烦了。这就是心理健康与否的差别。

北京某重点中学有一个初三的女孩子，看到对面走来一位胖胖的女老师，右手推着自行车，左手拿着吃的东西。女孩就小声议论："瞧，这个老师长得这么肥，还吃啊！"班主任知道这件事后找女孩谈话，并要求她和父母一起向老师道歉。

道歉的要求并不过分。但女孩回家后不敢跟妈妈说，一直到夜里，才告诉妈妈，没想到，妈妈这个火"噌"就上来了：你这个孩子，是越大越不懂事啊，你怎么这样说老师呢？妈妈足足教训孩子三个小时。女孩只是哭，哭到后来就死死地盯着妈妈。

其实这个时候孩子心理已经出现问题了，但妈妈并没有意识到。凌晨，女孩割腕自杀未遂，又从高楼一跃而下，结果摔得终身残疾。

我们容易忽略一点：越是好孩子越容易出心理问题，在某种意义上说，好孩子是危险的，因为好孩子可能是脆弱的。

你看，孩子上课说话捣乱，老师一发火说：谁谁谁，站起来！那个调皮捣蛋的孩子可能没事，站起来就站起来。老师再发火说：出去！调皮的孩子说：出去就出去，反正是老师叫我出去。他也会不高兴，但他不会去跳楼。如果一个好学生被老师说"站起来""出去""叫家长"，就可能受不了了，这女孩就是这样。

所以，我们要记住一点，孩子学习好并不等于心理健康。脆弱的孩子虽然无法完全避免经受挫折，但必须要学会勇敢面对，具有抗挫能力。

第三句话，控制自己。

很多悲剧都是情绪失控的结果。近些年来，父母打死孩子的事时有发生。我敢说，很少有父母是成心要打死孩子的，往往都是一时生气，怒不可遏时失手造成的。

武汉一位父亲，知道儿子拿别人家的东西后特别生气，就把儿子绑在椅子上打，越打越气，越气就越打！打完后一看，孩子不动啦！赶快送医院，孩子已经死了！这位父亲就是典型的"忙人无计，怒人无智"。那么，父母或老师遇到这种情况应该怎么办呢？

我给大家一个建议：假如你的孩子、你的学生特让你生气，最好的办法之一，就是冷处理。可以对他说：今天这个事情，你要好好地想一想，错在哪里，咱们今天不谈了，明天再谈，或者两天以后再说。为什么呢？大家都在火头上，越说越僵，你说他也听不进去。

当你第二天醒来，心态就不一样了，昨天的火也发不出来了。这个时候，你就可以冷静地分析，同时也让孩子静下心来反省。

儿童的教育往往有这样一个特点：三分教，七分等，我们要耐心等待。孩子成长是要一个过程的，我们要多一分宽容。

## 教育惩戒是培养心理健康的良方

法国思想家、大教育家卢梭在教育名著《爱弥儿》中说："你知道不知道用什么办法准能使你的孩子得到痛苦吗？这个方法就是：百依百顺。因为有种种满足他欲望的便利条件，所以他的欲望将无止境地增加。结果，使你迟早有一天不能不因为无能为力而表示拒绝。但是，由于他平素没有受过你的拒绝，突然碰了钉子，会比他得不到所希望的东西还感到痛苦。"

对孩子只有表扬没有批评不仅是错误的，甚至是危险的。美国心理协会主席马丁·塞利格曼教授通过研究发现，对孩子无条件的表扬会造成两个危险：第一，孩子会变得被动，因为他了解到自己不论做什么都会得到称赞；第二，他可能无法享受真正的成功和你赞美所带来的喜悦。如果一直给出无条件的表扬，他以后可能无法从自己的失败和成功中学习。

我的观点是：民主的教育是最有益于孩子成长的教育，但表扬与批评、奖励与惩罚，都是民主教育中应有之义。惩罚或者叫惩戒，是指一种扶正祛邪的教育手段。惩罚的核心是让孩子对自己的过失负责，其方法是唤醒孩子心中沉睡的巨人，其原则是尊重孩子。惩罚教育与棍棒教育的性质是完全不同的。惩罚教育是培养主人的教育，棍棒教育是训练奴才的教育。

一种只能表扬奖励不能批评惩罚的教育，不就等于任凭心智未成熟的孩子信马由缰地在高速路上驰骋吗？对于优点突出缺陷也明显的当代青少年来说，这是一种放弃责任的教育，也是一种制造隐患的教育。

如果把孩子比作驾驭小船试航人生之海的小船长，那么，父母与教师便是导航的罗盘和灯塔，必须时时提醒缺乏经验的小船长，哪里有险恶的暗礁，哪里是畅通的航道。

毫无疑问，处于导航者的位置，如果只是赞赏小船长的勇气与智慧，而不发出前方险情的警告，恐怕与谋杀者无异，尽管他可能爱心无限。

马丁·塞利格曼认为惩罚是孩子行为塑造中最有效的方法之一，有几百个不同的实验证明了这一点。但父母在执行惩罚中一定要懂得惩罚是对事不对人，要在尊重孩子人格的前提下进行惩罚。另一个关键点就是一定要让孩子明白他为什么受到惩罚。

有一次，塞利格曼两岁半的女儿妮可故意对姐姐拉拉扔雪球，拉拉被砸疼了，左躲右闪，这让妮可更来劲了。"不要对拉拉扔雪球，妮可。"塞利格曼的妻子喊着，"你打疼她了。"但是另一个雪球马上又击中了拉拉。"如果你再扔一次，我就马上带你进屋。"妈妈警告说，结果又一个雪球击中了拉拉，妈妈立刻采取了行动，虽然妮可又踢又叫不肯进去，妈妈还是把她带回了屋里。

"我告诉过你，如果不停止扔雪球就要带你进来，你就是不肯停下来，所以现在必须进来。"妈妈温和地解释。妮可大声地哭着："我不扔了，我不扔了。"但她还是被妈妈带进屋里关了一定时间作为惩罚。

我觉得，父母要向妮可的妈妈学习，对孩子的不良倾向和错误行为，要敢于说"不"，并且坚持到底。

请大家注意，我前面讲的心理健康的12字秘诀，不仅仅是说给孩子听的，也是说给每一个人的。如果父母的心理健康，孩子的心理也容易健康，父母碰到一点事回家就垂头丧气，怨天尤人，孩子就会受影响。父母是不怕事的人，既不惹事也不怕事，就能让孩子变得坚强。也就是说，我们要用父母的心理健康，来影响孩子的心理健康，引导孩子养成自信自强积极向上的习惯。

**教你一招**

务必记住餐桌训子害处多的教训，因为紧张、恐惧会使孩子胃液不分泌，强迫孩子吃饭久了可能导致胃病。研究发现，经常与父母一起愉快吃饭的孩子，远比很少与父母吃饭的孩子心理健康。因此，尽可能多与孩子共进晚餐，并且不在餐桌上训斥孩子，让孩子愉快进餐，让孩子对父母和家庭产生依恋的情感，就是最适合也最美妙的教育。

# 引子

　　我们的父母溺爱孩子，把孩子圈得像羊一样懦弱，而日本人把孩子培养得像狼一样强悍，将来羊和狼跑到一块了，结果可想而知。所以，儿童教育应以科学为安，强壮为康。

　　我曾去过选拔参加中日少年夏令营的北京一所学校。学校专门举办了一次选拔拉练活动，把孩子送到首都机场，然后，下车往回走，约15公里的路程。坚持自己走完的孩子才有资格报名参加夏令营。

　　中国的孩子是选出来的，而日本的孩子是自由报名的，谁报名、谁去，日本没有选拔这一关。而且还要交10万日元报名费。1992年，10万日元相当于人民币7000多元，花了钱到中国，不住高级饭店，不去游览名胜古迹，只为在草原上参加为期三天的探险夏令营。

　　草原上的天气很恶劣，白天零上30度，晚上降至零度，还经常下雨。下雨天，每个人走得像泥猴似的，睡在帐篷里面，雨水漏进帐篷，觉也睡不成。

　　中国孩子没受过这样的苦，有个孩子病了，就送回宾馆休息。但是，有个日本孩子病了，中方领队劝他回去，他竟然说："我不能当逃兵，我当了逃兵对不起我的爸爸妈妈，对不起我的老师，我一定要坚持到底！"

　　中方的老师问日本的领队："你们怎么还不赶快把他送回去，万一病重了怎么办？"日方的领队说："放心吧，他现在还有能力坚持，这正是磨炼他的最好时机。"

　　在夏令营中，中国的孩子往往丢三落四，吃一路，丢一路；而日本的孩子，走一步，捡一步。在草原，日本孩子看到纸屑、可乐瓶什么的，都捡起来，拿塑料袋装了，居然把垃圾袋带回到呼和浩特。

　　当日本孩子刚到北京时，就发生了耐人寻味的事情。他们到了天安门广场，日方领队对日本孩子们说，现在给你们每一个人发20块钱人民币，自己去买一顿饭吃，然后下午四点半集合。中方的老师很担心，这些日本孩子语言不通，路也不熟，回不来怎么办？日方的领队摇摇头，没关系，回不来也是一种锻炼。一个小时以后，电闪雷鸣，风狂雨骤。可是，四点半，日本孩子们都安全回来了。他们的这种教育方法让我很感慨，因为中国的教师是不敢这么放手的，父母们更不敢。日本人花钱让孩子受苦，有的孩子的背包大概有10公斤重。而中国父母却怕孩子多吃苦，准备的包不到1公斤重。

　　我们父母对孩子的爱是怎么才能让孩子舒服，让你不受罪，让你轻松，让你好。所以我说，这是两种爱心，两种命运。不同爱心的选择就是不同命运的选择。我写的《夏令营中的较量》，引发了持久的全国范围的大讨论。

# 第八章

## 科学为安　强壮为康

　　在新年伊始，我许下了一个愿望：2013年出现的变化是运动第一、学习第二。我知道难度极大，但这是一个良性循环的方向，无论学校还是家庭都值得努力。

　　幼儿需要养成运动的习惯，这是一生幸福的基础之一。比如，每天要有不少于两小时的户外活动，其中体育活动不少于一小时；3~4岁能行走1 000米，能快跑15米；4~5岁能行走1 500米，能快跑20米；5~6岁能行走1 500米以上，能快跑25米。我们要相信儿童具有巨大的潜能和需要。

　　儿童教育从游戏和运动开始，而游戏和运动的目标是培养健康人格。亚里士多德早在两千多年前就提出，身体的训练应在智力训练之先。体育训练的目的不是为了竞技，不应像斯巴达人那样通过训练使儿童变得残忍，应该把高贵的东西而不是兽性的东西放在首位。教育让人成为真正的人。

广东省的一次调查显示，性侵女童者65.74%是熟人。如何避免孩子受到伤害呢？最简单有效的方法，就是教给孩子不许任何人随便触摸自己的隐私部位，要坚决地拒绝，甚至大声说要告诉爸爸妈妈。一般来说，面对这样的孩子，那些侵犯者都会望而却步。

如何保护中小学生的安全？一要有健全的法律法规，二要有严格的安全措施。日本为什么敢于广泛组织中小学生的各种野外体验活动，甚至年年组织中学生到国外修学旅行，最重要的经验就是安全防范措施完善到惊人的程度。中国意外事故高发的首要原因，恰恰是安全措施漏洞百出。

## 黑姬山探险的启示

2000年，我女儿的学校因为我担任学校家长委员会副主任一职，便邀请我一块儿去日本。我们参加了日本组织的一个青少年夏令营，这次夏令营让我不得不重新思考中国教育的问题。

夏令营规模很大，有750人参加，分成30人一个班。而且，夏令营参加者年龄悬殊大，最小的5岁，最大的70岁。我顿悟，原来日本夏令营不限年龄，谁都可以报名。

特别有意思的是，夏令营没有一个老师，活动安排都是由大学生志愿者来主持。夏令营以班级为单位，一个班设两个班长。按照夏令营的活动安排，有十多个项目的活动。我一看，自然勘察活动、黑姬山探险等。

我报名参加黑姬山探险，女儿就跟我去了，她给我当翻译，还有六名中学生报名。当时，一位日本人劝我："孙先生，别去了，太辛苦了。"

我说："没事，你看这招生简章上写着小学五年级以上的孩子就可以报名。我还有问题吗？我经常登山，没问题。"但是，第二天出发后，我才真正知道什么是日本的登山活动。

从早上五点钟一直爬到晚上七点钟，整整14个小时。出发前组织者给每个人发两个饭盒，一份早餐，一份午餐，但要自己带水。我心想，到了山上找个饭店吃饭，到那儿再喝水。一上路才知道整个山上没有一座房子，更难觅饭店的踪影。甚至连一条像样的山路都没有，有的路段我要四肢着地紧抓裸露着的树根才能爬过去。

一口干粮也没吃的情况下走了3个小时，我饿得肚子咕咕叫，就盼着吃早餐。终于到吃早餐的时间了，中国孩子就大口喝水。而日本孩子有登山的经验，不到目的地，水就不能喝光。比较来看，他们带的壶比中国孩子带的大，水是小口慢慢喝。才走了一半的路，中国孩子的水基本都喝光了。

我有点儿担忧地问："你们怎么把水都喝光了？"他们的回答很逗，这也表现出中国孩子独有特点。他们说没关系，我们都是集体主义者，互相帮助。什么叫互相帮助？我的水喝光了喝你的水，你的水喝光了再喝他的水。确实，中国孩子很团结，可是如果大家都没有水了怎么办？嗓子快冒烟了也没办法。日本孩子从来不喝别人的水，他也不给别人喝。日本孩子摔倒了，没人扶，他一定是自己爬起来，他们意识里是不给别人添麻烦，我自己能爬起来，而且别人摔倒了也不愿意你去扶。

中国孩子走得很辛苦，也很顽强，但是毕竟体力不济，很快就被日本孩子远远地甩在后面了。日方领队担心队伍分散，于是就安排中国孩子的队伍走在前面，日本孩子走在后面。就因为这样一调整，整个队伍返回的时间比预计延长了两个小时。

通过切身体会，我发现中国孩子此行很辛苦，但是表现出了团结互助的精神，也表现出乐观精神。虽然很累，却接连唱歌，从流行歌曲唱到革命歌曲，而日本人不说笑，只顾低着头走，保持体力。

我自认有爬山经验，但在爬黑姬山的时候还是摔了12跤。有一次，爬上一块岩石，由于刚下了雨石头滑，站起来就脚一滑，一头扎下去，脑袋"砰"的一声撞到大树根部，撞得我头昏眼花，但没把脑袋撞进树杈上就算万幸了。还有一次，踩空了，往山下滚，亏得我抓住了树根，结果费了好半天才爬了起来。

这就是日本的登山探险，爬14小时的山。试问，我们哪所学校敢组织类似的活动？如果真的要组织这样的探险活动，恐怕不知要带上多少老师，带上多少医务人员？

探险路上真是险象环生，我只是摔跤，还没有大问题。日本一位60岁的女士在山上骨折。领队的大学生请示总部，总部派人救援到天黑才赶到。还有一个日本的大学生被马蜂蜇了一下，脑袋肿得像个篮球一样大。

庆幸的是，我和7名中国中学生，没有出现大问题。但我女儿完全累惨了。刚走了3个小时，女儿就对我说："老爸，我走不动了，我不走了。"我只能鼓励她坚持下去。女儿平时不注意锻炼，当然受不了。于是我找了一根树枝，拖着女儿走。

后来，我突然顿悟，只要孩子跟父母在一块，她就有依赖。于是我就和她分开走，让她和她的同学走。结果证明这个办法很有效。孩子跟孩子在一块，互相鼓励，坚持到了最后。

## 中日国民共识与法律机制的差异

无论是在中国还是在日本举办的青少年夏令营，虽然表现出两国孩子的素质差异，但我从来不认为是哪国孩子强或弱，而是两国教育导向的差异。显然，中国孩子表现出的问题从根本上说暴露了中国教育的危机。

探险活动结束后，我和日本的老师座谈交流。我直接问："这么危险的活动，你们怎么敢组织？"日本老师愣了，说："不危险。"我说：

"万一出了事怎么办？"日本老师说："出了事是个人出了事，给集体添麻烦，要自己负责。"

登山探险结束后，我住在一个日本家庭里。这是一个独生子的家庭，很富有，妈妈是一个大学毕业生。无意中我在电视上看到一则新闻，由于发生洪水，把一个夏令营的七个孩子冲走了，其中一个不幸遇难。我忍不住问："出了这样的事情怎么办，谁负责任？"谁知那位妈妈耸耸肩说："自然灾害，没有人负责任。"

日本人告诉我，日本的父母普遍支持孩子登山探险，如果不幸出了事，也很少有人去打官司，即使要打官司，也由日本教育部门专门成立的一个日本青少年健康促进会的机构负责，国家下拨意外伤害保险费，学校无须承担过重的责任。

我立刻顿悟，中日两国最根本的较量在于国民共识与法律保障机制的不同。中国学生一旦出事，就会把学校告上法庭。深圳一所学校，一个孩子因跑步摔倒，造成脾脏破裂，向学校索赔326万！这样看来，解放中国的教育才能解放中国的儿童，我们需要确立法律保障机制，也需要提高国民共识。

现实让我们倍感遗憾，由于担心意外事故发生，于是学校不敢组织野外活动。当年的"较量"已经过去20多年，某些方面却比20多年前还倒退。学校的"勇气"越来越少，殊不知，学校越不组织活动就越没有经验，越没有经验就越容易出问题，越出问题就越不敢组织活动，这无疑形成了一个恶性循环。

青少年如果不拥抱大自然，就不可能具有完整的健康精神。2013年2月18日，国务院颁发了《国民旅游休闲纲要》，其中要求："逐步推行中小学生研学旅行"，并"鼓励学校组织学生进行寓教于游的课外实践活动。"教育部随之发出《关于开展中小学生研学旅行试点工作的函》。可是，谁敢来迎接挑战？

教育是一个民族的希望，它是一个造血工程，而造血离不开亲近大自然。当然，我现在要谈的问题是，中日之间的较量不仅仅是登山探险，它也表现在教育中的方方面面。

比如，要培养孩子的责任心，离不开体验活动，因为孩子是在体验中成长的。如果凡事都由大人安排，老师操心越多，父母包办越多，这孩子就越没有责任心。

我在讲课时曾问过这样一个问题：作为父母，你敢把家里的钥匙交给孩子吗？如果家里只有一把钥匙，你敢把钥匙给他吗？可能我们不放心，不敢。所以，是不是把孩子当主人，是不是敢让孩子去承担责任，这是我们的责任教育面对的挑战。责任教育绝不能单纯停留在说教上，什么是责任，该负什么责任，都要通过切实的体验获得。

## 习惯不同就是素质不同

日本教育的一个突出特点就是培养习惯。

例如，日本人的孩子有一个习惯，那就是吃饭的时候，很少有孩子坐着等着吃饭。就连5岁的小女孩也知道要搬凳子。一个6岁的小孩在打饭，因为每个班的饭到一个大的餐厅去领，他居然拎着饭筐，迈着歪斜的步子。还有一个8岁的孩子主动给大家盛饭，哪怕他盛饭有半勺倒进你的碗里，另半勺倒在地上，但是没人责备他。日本妇女无论是中年妇女还是老年妇女，吃完饭，就跪在地上擦地板，没有一个人闲着。这确实是一个好的习惯。孩子通过动手，体验到劳动的快乐，而且还很高兴：我不是一个不劳而获的人，我能给大家带来快乐。

实际上，孩子并不是坐着等吃才快乐，孩子天生就有一种参与欲望。家里有小孩子，你洗衣服，他凑过来了，"我来洗，我来洗"。你做饭，孩子也来了兴趣，"我来，我来"……但是我们的父母经常说："去，写作业去。"这样，大人把小孩难能可贵的参与意识的萌芽给扼杀了。

所以，重要的是让孩子从小习惯于参与体验，体验到劳动、照顾他人的快乐。

中国父母与日本父母有一个差别，这种差别首先反映在父母和孩子谈话上。第一，中国的父母跟孩子交谈的时间太少。第二，谈话的内容差别很大，中国的父母与孩子谈的最多的是学习问题，日本的父母跟孩子谈的多是生活问题，礼貌问题，对别人尊重的问题。

我曾写过一本关于中日儿童教育比较的书，书名是《"夏令营中的较量"的背后》，是跟在日本生活的一个中国学者合写的。书里有这么一个例子：在日本有一个人骑着自行车，一下子溅起了水花，把别人的东西打湿了，把别人的车子撞了，菜撒了。被撞的人竟然这样想，这个人一定有很着急的事情，于是当撞人者道了歉，被撞的人说没关系，然后走了。孩子从中便体会到别人给自己添麻烦，就要理解对方；同时不给别人添麻烦。结果，孩子慢慢形成了一个不给别人添麻烦的习惯。

有的父母经常说，我对孩子说了800遍了，他就是不改。其实，你做了什么比你说了什么更有影响力，孩子是看着大人的背影长大的，他是在观察中学习，他在模仿大人的行为。这也是一种体验。

## 儿童教育应特别重视体育

2011年年末，国内包括北京师范大学在内的多所高校在校运会取消了3000米以上长跑，据说是为了避免危险。在我看来，实际上这是一个更加危险的信号，甚至可以说透露出民族危机的冰山一角。之所以这么说，是因为大学出现如此尴尬的新闻与中小学体育长期落后密切相关，重智轻体已经成为家庭、学校和社会的普遍心理倾向。

体育是强体之育，更是强心之育。体育不能只是局限在个人发展的某个阶段的活动，而应是贯穿人的一生的生活内容。作为新世纪生活方式的重要组成部分，体育应伴随人的一生。但在中国的现实是，很多父母重视孩子的营养，重视孩子的学习，却唯独不够重视孩子的体育。这值得国人警醒啊！

在人类文明历史上，体育一直有着举足轻重的地位。伟大的古希腊哲学家亚里士多德就认为，儿童的身体训练要在智力训练之前，即按照体、德、智的顺序。

我在研究中日教育比较的时候有特别深的感触，一个国家要强盛，要特别重视体育。没有体育的振兴，就没有国家的强盛。

有一组很让我惊讶的数字：中国1990年小学教育的普及率是97.8%，相当于日本83年前的水平。日本小学的普及率1907年就已经达到97.3%。甲午战争发生前的1891年，日本的小学教育的普及率已经超过50.3%；中华人民共和国成立之前，中国的小学教育普及率最高的1946年也只有20%，可以看到两个国家之间的差距。

日本民族振兴，大力兴办教育，教育普及很快。第二次世界大战后，日本处在困难时期，但在1954年，日本政府就颁布了一个《学生给食法》。什么叫给食法？日本的中小学生每天中午可以吃上营养餐，其实在这之前他们就已经在吃了，普及率高达96%以上，这意味着每个中小学生每天可以喝上一杯200毫升~300毫升的牛奶。

丘吉尔称赞日本的做法是"一杯牛奶可以强壮一个民族"！我们过去把日本叫作小日本，小日本喝牛奶喝得长高了，7~17岁的男女学生平均身高体重胸围都超过中国孩子，胳膊比我们粗，肺活量比我们大，耐力比我们强，难道这不是较量吗？

日本提供营养餐，家庭只交营养餐原料价格的50%，其他都是政府支付，用各种方法筹资。而中国的学生营养餐项目还处在起步阶段。2011年，国务院启动了农村义务教育学生营养改善计划，这个计划的实施实际上是一个由民间发起政府接棒的过程。

2011年3月至5月，《凤凰周刊》的记者邓飞首先在微博上发起了"中国贫困山区小学生免费午餐"的公益项目。该项目倡议每天捐赠3元为贫困地区学童提供免费午餐。它致力于帮助因家庭贫困而没有钱享受营养午餐的学生。随着更多媒体和社会机构的参与，这个项目引起了巨大的社会反响。

2011年10月26日，国务院决定启动实施农村义务教育学生营养改善计划：中央每年拨款160多亿元，按照每生每天3元的标准为农村义务教育阶段学生提供营养膳食补助，普惠680个县市、约2 600万在校学生。

但是，2012年连续暴露了各地在实施这个计划时存在的问题：云南宣威市双龙一小的学生在糕点里吃出了鸡毛；广西百色市那坡县有学校3元营养补助被供货商套利1元；云南镇雄县木卓乡六井村苍坪小学203名学生食用营养餐后出现身体不适症状。

2012年11月，在湖南凤凰县支教的大三女生小梁连发微博，揭露当地营养午餐的现状，"国家拨款3元的营养午餐，到孩子手上，就是一盒牛奶、一片小面包。"记者调查得知，这两样东西价值仅2元，孩子根本就吃不饱，下午就是在饿着肚子上课。

这些事件充分暴露了有些地方的教育部门对学生身体健康的漠视，大家试想一下，连饭都吃不饱，何谈运动健身？

医学专家呼吁：中小学生每天必须保持2小时的运动。日本的学生每天下午放了学都要在学校运动两个小时，而且双休日也会主动要到学校参加运动。谁来运动，老师记你的名字，发一张奖励卡。凭奖励卡可以到任何一个书店换书或购买食物，这是国家奖励。

实际上，日本人既放手锻炼，又有严密的科学的安全健康卫生措施。要求孩子带的东西，或带多少，都明确细致地提出来。

一年级的日本孩子就要参加两次远足活动，所以日本的孩子都有远足经验，他们是在真正的体验中学习。

那么，我们应该怎么办呢？

首先，我们要改变观念，即运动不仅仅可以健身，更是孩子社会化的最有效途径。

2012年12月10日，我在腾讯教育年度颁奖典礼上谈此观点，麦可思公司创始人、总裁王伯庆深表赞同说：运动可以培养孩子抗挫折、忍耐力和坚持性，已经成为许多欧美国家的共识和原则。的确，欧美许多国家的学校都以"运动第一，学习第二"，本质上就是做人第一。

英国著名学府伊顿公学杰出校友威灵顿公爵，在打败拿破仑后说了一句震惊世界的话："滑铁卢的胜利是在伊顿公学的操场上决定的。"各国最重要的竞争是教育。当我们极力推崇信息化和知识化的时候，切不可忽视体育对强健青少年身心至关重要的作用。伊顿公学校长对北京大学一位教育学教授坦言：你们中国的青少年迷恋网络，我们就不怕你们，因为我们的学生爱运动。

已有研究表明，小时候不爱运动的人，长大了也很难热爱运动。不爱运动的人，生命质量自然会下降。

很少有人会意识到，孩子的许多缺陷与缺乏运动有关，甚至素质高低与幸福多少都关乎运动。所以，北大首任校长蔡元培说，完全人格首在体育。一些高等学校等已经将大学自主招生复试与体育挂钩，厦门大学自主招生体育成绩占五分之一权重。这是积极的信号，也是一个良好的导向。

2012年12月1日，在清华大学体育部成立100周年大会上，教育部体卫艺司司长王登峰表示，教育部将对各省份的学生体质健康状况进行排名，并且会对各省份的学生体质健康情况予以公示。学生体质健康的监测内容涉及学生的身高、百米数度、一千米速度、耐力、引体向上、近视率和肥胖率等要素，身高和近视率等要素还将分别排名。

我在接受《光明日报》记者的采访时提出这样的观点：探索在高中学业水平考试中增加体育科目，会有一定的激励作用。因为，在我看来，最根本、最核心的问题是教育评价体系的改变，也就是说什么样的学生是好学生，什么样的学生是更有前途的，身体好是教育的起点。

之所以如此看重身体健康，我对运动有自己独特的认识：运动可以培养青少年的团队合作精神、责任感、荣誉感以及规则意识，更能锻炼顽强的意志。运动者最需要遵守规则、最需要团队精神、最需要忠于职守、最需要顽强拼搏。从这个意义讲，运动实际上是塑造人格的重要途径，运动第一也就是人格第一。

## 怎样培养安全意识

现在的中小学校常发生意外伤害事件。比如，我们几乎年年都会看到学生踩踏悲剧的新闻。根据《华商报》2012年3月9日的报道，意外伤害已经成为我国0~14岁儿童的"第一杀手"，每年有超过20万的0~14岁儿童因意外伤害而死亡。意外伤害的接连发生与管理体制有关，说明我们的安全意识，我们的责任感、规则都存在很多问题。

预防学生发生意外伤害关键在教育。除了健全政府和学校的规则机制，也要培养孩子的责任心。什么是责任心？负什么责任？这是需要探讨的。比如，孩子要不要自己对自己负责？要不要对自己的过失负责？研究发现，儿童时期是养成习惯的关键时期。人的动作70%以上都是习惯动作，因此习惯与人的行为后果有重大关系。在儿童时期养成的良好习惯，他可以终身受益，如果养成坏的习惯，终身都会受到伤害。

日本人通常都具有安全意识。往往一进饭店，他们首先会认清防火通道，一旦发生火灾，知道从哪里逃离。但我们住饭店，却很少有这样的意识。乘坐飞机时，如果飞机出现故障，有的乘客因为没系好安全带，被摔得头破血流。在飞机不停稳时，日本人绝不会提前解开安全带。

在日本，路边上有许多高楼，经常可以看到有些窗口标注红色的倒三角图案，我很奇怪，不知道这是什么标志。后来一问才知道，这是救生标志。一旦发生火灾，消防员可以通过这里破窗而入，从而能快速实施救援。我很感慨，中国如今也是高楼林立，我从未看见过国内的高楼有这样的标志。相反，国内很多商场，连个防火门都打不开，灭火器仅仅是一种摆设。

2002年，我到新疆克拉玛依讲课。1994年克拉玛依的大火的惨痛教训让我忍不住到现场去看看。

当时，克拉玛依的优秀老师、三好学生在礼堂里观看演出，忽然，幕布着火了，人们在混乱中往外跑。可是，礼堂有十个门，竟然九个门是锁着的。老师在危难面前保护学生，站起来喊："同学们，快……"不料很快老师就倒下了。因为他们没有防灾逃生知识，不知道大火燃烧，会释放有害气体，人站得越高，就越容易窒息。这场大火的死者很多是因窒息而死。300多名学生和教师啊，多么惨痛的悲剧！

往往意外或灾难发生时，我们的损失与代价是最大的，因为我们的责任意识、安全意识和规则意识很不到位。比如，学生的意外伤害，因为车船超载，经常翻船翻车，这都是一种违反规则的问题。

中国的老师带着孩子出去，最常见到的现象是什么？就是总在集合队伍，总在点人数。中国老师带孩子出去特别辛苦，有"四口"之说：睡觉睡在房门口，坐车坐在车门口，进了商店要把住店门口，见了记者让孩子少开口。

幼儿园老师就比较聪明，带着小朋友去散步，把小朋友的小手互相绑起来。我觉得很奇怪，这样一种教育，怎么培养出21世纪的人才？

小孩一定是从把自己管好开始，自己的事情自己做，自己的过失自己承担责任，这样长大了才能对家庭、对学校、对社会负责。

## 关于身体的权利

近几年发生了一些小学女生被老师污辱、猥亵事件，引起了社会公愤。

从安全健康的角度说，其实也是一个教育问题。有些案例，老师在一个班里污辱了20多个女生，长达一到两年的时间，竟然没有被发现。而且这些女孩，老师污辱了她，她居然还不知道老师干了什么，有的孩子，还以为是老师喜欢她。

媒体曾报道过，一个小女孩回家，说老师把"小鸡鸡"露出来了，她家里人听后赶快把孩子的话堵回去了。实际上，那个老师是有问题的。

我可以这么说，孩子讲的很多话都是真话，但年幼的孩子表达不清楚，所以我们要特别注意倾听孩子的话。我建议，从幼儿园开始就要对孩子进行身体权利教育。

我们在《少年儿童研究》杂志上专门讨论过这个话题，引导孩子维护自己身体的权利，告诉孩子："别人不能随便触摸你的身体，当然你也不要去随便触摸别人的身体，人要相互尊重！"

据说，英国就是这样教育儿童的，告诉孩子如果碰到有人骚扰，大声拒绝，才能避免受到进一步的伤害。

**教你一招**

和孩子一起制订一个运动计划。良好的运动习惯需要长期的努力与坚持，不是一时兴起就可以达到的。父母应该和孩子拟订一份具体可行的运动计划，并且互相督促、互相帮助，使家庭形成一种崇尚体育运动的氛围。

# 引子

　　大众传播媒介作为影响青少年社会化的四个载体之一，从未像今天这样对孩子的生活和学习产生巨大的影响。对于许多父母来讲，网络只是工具；但对这一代孩子来讲，网络就是世界，随着手机、电脑、电视、电子书籍等通过电子产品与互联网的相互融合，当代的孩子们一出生就面临着一个无所不在的网络世界。对于他们而言，网络就是他们的生活，数字化生存是他们从小就开始的生存方式。孩子的生活和成长已经离不开网络，但是过度依赖沉迷网络最终也会导致诸多问题，所以如何指导孩子用好媒介也是一个极为重要的教育问题。

# 第九章
## 指导孩子用好媒介

　　父母都担心孩子看电视过多，怕伤眼睛，更怕色情和暴力节目的影响伤害孩子心灵。最明智有效的方法，就是培养孩子养成选择性看电视的好习惯。例如，通过看电视报或父母推荐的方法选择节目，尤其是选择儿童文学和知识类的内容，这两类内容最适合少年儿童的发展需要。

　　在所有电子媒介中，对儿童最为有益的是广播，因为广播能够激发儿童的想象力。这一发现是多年前中国青少年研究中心与中国社科院新闻研究所共同研究的成果，研究还发现接触印刷媒介多于电子媒介的中小学生，道德水平和认知水平得分都较高。因此，要鼓励孩子多读书和多听广播。

　　不要让婴儿和学步儿童看电视，我赞成美国儿科学会的这个忠告。婴儿语言专家认为，电视不仅对幼儿毫无益处，反而会损害他们的认知能力，浪费宝贵的大脑发育的时间。要多让婴幼儿与真人接触，多一些游戏类的活动，促进他们全面协调的发展。可以说，泥巴比电视更有益于孩子。

在学业负担较重的情况下，如何培养孩子的阅读习惯呢？原国家总督学柳斌先生有一个好建议，即每天课外读一篇千字文，如果坚持下去，一年可达到 36 万字，12 年可以阅读 430 万字。我想，每天一篇千字文的阅读，有利于养成阅读习惯，因为负担轻变化多，孩子会有兴趣也会有信心。

## 信息时代动摇了成人的权威地位

国外有专家把新生代的孩子叫作"网络原住民"，因为他们出生在一个网络无处不在的世界里，从小就接触和使用各种电子产品。而很多在网络时代之前成长起来的父母却像是"网络移民"，他们更多是为了适应现代生活和工作的需要，才被动地学习和接触各种新媒介。所以从来没有一个时代的孩子像今天这样难教育，因为信息时代动摇了父母和老师的权威地位。

孩子现在可以通过网络知道他想了解的任何信息，而不用像以前孩子那样对父母说的"你是从垃圾桶里捡来的"之类言论深信不疑。现在的父母也不敢像以前那样信誓旦旦地对孩子讲"我吃的盐比你吃过的米都多，我过的桥比你走的路都多"。因为一个8岁的孩子都可能会在任何一种电子游戏中打赢你。

我曾经带一个代表团到巴黎，出席一个"明日青少年与媒介"国际论坛。几百个专家形成一个共识，这就是：在互联网时代，成年人心怀恐惧、疑虑重重，而青少年无所畏惧，满怀信心地往前走。全世界都发现青少年玩网络玩得比大人好，孩子可以远远地把大人甩在后边。

## 信息化时代所潜伏的危机

现在网络信息的传播速度高度发达，各种网络即时通信产品和社交网站迅猛发展，有些父母刚刚知道QQ是什么东西，后面就又出现了SNS社交网站、微博、微信等信息传播和人际交往的网络平台。

2013年3月14日《北京晚报》的记者张鹏报道了《电子儿童成用手聊天一代》的新闻：文中琳琳（化名）的妈妈，按照每年的惯例为女儿组织了一次生日聚会，然而和往年的欢闹景象不同，一群五年级的小学生聚在一起，人手一台iPad或者iPhone，全都默不作声却又忙得不亦乐乎，原来他们在班级的微信群里聊得热火朝天。

"既然聚在一起为什么还用微信，直接聊不就行了？"妈妈很诧异，"这么聊更有意思，平时都聊习惯了。"女儿忙碌中解释了一句。面对这种场面，一群爸妈目瞪口呆。

文中另外一女孩可可（化名），则是因为上课玩手机而手机被老师没收。可可的妈妈这时才知道，上六年级的女儿已经成了"微信控"。上课听讲时可可特别不专心，总在下面低着头，也很少回答问题，学习成绩直线下降，最后老师发现她低着头是在玩手机，在用微信和别人聊天。

可可的微信好友有上百个联系人，还参加了七八个微信群，而且联系人中很多是父母完全不知道的陌生人。平时沉默寡言的可可在群里非常活跃，说话也特别放肆，甚至有时候还说脏话。而最让妈妈担忧的是，女儿还和一些陌生人聊天，一些成年人甚至提出了见面和约会的要求。

孩子们的聊天工具之一是"微信"，这是腾讯公司于2011年1月21日推出的一款通过网络快速发送语音短信、视频、图片和文字、支持多人群聊的手机聊天软件。这款聊天工具非常便捷，既可以将熟悉的好友加到一个圈中群聊，还可以摇一摇手机就可以与一个陌生人聊天，并能根据定位功能寻找到附近几百米内的微信用户进行聊天交友。所以截止到2013年1月22日，微信的用户就突破了3个亿。

随着微信用户的增多，涉及微信诈骗和犯罪的案件也就越来越多，基本每个星期都有相关的新闻报道。而且随着学生用户的逐渐增多，通过微信犯罪对学生用户也成为一个威胁，特别需要父母的保护和警惕。

2013年2月19日，《三湘都市报》报道，15岁的少女通过微信摇到在高校就读的19岁大学生，在与其见面后被灌醉，性侵并且怀孕。

我们进入了一个信息化的时代。信息化对家庭教育和学校教育是一个全面而深刻的挑战。信息化的加速推进，使有害信息对青少年可能带来的危害急剧增大。在信息高度开放的状况下，每个人既是信息的接受者，也是信息的传播者，同时还是信息的制造者。

好的信息可以发挥更大更好的正作用，坏的信息也可以发挥出更大更坏的负作用。各种黄色、暴力、迷信的不良信息和低俗之风以网络与短信为载体进行传播，对青少年的消极影响和身心危害不可低估。早在2007年，CNET全名发布的数据，就显示每天大约2万张色情图片进入互联网。网络导致部分青少年思想混乱，网上网下道德行为和违法犯罪行为在逐渐增加。许多青少年并不认为自己的行为是犯罪，而是把它当成一种智力"游戏"或"挑战"。

在2013年3月8日，全国政协十二届一次会议在人民大会堂举行第三次全体会议上，全国政协委员、共青团中央书记处书记贺军科作了题为《高度重视社会教育促进青少年健康全面成长》的发言。他明确指出网络和新媒体已经成为青少年获取信息、沟通联络、娱乐休闲的重要途径，已经成为他们进行社会观察的主要渠道。他在代表共青团中央、全国青联对青少年的社会教育问题提出的三点建议中，很重要的一条就是：大力净化网络和媒体文化环境。

## 网络和电子游戏是双刃剑

网络大大方便了人们的生活、学习和交往，网络技能也是目前青少年需要掌握的重要技能之一，因为现在查询资料、收集和传播信息、发送和编辑文件等都离不开网络。而且就算是对于电子游戏也不能说谁玩谁就坏，例如，姚明就喜欢玩CS和魔兽世界，刘翔也玩《植物大战僵尸》，甚至英国女王85岁的伊丽莎白二世都在玩《足球经理》。

对孩子来说，有些体验趣味绿色小游戏，可以学习丰富的百科知识，还可以和其他小朋友一起交流玩耍，对孩子的社交和知识技能的掌握有一定的促进作用。

但是相对于网络游戏的益处，我们更要重视网络所带给青少年的伤害。如色情信息传播与侵犯、暴力信息或游戏和赌博、性别歧视及种族偏见信息、网上诱拐、广告利用儿童及商业化影响、青少年网上侵犯性行为、网瘾等。

2012年的一项调查显示，中国互联网用户每天的上网时间为19亿个小时，比两年前增加了60%。网络成瘾人群所占的比重也很大。2009年的一份调查报告显示，我国青少年网民中网瘾群体比例为14.1%，人数约为2 404.2万。

网瘾全名叫网络成瘾症，指的是上网者由于长时间地沉浸在网络中，对互联网产生强烈依赖，以至于达到了痴迷程度而难以自我解脱的行为状态和心理状态。具体症状为，患者对现实生活冷漠，对虚拟的网络游戏、情爱、信息等沉溺和痴迷。更有甚者，会表现为在上网时身体颤抖，手指经常出现不由自主敲打键盘的动作。

在有网瘾症状的青少年中，女孩多偏爱于聊天，而男孩多沉迷于游戏。网络游戏是网瘾中对青少年伤害最大，也是最难以戒除的因素。

2013年2月5日，文化部、国际互联网信息办公室等15个部门共同下发《未成年人网络游戏成瘾综合防治工程工作方案》，里面提到近中远期工作目标，将建立未成年人网络游戏成瘾综合防治工作机制，推动建立本土化的预测和诊断测评系统，以及争取用2~3年研制有效预防和干预未成年人网瘾的解决方案等。

为什么网游成瘾问题会引起国家相关部门的高度重视？根据中国广播网2012年12月28日的报道，来自易观智库的数据，预计2013年，中国客户端游戏市场用户规模为2.31亿，比2012年环比增长14.93%。而根据中国社科院发布的《中国新媒体发展报告（2010）》蓝皮书中的数据，在中国网络游戏玩家中，25岁以下的青少年占了大约80%，如此算来，这是多么庞大一个群体啊。

但是预防未成年人网络成瘾的工程任重而道远，2013年3月9日，中国青少年网络协会发布了《中国游戏绿色度测评统计年报（2012）》，在他们所测评的盛大、腾讯、金山、网易等国内比较知名的网络游戏公司的423款网络游戏中，有78.5%的网游不适合未成年人。

防沉迷系统，是国家相关部门出台的对预防未成年人网络成瘾的重要措施，其作用主要是利用技术手段对未成年人在线游戏时间予以限制，避免其过度沉迷。但是所测评的游戏中，仅有39%的游戏完善安装了这个系统，21%的游戏防沉迷系统不完善，40%的游戏没有安装这个系统。

在测评游戏中，有58%存在各种引诱未成年人花钱的设置和消费陷阱，有些游戏要想玩到顶级，花费人民币要超过1万元。而且许多网络游戏里有"杀人"后，花钱就可以免除惩罚的设置，这对未成年人的影响是极其恶劣的。

而大部分网络防沉迷系统不完善的背后，却是网游市场的异常火爆：根据《京华时报》2012年12月31日的报道：2013年中国网络游戏市场的整体规模将达到685亿元，比2012年增长了23%，并预计会在2015年达到948.06亿元。

网络游戏何以如此火爆？文化部市场司司长刘玉珠曾经一语道破天机："爱玩是人类的天性，只要人类爱玩的天性不变，游戏产业就有远大的前途。"

现在看到有些孩子沉迷于游戏当中，很多父母的感觉是眼睁睁地看着孩子走向毁灭而无可奈何。电子游戏的背后是什么？是巨大的商业利益。为了追求最大化的商业利益，商家完全罔顾孩子的身心健康。

如何避免信息化时代孩子所面临的危机及网络电子游戏对孩子的伤害？这就需要我们在孩子的生活中加强媒介使用的指导，使孩子养成一种良好的使用媒介的习惯。我想，对于今天的家庭和学校来说，这都是一个具有挑战性的课题。

# 化"堵"为"疏"方能趋利避害

为什么青少年对电子产品和网络社交的依赖呈现越来越低龄化的趋势?

我们首先要了解现在青少年的身心特点。现在孩子的生长发育相比于上一代人有明显提前,据北京市最近一项调查显示,女孩乳房开始发育的平均年龄为9.5岁,性早熟检出率为1%左右,男孩子的发育也呈提前趋势。据统计,中国学生的青春期已经由过去的12岁左右提前至10岁左右。

青春期的一个重要的心理特征就是确定自我认同:我是谁,我在群体中的地位,我做的事情有什么结果,别人对我的评价等。而如果孩子在现实中身边的人群寻求不到这种认同,他们很自然就会倾向网络社交,而对于这些"网络原住民"来说,电子产品的普及和无处不在的网络给他们提供了这种可能性。

中国人民大学心理学系教授雷雳毫不客气地指出:孩子会成为微信控,其实首要责任在家长。他说:"现在家长都很忙,没有时间耐心和孩子认真沟通,这其实是一种偷懒的做法,长期忽视孩子说的话,久而久之,孩子就没有和父母交流的愿望了,就会转向其他渠道,通常会在同学、社区伙伴中寻找心理认同者,如果仍然得不到满足,就会依赖网络社交。因为在网上,通过微信、微博、QQ可以随机认识很多人,如果谈不来,可以马上换人,直到找到认可他的人,交往的机会非常多,这是非常诱人的,在网络交往中更容易找到亲密感和归属感,难免上瘾。"

雷雳教授指出,青少年使用电子产品的一项原则是"不扰常规",即不影响正常的学习生活和人际交往,"控制时间很重要,中学生一般控制在每周10个小时以内,小学生则更短一些。"

对于解决孩子沉迷网络社交的问题,我的观点是首先要用丰富多彩的活动代替孩子单一乏味的生活。许多父母只注重孩子的学习成绩,希望孩子把更多的时间和精力集中在学习上,忽略了孩子的兴趣和爱好。而一旦孩子在学习上遇到挫折,或心生厌倦,缺乏其他活动的精神支持,就容易在网络上寻找依靠。

所以，父母应该关注和支持孩子的兴趣爱好的培养，让孩子选择更多能带给他们成就感的事情。而在周末或假期父母也可以和孩子一起运动和旅行，既丰富了生活，又培养了感情。

其次，父母应该给予青春期孩子更多的关爱，建立良好的亲子关系来满足青春期孩子对情感的需要。青春期的孩子一方面闭塞自己的内心，勾画独立的空间来满足自己对独立感的需要；另一方面，他们又渴望有人能走进他们的内心，理解和倾听他们的诸多烦恼。而这时父母们要学会用尊重和平等的态度与孩子保持良好沟通，让他感觉到自己不是那么孤单，这样他们就会降低对网络社交的依赖。

我们再来看网络游戏，网络游戏为什么会受到孩子的喜爱？

首先，网络游戏继承了传统游戏"好玩"的精华和要义，又借助了现代科技手段，网络游戏受到孩子的喜爱，这是完全正常的。对大多数孩子来说，玩适宜的网络游戏和其他电子游戏，会有益于心智发展与快乐体验。同时，也必须指出，媒介包括电子游戏对人的影响是因人而异的，并不是说对所有人都是一样的。那么，电子游戏最能伤害的是什么人呢，就是在生活中失败的人。对儿童来说这个失败包括两大指标：

第一，学业失败。学习怎么也学不好，怎么也跟不上，一点儿兴趣也没有，总受老师和父母训斥。正如前面我说过的那样，厌学是万恶之源，爱学是万善之源。

第二，没有朋友。青少年特别容易在交往方面受到挫折，因为他容易以自我为中心，容易在交往中伤害别人，因此他经常会交不到朋友。慢慢你就发觉有些孩子会出现一种孤独倾向，不愿意和小朋友们玩，这些孩子变得很孤独，很孤僻。这样的孩子也容易陷入游戏或网络中不能自拔。

要从根本上来解决这两个问题，就要让孩子在生活当中成为一个成功的孩子，幸福的孩子。这样的孩子具有抵御不良电子游戏诱惑的能力，他们玩游戏时只是一种放松，不会过度。

其实学习在某些方面与游戏类似，学习也是有目标、有规则的，通过学习自己努力可以达到某种水平，并取得相应的分数。但为什么孩子讨厌学习却喜欢游戏？除了学习具有一定的枯燥性外，还有一个很重要的因素在于很多孩子在学习过程中缺少在游戏中的那种成就感。

我们可以发现，凡是孩子喜欢玩的游戏都设计得非常人性化，孩子在游戏中每一次取得成功都会得到奖励，这些游戏向来不吝啬对孩子的赞美，孩子的每个成就都能得到及时的反馈："OK，太棒啦！"每次失败都会被积极暗示："加油！再努力一点点就可以成功了！"

反观我们的父母，孩子取得了成绩被警告不要沾沾自喜，考试失败了更是被骂得一无是处。这不就是在逼迫孩子从游戏中寻找成就感吗？

父母们要借鉴游戏特点的启发：一方面，在孩子取得成绩时及时表扬和奖励；另一方面，在孩子暂时失败时也要给予鼓励和信心。而且即使孩子成绩难以出色，也要让孩子看到自己除了学习成绩之外的长处。一个有成就感和自信心的孩子才能抗拒网络游戏的诱惑。

## 关于孩子玩电子游戏的八项建议

面对广大父母的困惑，科普作家李秋弟先生就孩子玩游戏的问题提出八项建议：

① 经常关心孩子玩的电子游戏的内容，有时间可以同孩子一起探讨一下游戏内容和玩的技巧；

② 提醒和监督孩子不要玩色情、杀戮场面过多的电子游戏；

③ 引导孩子对以中国为靶子、有损我民族尊严的游戏和其他可能诱导犯罪的游戏有所警惕，注意与孩子平等交换意见；

④ 孩子购买、下载电子游戏时，父母要知情。有时间可以同孩子一起选择购买或下载电子游戏，做好孩子的参谋；

⑤ 在玩游戏中培养孩子的自制力，以"有时有晌"约束他们自发的、

无休无止玩游戏的倾向。平时每天玩游戏最好不超过一节课的时间，周末、节假日每天最好也不要超过3小时，还要注意每隔40分钟左右要停下来到户外活动活动；

⑥ 鼓励孩子多玩益智类、运动类的游戏，不提倡上小学的孩子玩大型网络游戏。如果孩子已经在玩了，应该与他们协商，要严格控制游戏时间；

⑦ 引导和鼓励孩子发展多方面兴趣，在玩游戏中及时发现他们其他方面的潜质，支持他们参加教育部门或少先队系统组织的兴趣小组或科普、体育、文化活动；

⑧ 鼓励他们探究游戏程序和内容的"所以然"，及时夸奖他们的辨误纠错能力和动手能力的进步。

## 儿童不宜多看成人节目

我们的研究发现，孩子并不幼稚，反而有成熟的一面。孩子从10岁开始，就开始学会选择使用媒体。

当孩子要放松的时候他会选择电子媒介。当考试考累了或心情烦闷时，孩子会打开电视或网络、玩游戏或看书。

专家的研究发现，以下几个问题很重要：首先，小学生每天看电视或玩电脑的时间最长不要超过一个半小时，最好是半个小时以内，或者干脆是平时少看，周末才看。因为孩子如果看电视、玩电脑的时间过多，他的智力可能下降，道德得分降低。相反，孩子如果喜欢看书，智力发展会提升，道德得分提高。

其次，对中小学生最有益的媒介内容，一类是儿童文学；另一类是科普知识。建议父母们要和孩子一起商量选择电视节目。

我们必须重视引导孩子正确使用媒介，对儿童过度迷恋看电视和上网要坚决制止。跟孩子约法三章，要是发现孩子违章，要进行必要的惩罚。

当然，我说的惩罚绝不是体罚。比如，父母可以和孩子签"合同"，约定看电视和上网的内容与时间。一旦孩子超时看电视或上网，就要进行惩罚。例如，他特别喜欢看动画片，那好，罚你一个星期不能看动画片，让他为自己的言行负责，当然父母切记千万不要为此打骂孩子。

## 养成爱读书的习惯终生受益

谈到读书，我最强烈的反应就是感恩，因为读书把我从黑暗中拯救出来，读书使我抵御了魔鬼的诱惑，读书改变了我的人生轨迹。

1966年，我11岁，把中国拖进文化沙漠的"文化大革命"发生。我哥哥15岁，在青岛某工厂的技校学习。当时，工厂里也闹"文化大革命"，图书馆把文学名著扔了一地准备烧毁。我哥哥觉得把书烧了可惜，趁着没人的时候，悄悄装了一书包的书回家。万万没想到，这一书包的书改变了我的命运。

我父母都是工人，近乎文盲。由于物质和精神都贫困，他们从来不给孩子买书、订报，觉得孩子将来是靠出力气挣饭吃的。出乎意料的是，我读了《红岩》《青春之歌》《林海雪原》《苦菜花》《风雷》《烈火金刚》等文学名著，痴痴地做起文学梦，立志当一个作家。在批判"一本书主义"的风潮中，我信奉了"一本书主义"。

虽然我也当过红小兵和红卫兵，但我从不打人，因为在那段是非颠倒人性疯狂的日子里，我到处寻找各种图书，居然读了鲁迅的《故事新编》和《红楼梦》，还迷上了唐诗宋词。因为文学梦，我自15岁写日记至今达40多年；因为文学梦，我选择了浪迹天涯的记者生活；因为文学梦，我发表《夏令营中的较量》等一系列文学作品，并加入中国作家协会。如今，我已经出版10余部文学作品和20余部教育专著，这一切成果都起因于11岁养成的读书习惯和文学梦。

在我看来，成年人读书如同品茶，而童年时代的读书犹如吃奶一般重要，因为它会长成人的血肉和骨骼。我甚至认为，一个孩子如果养成读书习惯，等于在心里头装了一台成长的发动机。养成读书习惯的人，一辈子不会寂寞；养不成读书习惯的人，一辈子都不知所措。

我完全相信，身为父母没有人不希望培养孩子良好的学习习惯，问题是具体该怎么做？有些父母愤愤不平地说，我的孩子任凭你怎么说，就是不喜欢读书，整天迷着上网打游戏，我都快愁死了！那么，我们就以阅读为例来探讨一下习惯如何培养。

请父母们思考以下五个关于阅读习惯的关键环节。

第一，人是环境的产物，父母是最好的榜样，书香之家最有利于培养孩子的读书习惯。所谓书香之家，就是家里不仅有很多书，并且父母具有读书习惯。孩子经常看到父母在读书，就会很自然地模仿，怎么可能不喜欢读书呢？

有一次，我到广东佛山市南海区某镇的一所学校和小学生进行交流，58个孩子当小记者采访我，问我很多问题。我说，我也问你们几个问题吧，我说："家里有5本书的举手让我看一看。"结果大部分同学都举手了，还有大约10个孩子没举手。我又说："你认为爸爸有读书习惯的举手给我看看。"结果58个孩子只有18个孩子举手。接着又问："你认为妈妈有读书习惯的，举手给我看看。"一举手，还是18个。我想，40个家庭的父母没有读书的习惯，这意味着什么呢？

我们曾经在全国做过调查，发现父母读书多，孩子读书也多，这可能是一个规律。其实，这正是说明了儿童的成长是有特点的，儿童是在模仿中长大的，儿童的学习是观察性学习。如果父母喜欢看书，孩子哪怕只有两三岁都会学着拿起书，不管书拿的方向是正的还是倒的。

第二，孩子都是喜欢听故事的，因为儿童的思维方式以形象思维为主，故事对他们最具魔力。如果父母坚持从幼儿阶段就给孩子读故事听，小学阶段坚持与孩子轮流读书或者互相讲故事，孩子能不喜欢读书吗？如果固定读书时间，甚至固定舒适的阅读位置，更会有助于阅读习惯的养成。

第三，儿童的阅读兴趣和能力都是有差异的。对于那些偏爱看电视或玩网络游戏的孩子，也有很多办法引导。比如，他看了电视连续剧《西游记》或网络游戏《植物大战僵尸》，他可能会对原著或相关图书产生兴趣，父母与其一起读效果更佳。

第四，给孩子自主选择的权利，非常有利于培养孩子养成阅读习惯，而最简单也最有效的方法，就是经常带孩子逛书店。给孩子适量的钱，让孩子在书海浏览的基础上选择自己最喜欢和最需要的书。注意：儿童阅读兴趣第一，相信孩子会由兴趣入手敲开神奇的知识之门。

第五，有些进入青春期的孩子好动不好静，他们开始对外面的世界充满好奇，而旅行读无字之书就是富有魅力的选择。如果委以重任，请孩子查阅资料做旅行的设计与安排，特别是参观名胜古迹和名人故居，请孩子做导游，都可能促进孩子养成阅读的习惯。

完全可以相信，只要做到以上任何一条，孩子就有希望喜欢阅读。如果做到以上两三条，孩子就有希望养成阅读习惯，并且终生受益。

**教你一招**

如何避免孩子沉迷网络？全世界最有效也是最简单的经验之一，就是不要把电脑放到孩子的房间，而是放在父母的房间或者客厅。因为电脑放在家庭的公共位置，孩子上网的时候总是感觉背后有一双眼睛，就会提醒和控制自己不要上网时间太长，更不宜上暴力或色情网站。如果电脑放到孩子的房间，是对孩子很大的诱惑，他可能半夜起来上网，难以控制自己。

# 引子

由于生活水平的提高，不少家庭的孩子小钱包也鼓胀起来了。一些父母给孩子零花钱时，出手阔绰，孩子花得也气派。可是钱花了，却花出不少问题来。我们应该关注，学会消费是孩子的必修课。

"恭喜发财，红包拿来！春节期间每个孩子都成了'小财神'。"这是《中国消费者报》2013年2月18日一篇题为《孩子的压岁钱咋打理》的报道的开篇语。

该报记者聂国春写道：随着物价的增长和收入的提高，尤其是经济发达的地区，孩子们的新年红包越来越厚了。"爷爷奶奶给我的压岁钱红包一般都是1 000元，外公外婆也是1 000元。"说起压岁钱，正在某小学读2年级的小玉开心不已。在小玉所在的班级里，每年能拿到5 000元以上压岁钱的孩子超过7成，有的孩子压岁钱甚至过万元。

在回答记者有关"压岁钱怎么花？"的问题时，小玉等孩子们的回答千奇百怪，不过大致可以归纳为四类。一是到手就花型，购买故事书、冰激凌、玩具等；二是当家做主型，压岁钱打上专属标签自己存起来，谁都碰不得，要花钱的时候再向父母要；三是甩手掌柜型，压岁钱交给爸妈保管，自己要用钱时找父母；四是投资理财型，将压岁钱交给爸妈保管，但要求按时间长短支付利息。

理财专家刘彦斌说，他把儿子的压岁钱全买指数基金了，目的是希望在儿子18岁的时候，这一笔收益可以用来供应其大学学费和生活费。虽然儿子压岁钱的投资全是他在做，但儿子也会时常关注自己账户投资收益情况。他认为，理财其实是一种生活方式，也是一种生活习惯，必须从小开始慢慢培养。给孩子以"鱼"，不如教孩子以"渔"，让孩子参与打理压岁钱，可以从小培养孩子的金融知识和投资理财兴趣，培养孩子的"财商"。（见《中国消费者报》2013年2月18日报道）

# 第十章
## 学会消费是孩子的必修课

理财能力是人的一种生存能力，它直接关系到人的发展和一生的幸福。

给孩子零花钱的时候必须伴之于理财教育，理财不仅仅是理钱更是理人生。美国第一个拥有10亿美元资产的富翁洛克菲勒，他每周给孩子的零花钱在几毛到两美元之间，都会要求孩子把钱的开支分成3份，即个人零花、储蓄和捐赠各占三分之一左右。在央视做金融主题的对话节目时，我说，怎么花钱就是怎么做人。

2013年春节，我在新浪微博提出的建议是，关于压岁钱的管理可以10岁为界，因为10岁是有无行为能力的分界线，10岁之前由父母代管，10岁后在父母指导下自己管理。压岁钱可以储蓄也可以投资，开支方向有三，一是孩子发展所需；二是分担家庭责任；三是捐赠做慈善。管理和使用压岁钱的核心目标是成长，即学会自理、自立和助人。

## 光有金钱买不来现代的教育

2013年2月16日，《燕赵都市报》报道了一起10岁孩子因炫富而被同龄孩子群殴的新闻：

小军（化名）今年10岁，家住石家庄市裕华区，春节期间随父母回邢台某村的姥姥家拜年。拜年时，小军收到姥姥、姥爷、舅舅、小姨等总共4000多元的红包，他甚是高兴。午饭后，父母跟亲戚们一起在聊天，小军自己便拿着压岁钱跑到外面超市买东西。

在超市门口，有4个同龄的孩子叽叽喳喳地说自己收了多少压岁钱。小军听了听，发现那几个孩子的压岁钱加起来都没他多，便拿出自己的4000元压岁钱炫耀说，"你们都没我压岁钱多"，说完便得意地进了超市。结果，在买完东西回家的路上，小军被刚才那4个孩子堵到墙角。为首的孩子说，"他红包比我们加起来都多，打他！"于是这四个孩子便围着小军殴打起来，这时有民警巡逻至此，才阻止了这场打架。

随着经济的发展，现在的孩子也是越来越富有，但如果孩子没有相应的金钱观和价值观，没有合理的消费理念，那么孩子的成长就会出问题。

在我看来，现代教育确实需要金钱。但是光有金钱，堆不出一个现代的教育。如果这个钱用得不好，就可能成为孩子成长中的一个麻烦。那么在今天这个时代，如何让孩子认识钱，学会消费，这已经成为一个不可回避的课题。

消费的能力是不可缺少的。如果孩子不能适应商品社会，长大以后很难成为社会财富的创造者。在现代社会中，理财能力是人的生存能力的一种，直接关系到人的发展和一生的幸福。

2013年3月5日，在小学生刚开学不久，《楚天金报》报道了小学生存在的文具浪费现象：住在武昌首义小区的一位孩子的妈妈朱女士在帮孩子清理房间时，整理出一堆还能用就被孩子给扔掉的文具，包括：铅笔210支、橡皮56块、文具盒17个、各类作业本105个、书包8个，此外还有一堆胶水、画笔等文具。

朱女士的孩子才上小学二年级，每天几乎都买新文具，新文具用两天就换，浪费得让人心疼。朱女士算了笔账，儿子每个月买文具的花销超过了200元。面对着妈妈的质疑，儿子对妈妈嚷着抗议："同学们都有这些文具啊，凭什么我就应该没有？"

根据记者的调查，这种文具浪费的现象在小学生中比比皆是，而且存在互相攀比的情况。大部分同学买的书包不到一年就要换新的，"不换新的肯定会被同学取笑"，一位班长如是说。

相对于孩子的其他花费，这种在文具上的浪费更容易被父母忽视，"孩子将零花钱花在文具上，说明心思还在学习上，总比一味地买零食、玩具强"，这一想法存在于很多父母身上。

但是不合理的消费行为可能助长不健康的消费心理，没有节制性的物质满足最终会降低孩子的自控能力，并使孩子缺乏生存能力和幸福感。

2012年11月30日，《长沙晚报》报道了"17岁少年卖肾案"在郴州市北湖区法院审结的新闻，涉案的5名主犯分别被判处3~5年的有期徒刑，并赔偿受害人17岁的小王147万余元，但这样的惩罚和赔偿也已经无法挽回这名高中生的健康。

2011年4月，正苦于没钱买苹果手机和iPad 2的高中生小王，在QQ上收到了一条卖肾可赚钱且不影响健康的消息。于是，他瞒着父母在中介的安排下，从安徽来到了郴州。4月28日，小王在中介的安排下于某医院男性泌尿科做了手术，小王的肾被中介卖了20万元，但中介只分给他了2.2万元钱。

拿到钱之后，小王立刻去购买了一台"苹果"手机和iPad 2，回到了安徽老家。但没几天小王的身体就每况愈下，在妈妈的追问下，才告诉妈妈自己卖了一个肾。这简直就是晴天霹雳，妈妈赶紧到郴州报案。最终，做手术的黑中介、医生、护士被提起公诉。

这就是孩子没有节制的消费欲望，更没有自我保护意识，导致的典型悲剧。如果小王的父母能从小引导他学会明辨是非合理消费，拥有良好的财商，这个悲剧可能就不会发生。所以父母从小培养孩子合理的消费习惯很重要，我们可以先了解一下，外国的父母是如何教孩子合理消费的。

## 国外孩子的理财意识

我们先来看美国，在美国纽约的中国女子高娓娓，很惊讶美国孩子的生财能力和理财能力，于是在其博客上详细介绍了美国人如何教育孩子零用钱的经验。

大多数美国父母认为，如果没有付出，小孩不应该有金钱。所以很多美国父母都不称之为"零用钱"，而称之为"报酬"，或者称之为"工作支付"。而大部分美国父母给孩子钱有三个初衷：一是遵守按劳付酬的原则；二是让孩子们有一定的钱可以购买他们必要的食品和学习用品；三是让孩子得到一些实际的劳动锻炼。

美国总统奥巴马12岁的大女儿玛莉亚和9岁的小女儿的萨莎，也必须要做家务才有零用钱。奥巴马接受访问时，曾经表示对他的两个女儿管教严厉，如果做家务，每星期能领得1美元的零用钱，家务包括布置餐桌、清洗碗盘、打扫自己的房间和衣柜等。

当然，这种理财方式也存在一些弊端。例如，孩子可能纯粹为了钱而劳动，不给钱就什么都不做。所以一些美国的教育学家建议，不要为孩子们所做的每一件小事支付报酬，而是要区别"付费"和"非付费"的劳动。

其中，付费的工作是那些不完全属于自己的事，如公共区域的卫生、洗车、修剪草坪、修理屋顶等。

非付费的工作是那些完全是自己的事，只是为自己服务的，以及一些孩子该做的基本小家务。例如，洗自己的衣物，整理自己的床铺和房间，洗碗，扫地等。这些都是应该做的，所以没有报酬。在零用钱的使用方面，美国的爸爸妈妈一般不直接干预，但给予一定的指导。例如，建议孩子，30%用于消费，30%用于短期储蓄，30%长期储蓄和10%作为捐款等。

在加拿大，父母教给孩子的理财观念与美国相似，在孩子零花钱分配方面也分为四个部分。例如，加拿大理财专家阿德利亚·切利尼·里耐克就为父母们发明了"四罐理财法"：她认为理财最简单的办法就是拿四个罐子，贴上储蓄、消费、投资和慈善四个标签。当孩子得到一笔资金时，把这笔资金分成四份，分别放到这四个罐子里。从此，开始培养他们对理财的兴趣。

其中的投资部分，父母会告诉孩子可以作为自己的教育基金储备，也可以用在完成自己的理想方面。而慈善基金则让孩子可以享受到通过金钱帮助别人，或分享财富带来的快乐。

在英国，儿童储蓄账户越来越流行，大多数银行都为16岁以下的孩子开设了特别账户，有三分之一的英国儿童将他们的零用钱和打工收入存入银行或其他金融机构。

从2011年开始，英国政府将储蓄和理财成为英国中小学生的必修课。儿童从5岁开始就要接受理财教育，搞清楚硬币和纸币的区别，要懂得钱的不同来源，并懂得钱可以用于多种目的；7岁到11岁的学生要学习管理自己的钱，认识到储蓄对于满足未来需求的作用，学习如何管理银行储蓄账户，如何做预算。

责任是犹太人对孩子理财教育的核心观念，所以他们注重培养孩子关于钱是怎么来的知识，这更能让孩子体会到节俭。此外，犹太人还特别注重对孩子特权概念的培养，他们教育孩子要注意保护自己的财产，同时尊重别人的财产，损害要赔偿，侵占要付出代价。

在日本，父母更强调孩子要懂得自力更生和勤俭持家，不能随便向别人借钱，更主张让孩子自己管理自己的零用钱。日本人教育孩子有一句名言："除了阳光和空气是大自然赐予的，其他一切都要通过劳动获得。"许多日本学生在课余时间都要在校外打工挣钱。

简单地说，"财商"就是理财的方法和能力。为什么财商不可缺呢？现在许多中国孩子出国，他们的消费意识和习惯与外国的孩子一比往往会有差距。应该说相比之下中国的孩子家里挣钱并不多，但是中国孩子买东西的财商不够。看这个好，买。到了另一个店，又看到一个和这个差不多的东西，那个也好，再买一个，非常浪费。而外国的孩子买东西，东转转、西看看、货比三家，最后决定买最需要的。从这一差别可以看出，我们中国的孩子缺少消费方面的指导。

中国理财规划师专业委员会秘书长刘彦斌指出，孩子理财意识的培养可以分成三个年龄段，即7岁前、7~12岁和13~18岁。

7岁前特别是学龄前的孩子，主要是让其学习有关金钱的概念，此时孩子还不具备理财的能力，因此需要父母代为管理。

7~12岁的孩子，对理财开始形成自己的认识，这个时候父母可以在银行开一个活期储蓄账户，让孩子自己去支配，并且进一步向孩子解释有关理财的基本常识，例如银行是什么，如何制订消费计划等。

13~18岁时，孩子对理财有了比较成熟的认识。父母可以鼓励孩子更多元化地运用手头的资金，尝试用投资的手段使财富增值。

## 世界首富为何如此抠门

什么叫适度消费呢？就是孩子花的钱要和他的年龄、家庭收入以及他的能力相一致。你给孩子钱过多，这孩子不会花，就很容易出现问题。

2013年1月29日《21CN财经》所报道的中国青少年研究会发布的《2012中国少年儿童财商调研报告》中，超过四分之三的儿童拥有零花钱，有16.7%的孩子月零花钱在100元以上，有25%左右的孩子零花钱在50元以下。

调研显示，有26%的孩子完全独立支配自己的压岁钱，36.9%的儿童需要父母同意后才可支配压岁钱，33.3%的儿童由父母支配自己的压岁钱。

理财能力是人的一种生存能力，它直接关系到人的发展和一生的幸福。

那么，理财教育有什么良策吗？

美国石油大王洛克菲勒非常富有，他是世界上第一个拥有10亿美元财富的超级富翁，洛克菲勒家族在今天的美国仍处于影响非凡的地位。洛克菲勒认为，富裕家庭的子女比普通人家的子女更容易受物质的诱惑，所以，他对后代的要求比普通人家反而更加严格，在金钱上从不放任孩子。

洛克菲勒对孩子的日常零用钱十分"吝啬"，按年龄大小给零花钱，七八岁时每周0.75美元，十一二岁时每周期1美元，12岁以上者每周2美元，每星期发放一次。他还给每个孩子发一个小账本，要他们记清每笔支出的用途，领钱时交他审查。钱账清楚、用途正当的，下周还可递增5美分，反之则递减。同时，孩子们能做家务事还可得到报酬，补贴各自的零用。例如，捉到100只苍蝇能得10美分，逮住一只耗子得5美分，背菜、垛柴、拔草又能得到若干奖励。

后来当美国副总统的二儿子纳尔逊和兴办新工业的三儿子劳伦斯，还主动要求合伙承包为全家人擦鞋，皮鞋每双5美分，长筒靴0.25美元。当他们十一二岁的时候，还合伙养兔子卖给医学研究所。

约翰·洛克菲勒三世小时候曾与父亲"约法三章"：每周给零花钱1美元50美分，最高不得超过每周2美元。且每周核对账目，要他们记清楚每笔支出的用处，领钱时交父母审查，钱账清楚，用途正当，下月增发10

美分，反之则减。

下面就是著名的"14条洛氏零用钱备忘录"。[①]

① 从 5 月 1 日起约翰的零用钱起始标准为每周 1 美元 50 美分；

② 每周末核对账目，如果当周约翰的财政记录让父亲满意，下周的零用钱上浮 10 美分（最高零用钱金额可等于但不可超过每周 2 美元）；

③ 每周末核对账目，如果当周约翰的财务记录不合规定或无法让父亲满意，下周的零用钱下调 10 美分；

④ 在任何一周，如果没有可记录的收入或支出，下周零用钱保持本周水平；

⑤ 每周末核对账目，如果当周约翰的财政记录合规定，但书写和计算不能令爸爸满意，下周的零用钱保持本周水平；

⑥ 爸爸是零用钱水平调节的唯一评判人；

⑦ 双方同意至少 20% 的零用钱将用于公益事业；

⑧ 双方同意至少 20% 的零用钱用于储蓄；

⑨ 双方同意每项支出都必须清楚、确切地被记录；

⑩ 双方同意在未经爸爸、妈妈或斯格尔思小姐（家庭教师）的同意下，约翰不可以购买商品，并向爸爸、妈妈要钱；

⑪ 双方同意如果约翰需要购买零用钱使用范围以外的商品时，约翰必须征得爸爸、妈妈或斯格尔思小姐的同意。后者将给予约翰足够的资金。找回零钱和标明商品价格、找零的收据必须在商品购买的当天晚上交给资金的给予方；

⑫ 双方同意约翰不向任何家庭教师、爸爸的助手和他人要求垫付资金（车费除外）；

⑬ 对于约翰存进银行账户的零用钱，其超过 20% 的部分（见细则第八款），爸爸将向约翰的账户补加同等数量的存款；

---

① 孙云晓，李文道：《好好做父亲》，北京：中信出版社，2012年12月第1版。

⑭ 以上零用钱公约细则将长期有效，直到签字双方同时决定修改其内容。

爸爸：（签字）

儿子：（签字）

大家想一想，这么一个世界顶尖的富翁，给孩子一个星期100美元、200美元，那根本就不算什么事，但是他不，他每周只给孩子几毛钱最多2美元，并且签订长达14条的协议。这就是有远见的父母，他要让孩子学会节制，这是有意义的，这就是培养孩子养成自我管理的习惯，这就是培养健康人格。

有的时候，我们有些父母会面临一个尴尬，比方说有的父母就很怕带孩子去商场，孩子到了商场，满场的货物尤其是玩具令人眼花缭乱，这个我喜欢，我要这个；那个我喜欢，我也要。他也不管大人到底有多少钱、价格合适不合适，反正我就要。为了达到目的，他开始跟你磨，摇晃你的胳膊："我要买这个，我要买这个。"你说你不想买，孩子就给你嚷嚷。有的孩子更干脆，你不买他就躺在地上打滚，直到你答应为止。这个时候，有的父母就感到很尴尬，觉得太丢人了，又不能当众打孩子，只好一边骂着孩子一边买了。

任性的孩子和你磨，就是和你较量。一旦孩子胜利了，你就麻烦了，孩子就知道今后怎么样来对付父母：要什么东西你就得给，你不给，不给就打滚。所以呢，好多父母就败下阵来了。

其实，家庭收入不高不要紧，要紧的是要让孩子知道怎样面对困难。

我们在研究中发现，很多家庭比较贫困的孩子成长得都很好。现在许多大学都有这个贷款助学，家庭有困难的学生都可以贷款，甚至还有更多的帮助。最关键的是一个教育问题，就是怎么让孩子面对这个困难。

比如，有的父母走进了一个误区，说什么我家里越穷，我就越让孩子穿名牌，让孩子不自卑，让孩子在人前能抬起头来。其实这样是非常不明智的，正确的做法是要让孩子知道自己家庭的困难，并勇敢地面对它，承

177

担起一份责任来。

我们也发现这样一个现象，有的爸爸妈妈管孩子管得很严，怕孩子乱花钱，干脆不给孩子零花钱。

不给孩子零花钱好不好呢？在生活中我们发现，孩子没有零花钱在同伴交往中会出现一些问题。比方说，有的时候同学在一块玩，渴了就买饮料、买冰激凌或者冰棍雪糕之类的东西，你孩子没有钱，别的孩子就可能会买给他一份。但总是吃别人的，这个孩子心里头也有一些不太舒服，于是有的孩子就开始拿别人的钱，拿家里的钱，或者不管对错都替人家干事情。如老百姓所说，拿别人的手短，吃别人的嘴短。

所以，我建议10岁以后的孩子需要零花钱，哪怕给孩子很少的钱，让他自由支配，这对孩子的独立性和财商发展有一定的好处。当然你要过问，要让孩子告诉你钱是怎么花的，要引导他合理消费。

## 当清洁工的女孩考上剑桥大学

我家乡青岛的一个女孩子甘琦给我印象非常深刻。

甘琦的外语学得特别好，英语老师是个英国人，劝她说："你愿不愿意到英国留学？我可以给你担保。"这个女孩子当然很愿意，回家跟妈妈商量，她妈说："咱家没有钱，你要去就全靠你自己挣奖学金。"

她妈妈下了岗，爸爸身体不好，哪有钱呢？结果这孩子就考试，一考就考上了，奖学金也有了，后来就到了英国去留学。念高三时，问题来了，她的奖学金不够了。

这时，她爸爸去世了，妈妈生活得更困难，她不能向家里要一分钱。于是，她打了好几份工，每日里东奔西走的，一下课就去打工，挣钱上学。

后来，校长知道了这事，就把她找来，说："甘琦小姐，我知道你非常勤奋，你打三份工，太辛苦了，我有一份工作给你，你如果做，打这一份工就够你上学用了，但是我不知道你愿不愿意干。"甘琦说："校长，我愿意干！非常感谢校长，你说什么活吧？"校长说："刷厕所，咱这个学校有好几个厕所，需要一个人打扫，你愿不愿意干？"甘琦说："我愿意，我一定打扫得非常干净！"

于是，甘琦每天放了学就打扫厕所。她的同学许多来自富有的家庭，一看中国学生居然打扫厕所，瞧不起她，但是她自己非常有自信。她说："我靠我的劳动挣钱，我是干净的，我是有尊严的。"

结果，最让她的同学惊讶和佩服的是，高中毕业的时候，甘琦考上了英国的剑桥大学。在英国考剑桥就同中国人考清华、北大一样。一个打扫厕所的中国女孩考上了英国最好的学校，英国多家媒体纷纷采访甘琦。

可见，在贫与富的背后，更重要的是培养孩子怎样做人。

## 杜瑶瑶：一个独生女的故事

曾经有一部名叫《一个独生女的故事》的电影引起轰动。主人公的原型是一个名叫杜瑶瑶的青岛女孩。杜瑶瑶小的时候过着快乐、无忧无虑的生活。天有不测风云，在她8岁时，她的爸爸突然得大病去世了。

爸爸去世后，妈妈的风湿性心脏病发作，瘫在了床上。杜瑶瑶突然间长大了，她不仅要自己照顾自己，还要照顾瘫痪在床的妈妈，小小年纪的她，每天都要做饭、洗衣、做家务。她在妈妈住院期间，就守在妈妈的床边写作业；她妈妈的下身冰凉，她把妈妈的脚抱在怀里给妈妈取暖；为了让妈妈高兴，她还每天唱歌、跳舞逗乐妈妈。

母女俩一个月只有不到200块钱的生活费，生活过得非常艰难。班里的同学课间都买冰棍、可乐，杜瑶瑶从来不买，因为她连十几元钱的学杂费也交不上。但是，在如此艰苦的环境下，杜瑶瑶的学习成绩在班里依然名列前茅，后来考上了青岛大学的法学院，还以优异成绩获得奖学金。

因为我采访过杜瑶瑶，她与我经常通信。读大二的时候，她给我来信说，她被评为山东省优秀共青团员，并成为了一名共产党员。后来，她的妈妈不幸去世了，杜瑶瑶更加独立顽强。硕士毕业后，进入深圳一家科技公司工作，依然在不屈不挠地奋斗着。

杜瑶瑶的故事告诉我们，在一个富有的家庭，最好让你的孩子当一个穷学生；如果你的家庭生活有困难，也不要让孩子自卑，要让孩子拥有丰富的内心世界，抬起头来走路，这样的孩子才有可能变得更坚强。

我小的时候家里也非常清贫，那个时候我们经常要去劳动，挣点钱补贴家用。青岛靠着海，于是我们经常去赶海，挖蛤蜊、敲牡蛎、拾海带。有的时候还要到农民收过的地里翻土，翻那些农民收漏了的红薯、土豆。这一段经历让我至今难忘。

我希望父母们辛辛苦苦挣的钱，能够成为孩子健康成长的一个有利条件，而不要成为一种麻烦。

比如，孩子怎么样过生日？孩子的同学过生日怎么办？有的孩子说，我最怕别人过生日，生日要送礼，一个月送三五次真受不了。而且，同学之间送礼攀比风是愈演愈烈，这样送礼当然会成为孩子的苦恼。

《少年儿童研究》杂志上曾登过一篇文章，说的是一对父母如何指导孩子过生日。妈妈和她女儿计划了一场生日扬琴演奏汇报会。结果，这个女孩子的生日最受欢迎。而且别人过生日，这个女孩自己制作一份礼物。这是一种很好的方法。

我在新浪微博上写过一段教育感悟，谈美国孩子如何过生日。

"从对孩子成长有利着想，如何过生日不是如何花钱而是如何导向。据王青博士介绍，美国某小学不为孩子举办生日庆祝活动，却欢迎父母以捐一本书的方式庆贺孩子生日，也允许过生日的学生从学校挑一本书回家。此举的结果让孩子喜欢书，甚至养成爱读书的好习惯。这不禁让人感叹：简单而美丽的规则是最受儿童接受的。"

我希望父母们关注孩子的消费，并且能够探索出一条让孩子适度消费、合理消费的健康成长之路。

**教你一招**

俗话说，不当家不知柴米贵。建议父母利用假期的时间，给孩子体验一下当家的机会。例如，选定某一周或半个月的时间，给孩子适当的钱，让孩子负责全家人的一日三餐。许多体验过这个方法的家庭，父母都发现孩子很有当家的积极性，当过家后都变得比以前勤俭节约精打细算了。

# 引子

　　今天的孩子显得特别聪明、接受能力强，所接触到的事物广泛，特别是当今信息社会，孩子更是自如地游弋其中。他们摄取的信息、获得的知识，是以往的任何一个时代、任何一代人都无可比拟的。那么，我们的父母们应该怎样和孩子相处，怎样进行心灵的沟通？我认为应该是两代人互相学习，共同成长。

# 第十一章
## 两代人互相学习共同成长

  家庭教育绝非只是对孩子进行教育，而是全家人的相互协调和共同成长。如台湾的《家庭教育法》把家庭教育定义为"具有增进家人关系与家庭功能之各种教育活动"，其范围包括亲职、子职、两性、婚姻、伦理、家庭资源与管理等教育。实际上，有和谐的家庭生活才有完善的家庭教育。

  向孩子学习有五个原则：向孩子学习的前提是了解孩子，了解时代的变化；欣赏孩子的优点是向孩子学习的首要条件；向孩子学习应以真诚为本；努力做孩子的好伙伴；建立对话式、交互式、融合式的教育模式。

  儿童是主人，儿童有选择的权利，我们不能替他选择、替他决定。父母老师及儿童工作者都是为孩子服务的人，要有一种服务的精神，辅佐孩子当好主人。

## 信息时代的挑战

今天的教育很复杂。大家可以感觉到，如果用父母教育我们的方式去教育今天的孩子，是一件很困难的事。

今天的父母管孩子为什么困难？过去的社会是一个经验传递的社会，今天的社会是一个知识传递、信息传递的社会。过去，孩子不了解大人，大人很神秘；今天，大人不了解孩子，孩子很神秘。

我在广东南海大沥镇讲课时，一个开着别克私家车的辅导员说她儿子上五年级，她放学接孩子时，稍带把孩子的几个同学一起送回家。几个孩子在车后座眉飞色舞地谈论着他们感兴趣的话题，可是身为老师的妈妈竟然发现根本不清楚孩子们谈论的内容。

这就是孩子说的话，父母听不懂，这样的现象在当前已经非常普遍。全世界都发现，孩子玩电脑，越来越厉害，比大人玩得好。孩子们说，我们才是"老鸟"，父母们是"菜鸟"。

所以，这样一个时代，父母面对电脑的时候，心里可能发慌。我的手指不灵活，外语又不行，能不用电脑就不用。相反，孩子是有空就用，有空就玩，在孩子眼里，电脑成为了一种高级玩具。在这样一个环境当中成长的孩子，当然越来越复杂，越来越难管。

## 看不到孩子的优点就是"盲人"

教育部有一个课题即"经济转型中的中小学德育"，是我一个朋友、北京师范大学的心理学教授陈会昌先生主持的。他在调查中发现一个问题，全国70%以上的中小学老师对学生持否定意见，95%的老师认为今天的孩子不比过去，认为现在的孩子身上表现出自私、自我中心、高消费、不听话、没有理想等问题。

我认为这是一个很值得注意的倾向——如何评价孩子。对孩子是否存在偏见，大人与孩子的对话态度、内容或形式都可能会受到影响。当前在中小学校园，老师对孩子是批评得多，鼓励得少。调查发现，只有三分之一的班主任能够经常鼓励学生，被鼓励的学生80%是由两部分人组成，一部分是班队干部；一部分是学习成绩好的学生。由此可见，大多数孩子较少得到老师的鼓励，尤其是那些调皮捣蛋的孩子，更容易受到训斥。

父母对孩子也是这样。当孩子考试后，一公布成绩，一看成绩不好，家家户户都大呼小叫："你怎么学的，你好东西都吃哪去啦！你看看人家，再看看你。""你这样将来就是扫大街的料！"孩子一犯错闯祸，大人就说："像你这样的将来就只能进监狱了！"

我有一个习惯，特别喜欢跟孩子聊天。我在北京经常到学校跟孩子聊天，当然我对学校提出一个要求，就是校长老师要回避。一次，我在北京一所小学五年级的班里，老师刚走，孩子们就热闹起来了。孩子问："叔叔，你知道我们老师有多凶吗？"我说："不知道。"他告诉我："我们老师满脸旧社会，总是阴着脸。"另一个孩子说："我们老师特爱发火，一发起火来就五官错位，紧急集合。"

我一听特别惊讶，"五官错位，紧急集合"，成年人谁能用这八个字来描绘一个人发怒的表情呢？但今天的孩子却能。

同样，老师一句信任的话，一句鼓励的话，也能让孩子产生奇迹。我常说，小学老师有时摸一摸孩子的脑袋，孩子就可能兴奋一整天。

这些都取决于我们怎么看今天的孩子。你有什么样的儿童观，你就会产生一种对孩子怎么样的理解。如果你看不到孩子的变化，更看不到孩子的优点，你就是教育上的"盲人"，而教育上的"盲人"是教育不好孩子的。

## 独生子女的五大优势与四大缺陷

那么，现在的孩子到底是什么样的状况？我们曾在全国做了大规模的城市独生子女人格发展状况调查研究，发现今天的独生子女们在人格方面，存在着五大优势与四大缺陷。

五大优势：第一，充满自信；第二，乐于助人；第三，渴望友谊；第四，积极寻求发展；第五，兴趣广泛。

独生子女的五大优势具体表现为十大优点，即乐于接受新事物；主体性增强；平等意识强；法律意识与自护意识强；参与意识强；环保意识好；相信事实；做事认真；积极休闲；兴趣广泛。

的确，今天的孩子大都表现自信，乐于助人。另外，75%以上的同学都愿意当班干部，参与意识很强，而且爱好广泛。在调查中发现，平均每个孩子都有十个左右的兴趣。

但是，调查发现独生子女确实也存在一些问题。概括地说，独生子女有四大缺陷：第一，成就需要比较弱；第二，攻击性较强；第三，勤劳节俭的意识比较差；第四，厌学。

目前全世界都在研究独生子女的问题，但关注最多的仍是中国的独生子女。其实，专家们已经指出，独生子女和非独生子女不存在本质差别，独生子女并不是问题儿童，并不是独生子女就一定成长不好。现实证明，多数独生子女是健康成长的。那么，独生子女的问题是怎么造成的？主要就是环境和教育，成长的环境出现问题，教育出现问题，孩子当然就可能会有问题。比如，父母越娇惯孩子，这个孩子就越难健康地成长。

另外，我们要注意孩子成长的心理变化。孩子在10岁以前，对父母怀有崇拜心理。因此，10岁以前的孩子比较听从父母的话，父母会发现孩子教育比较顺利。但是10~20岁就进入了一个轻视父母的年龄，孩子的表现有较大的反差，不再听信父母，甚至走向逆反。到了20~30岁，开始对父母有所理解。30~40岁，对父母表现出更多的关爱。到40岁以后，才能真正地理解父母，这就是一个"常回家看看"的年龄。

为此，父母要提前做好准备。对于孩子而言，反抗父母往往是成长的需要，关键在于如何在这样一个特殊的成长期，陪伴或引领孩子顺利过渡，健康成长。要知道，出现问题的原因可能是多样的，因此我们需要寻找到导致问题产生的真正的原因，再寻求解决问题的有效方法。面对问题，如果孩子认定是父母有问题，父母觉得是孩子有问题，那么随之而来的可能是更多更严重的问题。

## 代际差异

代际差异就是两代人或三代人的差异。

一个3岁的男孩子在家挨打，这个男孩子拨打110报警。在我们小的时候，根本不会这样做，因为我们会认为父母打孩子是父母的权力，知道犯错少不了挨揍。但是，我们是否已经意识到，今天的孩子不同了。

北京一个三年级小学女生某次考试没考好，老师说："到教室外面站着。"小女孩理直气壮地说："老师，上学是我的权利，你不让我上学，我到总理那儿去告你！"这就是孩子的维权意识。

有一个5岁的女孩问妈妈："妈妈，女的能当国家主席吗？"妈妈说："能啊！"女孩说："那我长大了要当国家主席。"妈妈一听特高兴："好啊！你当了国家主席，我就是皇太后。"女孩说："那可不对！我是国家主席，您还是老百姓，跟您没有关系。"妈妈听了之后，特别惭愧。现在孩子的平等的意识比我们大人强。

我们在调查中提出一个问题"什么是现代人最重要的品质"，父母答责任，而中小学生答的是平等。很明显，这就是大人和孩子之间的代际差异。

代际差异表现在以下三个方面。

第一，生活经历的差别。我们这一代人生活在一个贫穷的、动荡的年代，孩子们生活在一个比较富裕和稳定的年代。无论是"80后"、"90后"，或是"00后"，孩子们都生活在一个相对富足的环境里。过去，我们的生活环境是比较封闭，我们是唱着革命歌曲长大的；现在的孩子生活在一个开放的时代，唱着流行歌曲长大。

第二，文化差别。父辈或者祖辈这代人的特点是信奉集体主义，个人绝对服从集体。祖辈和父辈的语言里常听到的是"我们"这个词，而今天的孩子把"们"字给删掉了，使用频率最高的是"我"。

第三，家庭地位的差别。我们这代人生活在一个多子女时代，父母对我们的教育也是粗放型的。如今是少子女时代，许多独生子女就成为了家庭的中心和重心，父母就抱着一种教育目标：只能让孩子成功，不允许孩子失败。

## 青春期与更年期的冲突

青春期和更年期是人的生理两大脆弱期，人处在这两个时期都希望别人能够宽容自己，而自己却不大容易宽容别人。处在更年期的老师和处在青春期的学生极有可能发生冲突，父母亦然。

北京一位50多岁的中学女老师，她担任高一班级的班主任。班里有一个漂亮的女孩子打扮轻佻，这个女老师看到就皱眉。这一天，老师上着课，突然就冲动地一把揪着这女孩子到了卫生间。老师把女生的衣服扯开，意思是，看你在班里不正经，弄个特大的假胸勾引男生，我今天就要揭穿你！

可是，老师没有想到，这个女孩子完全是自然发育。女孩子开始吓蒙了，后来才明白了老师的意思，于是哭着说："你等着吧！"女孩子跑回家，结果十几个彪形大汉闹到学校，要把那个女老师打死或者也剥光衣服。后来经校长再三道歉和多方协调，事情才总算暂时平息下来。

这个事例很典型地说明要尊重学生，尊重人生发展规律。在两代人之间，有一些尖锐的矛盾问题，只有把握相互理解和尊重的原则，我们才能找到有效的方法去化解。

## 向孩子学习

21世纪是两代人相互学习、共同成长的时代。

北京有一位妈妈，儿子读高一。妈妈总觉得自己的儿子不够热情，遇事冷漠。为了激发孩子的奋斗热情，妈妈就写了一篇文章，读给儿子听。

这位妈妈年轻的时候当过红卫兵，从北京步行到燕门关，途中穿过燕北高原的一个山谷，山谷里都是鹅卵石，脚上都磨出了血泡。但是，当时的红卫兵们下定了决心："我们一定要排除万难，战胜乱石滩，非走出去不可。"

妈妈读到这里的时候，想起当年的经历，热泪盈眶。可是，没想到儿子听了以后，竟然平静地说："老妈，你们几个人就没有一个人提出来换条道走吗？你们跟那些石头较什么劲呢！"这妈妈一听，心里一惊，觉得儿子讲的也不是没有道理。的确，与我们这一代人相比，今天的孩子从小就在一种自由开放的环境中成长，在选择中长大，于是凸显出的是孩子的个性与理性。

还有一位妈妈失业了，因失业一事生闷气，不吃饭。上初中的儿子说："老妈，失业是很正常的事，你不就解放啦！"妈妈说："凭什么让我失业，我是劳动模范，我热爱我的单位，可他们不要我。"她儿子说："老妈，现在失业，不是说你干得不好，现在是一种机制转换，是一种调整。"儿子一边劝慰妈妈，一边在网上为妈妈发出求职信，最后还真替妈妈找到了一份新工作。

我曾在广州开发区讲课，开发区的一位领导是我的老朋友。她对我说："你说的两代人相互学习共同成长，我很感慨。"她孩子5岁，为了要让孩子学钢琴，好不容易找到一个老师，给孩子报了名，要让孩子去学。这一天，朋友带孩子去学琴，孩子却不高兴，说："你跟我商量了吗？你怎么就能决定我的事。"朋友突然意识到自己的做法不妥，于是问："你真的不想学？"孩子说："不想学。""那好吧，你要真不想学我们就不去。"我表扬了老朋友"知错能改"。

没有尊重就没有教育。我们经常抱怨孩子，实际上，我觉得调整心态更重要，学会享受孩子，欣赏孩子，和孩子共同成长。

向孩子学习，不仅能使父母得到成长，而且这个过程中也有利于孩子智力和能力的发展。

2007年6月，挪威研究人员发表的一项报告显示，在同一个家庭中，第一胎孩子要比第二胎孩子的平均智商高出三个百分点。这是为什么呢？美国心理学家桑琼及其助手马库斯通过研究给出了解释：一个原因是第一胎的孩子所得到的爱和关注比其他孩子要多，而另一个原因是年龄大的孩子因为年龄原因可以有更多给弟弟妹妹当"老师"的机会，这也有利于智力的发展。

目前城市里许多孩子都是独生子女，虽然他们得到了父母全部的关爱，但研究证明独生子女与多孩子家庭的第一胎相比，在智力方面并没有优势。原因就在于独生子女过多地集中了家庭成员的关爱，但缺少很多做"老师"的机会。

所以，向孩子学习，无论对于父母和孩子都是非常有益的事情。21世纪是一个信息的社会，是一个学习的社会。不向孩子学习就不能完成终生学习的任务。特别在互联网这个时代，孩子们是越走越远，能把我们远远地甩在后面，他们知道的越来越多，所以说我们应该向孩子学习。孩子还有一个特点，你越向他学习，你越欣赏他的优点，孩子就跟你的关系越好。你越瞧不起他，他就越不能够跟你好好地交流。你和孩子的关系越亲密，你的教育效果就越明显；你和孩子的关系越紧张，你的教育效果越差。

我们在生活中就有这样的体会，一个你特别敬重的人，对你表示不满意，你会很有压力；一个你根本不喜欢的人，你瞧不起的人，说什么你也不会在意。因此，我说现在家庭教育的问题在于很多的爸爸妈妈变得越来越不可爱。现在的家庭出现了一种叫作家庭无语的状态。因为一谈学习一家人就生气，但不谈学习父母就无话可谈。大人们关心的仅仅是孩子的学习，在饭桌上也不例外，在这样的氛围里，孩子连饭也吃得不自在，还没怎么吃就说"我饱了"。

当然，有很多父母还是很开通的，跟孩子民主协商，当孩子的朋友。在培养习惯的过程当中，同样需要两代人能相互学习共同成长，因为这样的亲子互动是习惯成长的动力。

有一个孩子对妈妈说："妈妈，我跟你签个协议书好吗？我会好好学习，但你不能在饭桌上再提学习问题。"妈妈说："好！你要能好好学习，我就不提！"

协议书的内容是：妈妈不能在餐桌上谈论学习问题，否则以爬楼梯作为惩罚（因为妈妈过胖需要运动减肥）。后来，妈妈还真被罚了一次。

我经常有这样一个感觉，绝大多数孩子是比较讲道理的，而大人经常不讲道理，这时孩子真是很无奈，很可怜。经常有这样的情形，妈妈说："天冷，穿衣服。"孩子说："我不冷。""什么不冷，叫你穿你就穿！"你看，完全不给孩子一点自主选择的余地。其实，明智的父母不用强迫孩子，提醒就够了，如果孩子不愿意多穿衣服，哪怕就算是冻病了，通过他的体验，他也能在经验教训中成长，何苦弄得彼此不愉快呢？

## 不要制造"童年恐慌"

很多父母跟孩子说的话很吓人："孩子，现在竞争很激烈，你如果不好好学习，将来考不上大学，就找不到工作。找不到工作找不到对象，到时你饭都吃不上，你连扫大街的活都找不着！"其实，父母的这番话虽然是一番良苦用心，但并不完全符合事实。

事实证明，人考不上大学并非就无法取得成就。尤其是年幼的孩子，虽然调皮而且学习成绩并不是很好，这并不能就断定他今后不好好学习，更不能断定其将来的发展水平。只要孩子热爱生活，养成良好的习惯，不断努力向上，将来都是有希望的。

令人担忧的是，如今越来越多的儿童失去了本该拥有的快乐和轻松，在紧张不安中过早地告别了童年时代。"童年恐慌"的现象正在整个社会蔓延。

"童年恐慌"是指儿童因面临巨大压力，不能理解也不能承受所导致的一种较强烈较持久的焦虑心态。在儿童的日常生活中，与学习有关的压力是他们面临的最主要压力，且呈现逐渐增长的趋势。巨大的学习压力扭曲了儿童的学业动机和人格发展，导致儿童认知需要缺乏，竞争需要强烈，人际关系不良，使儿童失去快乐，童年过于短暂；而且对于应对能力不足的儿童来说，沉重的学业和发展压力容易使他们对未来产生不可预知的疑惑和恐惧，致使儿童厌学，厌恶生活，甚至采用极端手段来逃避压力。在《"童年恐慌"——一个值得警惕的现象》一文中，我与赵霞博士将这一现象称为"童年恐慌"。

同时，父母教育孩子也出现了恐慌。父母教育孩子的恐慌心理有如何表现呢？也许可以从以下行为中表现出来：① 盲目攀比；② 频繁训斥孩子；③ 给孩子报许多课外班；④ 孩子考试，父母比孩子还要紧张；⑤ 要求孩子考前10名；⑥ 让孩子课外首先阅读教辅读物，等等。这些做法显然是导致孩子恐慌的重要原因。

童年恐慌之所以值得关注，是因为没有安全感的童年最容易受到伤害，并可能会影响一生。在恐慌状态下，任何生命都难以生长。孩子恐慌往往是父母恐慌的结果，父母不慌孩子就不会慌。因此，父母的慌与不慌是两种心态两种教育，也会有两种效果两种命运，这是素质的差异。

父母如何发现孩子是否有童年恐慌呢？可以概括以下6个特征：① 突然沉默不语；② 哭泣；③ 撒谎；④ 睡不好觉；⑤ 不愿上学；⑥ 不敢回家；等等。父母应该怎么做呢？① 多一些陪伴；② 拥抱和抚摸；③ 温和谈心；④ 让孩子相信自己是好孩子；⑤ 相信父母的爱；⑥ 解决问题。

童年的不幸是一生不幸的开端，童年的快乐是一生快乐的源头。我要再次强调下，今天真正有爱心的父母和老师，就要做到这12个字："发现儿童、解放儿童、发展儿童"。这是儿童教育的真谛，也是父母和教师最重要的使命。

许多父母总是在抱怨当前的所谓应试教育的压力让人喘不过气来，逼孩子去疯狂地竞争。但实际上，父母不是无可奈何的，是可以有选择空间的。实际上，许多父母已经做到了，他们的孩子生活得很阳光。

人是环境的产物，孩子自然不例外，因此，要给孩子提供一个健康、快乐的成长环境是至关重要的。

**教你一招**

当你发现自己在使用网络等方面不如孩子的时候，建议你要坦率承认自己的落伍，赞美孩子的水平如何高，并且诚恳地拜孩子为老师，像小学生一样虚心学习。或许你会发现，向孩子学习之后，亲子关系在悄悄地发生变化，孩子可能会更体谅和关心父母，甚至还会发现父母的优点，主动向父母学习。

# 引子

　　我有一个惊人的发现：全中国的父母没在一起开过会，但是，很多父母都会说一句相同的话："孩子，只要你把学习搞好了，别的什么都不用你管！"这个可怕的极具误导性的国民共识说明了什么？那就是，提高父母的教育素质刻不容缓。

　　我常想一个问题：教育好孩子靠什么？一个人社会地位高或者文化水平高、学历高，是不是一定就能教育好孩子？我的回答是不一定。自然，文化水平高，各种管理经验多，对教育孩子是有利的，但是这和教育好孩子并没有必然的联系。

　　教育好孩子，需要的是一种教育孩子的素质，这未必是学历能带来的。因为教育经验需要从实践中得来。现代高素质的父母需要具有现代的教育观念、科学的教育方法、健康的心理、良好的生活方式和平等和谐的关系，而这正是我们倡导的教育素质。

# 第十二章
## 提高父母的教育素质刻不容缓

今日父母需要什么样的教育行为规范呢？底线是生了孩子就要养育，而养育就需要陪伴，孩子12岁特别是6岁之前母亲不能离开，孩子12岁至18岁父亲不能离开。父母要给孩子做榜样，不能在孩子面前吸烟、赌博、打人骂人，不可轻易离婚。即使要离婚，也不可在孩子面前打冷战或热战。

对儿童应该怀有敬畏之心，因为他们是成长中的巨人。当然，如果引导不当，儿童也可能成为废人甚至是罪人。蒙台梭利认为，发展儿童个性的关键在于他自身，他有一种发展的进程和必须服从的规律，成人想替代上帝的念头正是造成所有子孙后代痛苦的原因。所以，没有尊重就没有教育。

为什么说盲目攀比是对孩子的伤害呢？因为孩子

是千差万别的，这种差别是高级生命的一个特征。如意大利教育家蒙台梭利所说，动物就像成批生产的物品，而人则像手工制作的物品。每个人都有他自己独创性的精神，这使他成为一件艺术品。因此，一千个孩子就需要一千种教育方法。

所谓尊重孩子，就是要尊重孩子的思想和选择。天津母亲关颖知道儿子喜欢乔丹，就经常与儿子一起看乔丹的比赛，帮助儿子收集乔丹的资料。结果，大大密切了亲子关系，教育也更加有效。

当一位中国女教师用流利英语问罗恩，如何惩罚调皮捣蛋的学生，这位美国名师回答说，先让学生喜欢教师，这样惩罚才有效果。我想，无论是教师还是父母，只有与孩子建立亲密而信任的关系，才真正具备教育的条件。否则，教育不仅是无效的，还可能变成彼此的伤害。

## 现代的教育观念

2013年2月22日，北京市公安局海淀分局通报了李某等五人涉嫌强奸罪被刑拘一案。在媒体将李某确认为某著名歌唱家的儿子之后，这条寥寥数语的消息迅速成为爆炸性新闻。

李某由于其特殊的家庭背景，在2011年的打人事件时就被炒得沸沸扬扬，后被收容教养一年。而就在其因被收容教养不到半年后，就涉嫌强奸案更是掀起了轩然大波。

实际上，在2011年打人事件发生之前，李某一直是公众视野中的"好孩子"。

他4岁师从名家学习钢琴，连续荣获全国希望杯青少年儿童钢琴比赛二等奖、中国作品演奏奖、全国少儿钢琴比赛金奖。

他8岁开始学习书法，连续三届荣获爱我中华全国青少年书法大赛铜、银、金奖，并被选为年纪最小的北京市海淀区书法协会会员。

10岁的时候，他加入了中国少年冰球队，多次参加国内外少儿冰球比赛，并就读于美国一所著名的冰球学校。

透过这些"公开"的荣誉，不难看出当下很多父母的成才观。考试第几名、钢琴多少级、比赛拿什么奖等各种学习和技能指标，已经成为许多父母区分"好孩子"和"坏孩子"的标准。至于孩子的道德习惯、自我控制能力和社会适应能力等，在父母心中却显得无足轻重。正是这种只重视知识和开发智力的教育观念，导致许多孩子缺失了正确的价值观和人生观，从而走上歧途。所以，我说教育的核心不是传授知识，而是培养健康的人格。

培养健康人格最重要的选择就是从儿童时期培养习惯开始，因为儿童时期是习惯养成的关键时期。

但是，据中国青少年研究中心2005年在全国6省市抽样调查2 420名中小学生后发现，有52%的被调查者认为在学校把提高升学率作为最重要的任务，分别有88.2%和78.7%的被调查者认为父母最关心的是自己的学习成绩。

2009年7月12日，《新闻晚报》报道，一份由复旦大学高等教育研究所调查完成的《上海居民家庭教育投资行为与教育支付能力实证研究》显示，上海居民家庭教育投资行为主要集中在"请家教""上辅导班""出国留学"三个方面。而当问及"你对孩子最关心的是什么？"时，回答顺序依次是成绩（78.1%）、身体（65.5%）、与老师同学的关系（52.4%）、前途（45.9%）、性格（42.4%）。可见，父母对孩子成绩的关心程度远高于其他方面。

对于孩子的成长，父母都很着急。有一句耸人听闻的话广为流行："千万别让孩子输在起跑线上。"我觉得这句话几乎成为摧残孩子童年的咒语。教育家吕型伟先生早就笑谈过此话，他说，如果教育是百米短跑，那起跑线非常重要。可是，教育不是短跑而是长跑，起跑线没那么重要。实际上，人的成长更像马拉松长跑，成功的秘诀在于实力和后劲。

但是，我们无奈地发现，时至今日，盲目地早期智力开发仍是国内许多幼儿园和家庭争先恐后追捧的事。开发的结果是幼儿教育小学化倾向越来越严重，导致幼儿园的小朋友早早就产生了厌学情绪，很小就品尝到了失败的滋味，认定自己就是失败者。这是一个多么可怕的结果。

2012年10月15日，教育部网站公布了《3~6岁儿童学习与发展指南》，给学前孩子的健康、语言、社会、科学和艺术五个领域的成长设定了一个"阶梯"状的标准。教育部为什么制定这样一个标准？就是因为中国幼儿教育小学化倾向极为严重。

2013年2月22日《人民日报》报道了北京市某幼升小学前班的课表，让许多成年人看后咋舌不已。除了识字阅读、口算、英语、国学、音乐、美劳等项目，还包括彩泥、钢琴陪练、魔术、视唱练耳、右脑记忆训练等多种课后班内容。据说，这些孩子还是经过专门测试之后，才有机会接受"魔鬼式学前训练"。

中国教育学会副会长、华东师范大学基础教育改革与发展研究所所长叶澜教授认为："知识教育的提前入侵，可能造成孩子智力发育的偏瘫。"实际上，孩子过早地掌握了小学的内容，会导致孩子在小学一年级出现缺乏学习兴趣，注意力不集中等现象，而一旦孩子养成这种坏的学习习惯，反而会在小学中高年级出现后劲不足，学习成绩差的情况。叶澜教授认为，在接受不适合的教育时，孩子们在心理上普遍趋向被动、应付，只能单纯的灌输式接受，重则表现为焦虑、退缩、缺乏自信，最终可能导致思维的混乱和创新能力的丧失。

其实，自然中的一切都有其成长和发展的规律，人也一样。中国的学校教学已经比许多发达国家的教学提前了两年，可现在仍在人为提前。如果一味地重视对孩子知识教育的灌输，而忽视了情感、想象力等因素，其结果可能不仅是孩子丧失了学习的兴趣，其他方面的潜能也随之消失。

卢梭的观点是：一个人15岁以前最好是在农村生活。爱默生说："培养一个好人的方法就是让他到大自然中生活。"这些观点的意思是说，孩子的健康成长需要拥抱自然，需要在从容的生活中慢慢长大。

讲到童年的消失，有一个重要的原因，就是媒体的作用。我们小的时候可以看小人书，大人看大人书。但是，现在是孩子和大人共同坐在电视机前或电脑前，于是儿童越来越成人化。

有一位妈妈，因为两岁多的儿子在吃饭时看电视，把电视给他关了，结果儿子狠狠地对妈妈说了一句"我恨你！"妈妈震惊地呆住了，不知道小孩子怎么会说出这样的话。

晚上，妈妈跟爸爸讲起这件事，爸爸则恍然大悟，想起来，昨天儿子在看电视剧时，女主角对男主角吼叫着"我恨你！"。儿子问爸爸这是什么意思，爸爸解释说，这是表示那个女主角生气了。可能儿子说这句话时仅仅是在表达自己的生气，而并非是仇恨妈妈。妈妈这才释然。

对于幼儿来讲，由于他们的智力发育特点及思维逻辑的限制，自己的表达能力不够，不能正确表达自己的意愿，也不能完全理解成人的语言。例如："不起眼"，他们可能会理解为"肚脐眼"，所以父母要理解孩子就需要像孩子一样去看世界，明白孩子的心理发展特点。

但是现在的情况是不但不允许童言无忌，反而在制造儿童集体失语。在儿童语言中，在学生作文中，老是出现大人腔调。我们来看看文学大师巴金先生《真话集》[①]中的一段，他的外孙女端端当时是二年级小学生：

"孩子的'检查'很短，但有一句话我现在还记得：'我深深体会到说谎是不好的事。'这是她自己写出来的。又是'大人腔'！大家看了都笑了起来。我也大笑过。端端当然不明白我们发笑的原因，她也不会理解'深深体会到'这几个字的意义。但是我就能够理解吗？我笑过后却感到一阵空虚，有一种想哭的感觉。……空话、大话终归是空话、大话，即使普及到七八岁孩子的嘴上，也解决不了问题。难道我们还没有吃够讲空话、大话的苦头，一定要让孩子重演我们的悲剧？"

---

① 巴金：《真话集》，香港三联书店1982年出版。

要让儿童用自己的语言说话，有自己支配的时间，这样才是尊重儿童的权利。

## 科学的教育方法

由于商业化的冲击，儿童教育的科学性常常被人忽略，或被人故意扭曲。

例如目前不同版本的胎教图书、画册、磁带和光盘充斥市场，一些音乐冠以胎教的名义后身价百倍。人们把人生竞争的起跑线都划到娘肚子里去了。

2013年3月11日《重庆商报》，报道了一起怀孕妈妈因轻信网上的拍肚子胎教法，差点导致孩子流产的新闻。

原来这位妈妈之前听朋友说可以通过拍打和按摩腹部进行胎教，可以让孩子以后变得更加健康和聪明。于是她根据网上搜索出来的方法拍打肚子，还没来得及按摩，就隐约传来阵痛，于是赶紧让家人送她到了医院。

经过检查，这位妈妈出现了流产先兆，经过保胎后，她最终保住了孩子。"吓死我了，以后再也不敢随便轻信网上流传的胎教方法了"，这位妈妈心有余悸地说。

美国权威的脑神经科学家约翰·梅迪纳针对广为流传的胎教音乐，提出自己的观点："让孩子清静一点吧，他们不喜欢被打扰。"他指出，子宫里面黑暗、湿润、温暖，对怀孕前期的胎儿来说像防空洞一样坚固，最大的好处就是避免了各种刺激。所以把耳机贴在肚子上给胎儿听，对他们可能是一种伤害，音量过大，甚至会造成孩子先天性耳聋。

针对网上流传的许多胎教方法和胎教产品，父母都要慎重选择，最好与专业医生确认后实施，而不要轻易相信。

在联合国儿童基金会和北京市妇联等单位共同召开的"儿童有权拥有最佳人生开端"专题报告会上，中华儿童保健学会常务理事丁宗一教授指出，一些家长被产品广告误导，以为在孕妇肚皮上放音乐，孩子就会增长音乐天赋，其实这是一种欺骗性的商业炒作，因为胎儿只有出生后才有听觉功能，才能听见音乐。他说，从听觉发育的规律来看，传入子宫的任何噪声对胎儿的刺激都会被母体组织吸收、消除，任何噪声都会对胎儿产生不可逆的损伤。丁教授呼吁：不要再烦扰胎儿，让他们有一个安静愉快的胎儿期。

与叶澜教授的观点一致，丁教授也认为，现在父母们对孩子存在"三过思想"：即过度赋予对生理成熟度以外的期望值；过早在生理成熟度达到之前给予负荷；超过生理成熟度承受能力的负荷。他提出顺其自然、遵循规律才是育人之道。

教育需要科学的态度和方法。

一位当大学老师的法学博士来找我："孙老师，你快帮帮我的忙，我的孩子乱套了。"他说，"我的儿子的小黄帽丢了八个。"北京的小学生为了安全，上学要戴小黄帽。我说："你是不是丢一个买一个？""是啊，他没有小黄帽，上学会被批评啊！"我说："那你就接着买吧，买一百个也治不好你孩子的毛病。""那你说怎么办？"我说："很简单，小黄帽丢了不是吗，让孩子自己找去。""他找不着啊！""他找不着也要让他找去。真找不着了，就用你儿子的零花钱去买，或者取消你儿子最喜欢的一个项目，动画片不看或不吃肯德基或麦当劳。"

熟悉中国教育史的人，都知道著名教育家陶行知先生。一次，一个孩子把妈妈刚买的金表当成新鲜玩具拆开来，结果弄坏了。妈妈就把孩子狠狠地揍了一顿，然后告诉了陶先生。陶先生幽默地说："恐怕一个中国的'爱迪生'就被你打没了。"陶先生说："孩子的这种行为是创造力的表现，您不该打孩子，要解放孩子的双手，让他从小有动手的机会。"这妈妈后悔了，陶先生就教给她补救的办法："你可以和孩子一起把金表送到钟表铺，让孩子站在一旁看修表匠如何修理，这样，修表铺就成了课堂，修表匠成了老师，修表费成了学费，孩子的好奇心就可以得到满足了。"

这是半个世纪以前的事，但是今天的父母会这样做吗？

还有一个值得注意的方法就是，父母不能把自己的意志强加在孩子的身上。许多父母都让自己的孩子学习各种乐器，发展各种特长，造就了一批批学琴儿童。

根据《青岛早报》2010年8月的报道，有"琴岛"和"音乐之岛"美誉之称的青岛，学琴儿童有10万之众，其中学钢琴的达到5万人。2012年8月2日《新闻晚报》报道，仅上海音乐学院钢琴考级报名人数就有12 000人，比2011年增加了近3 000人。按照父母们的理解，学琴学专长有益于提升孩子的审美和智能及习惯养成，实际上的结果并不如我们想象中那么好。

儿童学琴，有两大问题。第一，学琴不是孩子的愿望，是大人的愿望，大人喜欢；第二，绝大多数的孩子不适合专业化学琴，但是父母们要的就是专业化的老师，老师就是专业化地训练孩子，而绝大多数的孩子受不了专业的训练。其中最为典型和失败的案例，莫过于药家鑫。

药家鑫是西安音乐学院大三的学生。2010年10月20日深夜，驾车撞人后又将伤者刺了八刀致其死亡，最后被执行死刑。药家鑫在2011年3月23日央视节目中说："从小到大，我的生活几乎除了学习以外就是练琴。妈妈陪我练琴，小的时候每周练琴，妈妈为了练琴都会打我，或者拿皮带抽我。妈妈为了不让我以学习压力作业多为借口，就回到家先弹琴，弹完琴才能写作业，我害怕作业写不完，小学课间除了上厕所都不会离开座位，我就一直在赶着写家庭作业。"

所以很多孩子在学琴当中，得到的不是美感不是成功，而是折磨和失败，而大人却往往忽略了这一点。

## 健康的心理

现在孩子最大的问题不在学习而在心理。问题是，孩子的心理问题往往源自父母的心理问题。

今天中国的父母望子成龙的心理非常严重。据调查显示：95%的父母希望孩子将来读大学，其中44.5%的父母希望孩子将来读博士。还有83.6%的中学生父母希望孩子考班级前15名。但是国情和规律告诉我们，这是近期无法实现的愿望。

一次，我参加教育部的一个会议，发现教育部的领导很纠结，因为大学扩招原本是为了缓解高考压力，但调查后发现难题并未得以解决，高考的目标是以名牌大学为主，这样的需求无法得到满足，因此压力依然很大。相反，职业高中、中专、技校的发展越来越萎缩。

以理想为例，许多中国孩子的理想是当博士、当董事长、总经理、当科学家等。相比较而言，日本孩子的理想非常朴实，如警察、司机，幼儿园老师、开花店，这样的理想一般都能实现。日本的父母对孩子的期望不高，只要孩子长大后能有一份开心的工作，能够养活自己就行了。日本的父母希望孩子做平凡的人，中国的父母则让孩子做非凡的人，这就是差别。可是，无法实现的愿望只能导致更多的心理问题。

中国父母望子成龙的急切心理也表现在出国留学方面。近几年，国内越来越多的中学生选择出国留学，甚至还有小学生出国。我觉得很多父母是拿孩子赌博，其实出了国的许多孩子发展得并不好。因此，我建议选择出国留学要慎重，最好的选择是让孩子走一条适合他发展的道路，这才是最重要的。

由此可见，父母的心理健康很重要。比如，对于孩子的"成功"或"失败"，父母都应该拥有平和心态。孩子"成功"了，父母要"胜不骄"，孩子"失败"时，父母要"败不馁"，更不要因为自己在工作或生活上的挫折而表现悲观，给孩子脸色看。

## 良好的生活方式

现在很多人工作很忙，一忙起来没有时间回家吃饭，就补偿孩子吃麦当劳、肯德基等洋快餐。但是，这些洋快餐对于孩子的身体健康并没什么好处。

据英国媒体在2010年3月份报道，家住美国科罗拉多州丹佛市的约安·布吕松一年前，她决定做个试验，把从麦当劳餐厅买回来的儿童餐打开，然后放在家里的架子上。一年之后拍摄的照片显示，从外形上看薯条和汉堡竟然没有明显的变化。布吕松表示，这完全是食品里含有的防腐剂惹的祸，还表示这一年里她曾多次把窗户打开，但是苍蝇和其他昆虫完全没有被这些薯条和汉堡吸引。布吕松说："如果连苍蝇都忽视快餐，而且微生物也不能降解这些食品，那么孩子们的身体也不能正常消化，现在你知道这些东西为什么被叫作垃圾食品了吧！"

而且，有研究表明，很少在自己家里吃饭的孩子，出现的心理障碍多，那些经常在家里吃饭的孩子情绪稳定，心理健康。答案告诉我们，一家人在家吃饭吃的不仅是健康饮食，而且是亲情！

随着人们生活水平的提高，好多学校门口每天上学放学时候停着接送孩子的汽车，有的孩子，出门就"打的"，多一步都不走。可是在北京，有个叫吕江的孩子，从12岁读初一开始，就天天走路上学，连续走了6年。上学的路不短，一次就要50分钟，吕江每天都是背着十几斤重的书包走来回，风雨无阻。6年的时间，他从少年走到了青年，身体越走越健壮，毅力越走越坚强。

根据《北京市2010年度居民健康状况及卫生事业发展报告》，2009—2010学年，中小学生的视力不良检出率平均高达59.96%，到高中阶段有84.8%的学生视力不良；中小学生肥胖检出率为20.3%，平均5人就有1个"小胖墩"，而缺乏锻炼是重要原因。

2011年7月，西安市中考成绩最优异成绩获得者是铁一中的学生贾昊凝。说到学习方法，贾昊凝坦言，良好的身体对学习非常重要，运动能提高学习效率，他坚持每天早上绕操场跑上三圈。他也玩电脑、看电视，但自制的好习惯成就了他。"我自己能掌握好度，感觉时间差不多了就去看书。"

其实，每天参加一个小时的体育活动，不仅可以促进血液循环，增强体质，保持健康，而且还能提高大脑的分析、判断和反应能力。大脑活动的基本过程是兴奋和抑制交替进行，进行体育活动时，与肌肉运动有关的脑细胞一直处于兴奋状态，使大脑皮层管理思维的部分得到休息，有利于缓冲脑力疲劳。同时，体育活动促进了血液循环，代谢加速，脑细胞可以得到更多的氧气和营养物质，大脑运转也就更灵活了，学习、工作的效率相应也会得到提高。另外，充足的运动可以释放孩子内心多余的精力，使孩子在学时能够更踏实，更容易集中精神。

## 平等和谐的关系

一讲到关系，似乎就是父母和孩子的关系，其实，夫妻关系比亲子关系更为重要，夫妻关系是亲子关系最重要的基石。所以，我们需要确立一个新观念，即夫妻关系第一，亲子关系第二。同时，如朱小蔓教授所说，完整的家庭教育是三代人的互动，我们需要加强和改进三代人的关系。

2011年11月30日《南方日报》刊登了记者张俊写的《抽烟怕被告发14岁少年弑母杀妹》的报道：

14岁少年小何（化名）原本是一名品学兼优的学生，父母对他期望很高，管教也很严厉，从小时候起，只要小何犯了错就要被罚跪搓衣板或者扇巴掌。

谁知，升入初中后，小何开始沉迷于网络游戏，成绩也开始退步，父亲曾就此事多次打骂过他，经常找不到人就去网吧，看到儿子就是一个耳光。青春期的小何也染上了吸烟的坏习惯。

2011年3月初，小何偷偷抽烟被母亲发现。因害怕母亲将抽烟之事告诉父亲会遭到严厉打骂，小何竟萌生了杀死母亲的念头。3月7日晚，在母亲与父亲的电话通话中，小何得知父亲将于次日从湖南老家回来，于是决定当天晚上动手。

3月8日凌晨5时许，小何悄悄从三楼卧室床上爬起，来到二楼厨房拿起刀，走到四楼母亲的卧室，趁母亲熟睡之际，将母亲杀死。此时妹妹被挣扎吵闹声吵醒，见状大叫并拉住小何，小何也将妹妹杀害，母亲及妹妹因失血性休克死亡。随后，小何还撬开抽屉、衣柜，拿走了家里的现金，伪造了遭人入室抢劫的假象。

早上7时许，小何去找伯父称发现母亲和妹妹死在床上，并与伯父一起到派出所报案，后侦查民警发现小何有作案嫌疑，当天将其捉获。小何曾在案发后供认，自己杀人时并未感觉害怕，拿刀砍杀母亲和妹妹的方式是模仿网络游戏的情节。

小何行为已构成故意杀人罪，但小何犯罪时刚满14周岁，且因对父亲长期暴力教育心有恐惧，仅是害怕母亲将其抽烟一事告知父亲，可以认为被告人小何心理上受到压抑而产生杀人动机，足见小何的心智极不成熟。小何最终因故意杀人罪被清远市中级人民法判处有期徒刑12年。

小何的智商很高，学习成绩很好，造成其弑母杀妹的悲剧，主要原因来自其家庭缺乏平等和谐的亲子关系。父母简单粗暴的教育方法自幼给小何造成了巨大的心理压力，他通过抽烟和上网来释放自己的压力，但换来的却是父母更严厉的惩戒，这种恶性循环最终导致了悲剧的发生。

我曾说，如果教育得好，孩子会像天使一样可爱；如果教育得不好，孩子也会像魔鬼一样可怕。所以，父母要反思自己。有些父母工作很忙，回家跟孩子说的就是三句话："吃饭了吗？""作业写完了吗？""睡觉！"

一个15岁的女孩子给我写信，说："孙老师，我知道我妈妈很爱我，但是爱得我都想去死，因为她爱得我一点儿自由都没有了！我梳什么发型，背什么书包，跟谁来往，全都是我妈说了算。"很多父母说，孩子不听话，却从未想过，孩子为什么不听话？

一位著名的儿科医生告诉我：对人讲话重复三遍就是折磨。许多父母对孩子讲话，岂止重复三遍？如果把你对孩子说的话用录音机录下来，你会发现你365天说的几乎都是一样的话，孩子能不烦吗？

一家儿童教育中心开了一节"我的幸福"的生活主题课。孩子纷纷发言："老师，我不幸福！"他们说：老师布置的作业特别多，每天很少有时间玩；每天早上要早起床，周末还要学钢琴；爸爸妈妈每天都在外边忙，只有阿姨陪着我……幼儿园的孩子说：妈妈答应给我买冰激凌吃却没有买；爸爸说周末陪我去动物园却没有去；上课老师不让我动，老说我不听话；我喜欢看动画片，奶奶却让我学英语、背唐诗；我不想上学，爸爸妈妈还打我……

对于幸福，孩子们是怎样理解的呢？一个10岁的男孩说："只要平时老师少留点家庭作业，爸爸妈妈不要唠叨，周六、周日可以睡懒觉，放长假的时候到沙滩上去玩儿，我就太幸福了！"8岁的女孩说："我的幸福是买一堆零食在床上吃，和同伴一起玩游戏，看动画片，躺在妈妈的怀里撒娇。"5岁的男孩说："爸爸妈妈总是不要我做这做那的，说这样会弄脏了小手，那样会碰破流血的。我的幸福是自己爱干什么就干什么。"3岁的男孩说："幸福就是搂着。"

怎样建立平等和谐的亲子关系呢？我有一个观点：教育孩子的前提是了解孩子，了解孩子的前提是尊重孩子。

首先，孩子再小也要把他当一个真正的人。不少父母总是在按照自己的意愿来培养孩子，既不了解孩子的身心特点，也不考虑孩子的兴趣爱好，施高压，搞强迫，结果弄得父母与子女关系很紧张。

2013年3月22日下午，我应邀去北京牛栏山一中，出席北京市青少年创新大赛启动仪式。见到中国科学院院士陈佳洱教授的时候，因为我多次见过他的父亲陈伯吹老先生，我问其受父亲影响的情况，他笑呵呵地说："影响很大啊，所以我写过《难忘的游戏》。"

陈佳洱记忆最深刻的是在一个雷雨天，父亲教自己科学知识的场景。那时陈佳洱还小，一天下午突然雷电交加，雷声轰鸣，陈佳洱吓坏了，哭着跑到父亲的书房。

父亲安慰他不要怕，并问他为什么害怕打雷。陈佳洱说：我当然知道了，是雷公公要劈那些不孝之人！"父亲问他："你怎么知道的？"陈佳洱说："是邻居老奶奶给我讲的。"父亲告诉他："不对不对，雷是云层里面带的阴电和阳电中和的结果，比如你这一只手是阴电，另一个手是阳电，两个手一拍就'打雷'了。"

父亲一边说，一边还比画着给陈佳洱看，并拿来一块玻璃板，两边用书垫起来。让陈佳洱的妈妈剪了一些小纸人，放在玻璃板下面，当他用绸布在玻璃板上面摩擦时，陈佳洱看到这些小纸人竟在玻璃板下上上下下地跳起舞来。陈佳洱一下子感受到了科学的神奇魅力，从此更加喜欢钻研科学知识。

著名的儿童文学作家陈伯吹先生一生从事的是儿童文学工作，他非常希望儿子陈佳洱能继承自己的事业。

孩子上中学的时候，陈老不断鼓励他翻译儿童故事，创作儿童小说，期待他能成长为一个作家。但是当陈老发现孩子对科学更感兴趣的时候，他不但积极支持孩子，而且自己也更加重视少儿科学文化的教育和创作。每当有好的科技文艺作品，他都建议孩子去阅读或观看。他会放下自己手头的工作，陪孩子去看电影《发明大王爱迪生》，也会冒着大雨把孩子从寄宿学校接出来，带他去看电影《居里夫人传》。

陈伯吹先生营造的平等和谐的亲子关系，使陈佳洱心中爱科学的种子健康地发芽滋长，逐渐走上科学的道路，后来成为著名的物理学家、北京大学校长，还当选为中国科学院院士。

善于发现孩子的优点是培养良好亲子关系最有效的方法，这不仅有利于建立孩子的自信心，而且会让孩子感受到父母对自己认可和喜爱，感觉到父母对自己的用心。父母眼神里流露出的欣喜可以让孩子感受到温暖，真心对孩子的鼓励，更能拉近孩子与父母心与心的距离。

1964年9月10日，马云出生在浙江杭州的一户普通人家。他从小身材瘦小却爱好打架，还因此缝过13针，挨过处分，父亲为此帮他转过三次学。

母亲不无惋惜地对父亲说："儿子天生不按常理出牌，说教只怕已无用途！"父亲苦笑道："那我就当把铁锹，一天一小铲，尽量挖出他的闪光点，再用闪光点去填埋他的劣根吧！"

从初中到高中，马云其他各科成绩都很平庸，唯有英语，他几乎包揽了大小英语考试的年级第一名。有一天，父亲发现无论他对马云唠叨什么，马云都用学到的英语回敬时，父母没有生气，反而很惊喜。父亲为了发展马云对英语有兴趣，就骑着自行车带马云到西湖边找老外聊天。马云用所学的只言片语与老外们越聊越开心，越聊越过瘾，学习英语越来越带劲了。

因为数学成绩差，马云两次高考落榜后，正是父亲的一次次鼓励，他才重振精神去复读，终于第三次如愿考上了本科，还被调配进入英语专业。进入大学，所学专业正是马云的专长。专业成绩十分优秀，自信心一下子被调动起来了，马云开始积极参加校内外各种社团活动，随后不仅成为学校学生会主席，还成为杭州市学联主席。

毕业后，马云因为英语的优势，被聘为杭州电子工业学院的英语教师，并凭着独到的教学方法而当选1995年杭州市十大杰出青年教师。随后，他作为英语翻译首次访问美国，从而得以接触到因特网。回国后，他很快组建了中国第一批网站，此后又创立了阿里巴巴和淘宝网，成为中国电子商务的开创者。

这些成功的案例告诉我们，平等和谐的亲子关系才能让你真正爱孩子、真正让孩子能得到最适合他的发展。

"非典"期间封闭在家，我特别喜欢读老子的书。老子的《道德经》，充满了智慧。在《道德经》第二章里，老子在论述了美与丑、善与恶等事物对立统一之后说："是以圣人处无为之事，行不言之教，万物作而弗始，生而弗有，为而不恃，功成而弗居。"这段话的意思是："因此，圣人用无为的态度来对待一切问题，实行不言的教导，任凭万物生长而不加以干涉；生养万物而不据为己有；为万物尽了力而不自恃己能；功业成就而不以此自居。也正因为他们不立功自居，因此其功绩就不会失

去。"（陈国庆、张养年注译，下同）

这段话的核心是"处无为之事，行不言之教"，这也是老子首次提出"无为"的概念。必须指出，老子的"无为"之说并非无所作为，而是要按照自然界的无为的规律去做事，像圣人那样，用无为的手段达到有为的目的。

也许可以说，无为的思想用今天的话来讲就是科学发展观。无为就是不强为，不妄为，就是按规律去做。今日教育出现的问题，许多都与违背规律的强为妄为有关。无数个走上歧途甚至绝路的孩子，都是父母或教师太有作为的悲剧作品。因此，今天的父母要总结经验，吸取教训，遵循教育规律，选择好的方法，为孩子健康成长而努力。

最后，我用这样一句话来概括：一个家庭如果不重视习惯的养成，就谈不上家庭教育；一所幼儿园、一所小学、一所中学，如果不重视习惯的养成，就谈不上教育教学。所以说，让我们来很好地读懂"孩子"这本书。我们如果是做一个明智的父母就要不断地学习，与孩子相互学习共同成长，我们会越来越发现，孩子在很多方面可以成为我们的老师，我们会因为孩子的成长而快乐。

**教你一招**

给孩子写信可能是一种具有特殊魅力的交流方式，效果取决于亲子关系的质量。你可以把你想对孩子说的话，用写信的方式写下来，然后把这封信放在你孩子的床头，但是千万不要问他看了没有。坚持下去，你会发现，坚持越久效果越好，因为写信可以从容镇定，可以推心置腹，更可以让孩子静心反思。

# 附录
# 两代人的 25 个好习惯

"家庭是培养习惯的学校，父母是培养习惯的老师"。这是教育家的一句名言。在主持全国教育科学十五规划课题——"少年儿童行为习惯与人格的关系研究中"，为了推广好习惯，我和中国青少年研究中心的专家刘秀英、孙宏艳、陈卫东、张纯颖、弓立新等合作，参照《公民道德建设实施纲要》，设计了两代人的25个好习惯。之所以为成人也提出了培养好习惯的建议，是因为两代人相互学习共同成长才是最佳的选择，父母身教重于言教是最好的教育。

## 一、爱国守法篇（成人部分）

### 热爱祖国，升国旗、奏国歌时自觉肃立
——成人爱国守法好习惯之一

爱国是人们发自内心深处的对祖国的挚爱。热爱祖国是每个公民的神圣职责和义务。对祖国的热爱使人们团结奋进。国旗、国歌和国徽是一个国家的重要标志和象征。热爱祖国就应该热爱自己国家的国旗、国歌和国徽。

鲜艳的五星红旗是我国的国旗，雄壮的《义勇军进行曲》是我国的国歌。五星红旗已成为团结每一个中国人的旗帜，《义勇军进行曲》已成为激励每个炎黄子孙的乐曲。当五星红旗升起的时候，当《义勇军进行曲》奏响的时刻，有多少中国人为之热血澎湃。人们对五星红旗的歌颂表达了对伟大祖国的热爱。就像歌曲中唱的那样："你与太阳一同升起，你

与共和国血脉相连……""五星红旗，我为你骄傲，五星红旗我为你自豪……"热爱国旗、国歌和国徽已经成为人们的一种自觉行为。

然而，在现实社会生活中的某些场合，我们常常能看到一些不太文明的行为。当《义勇军进行曲》奏响的时候，当五星红旗升起的时候，有人不注目行礼，有人在窃窃私语，有人在打闹嬉戏……当然这并不能说，这样的人不爱国。但是，在这样的严肃场合，这样的行为是不合适的。

要杜绝这些不文明现象，我们每个公民都应该养成一种良好的习惯，即：只要不受客观条件限制，当升国旗、奏国歌的时候，应该自觉肃立行礼。为此，建议广大朋友做到：

◇ 举行升国旗、奏国歌或降国旗仪式时自觉肃立行礼。

◇ 唱国歌时，声音洪亮有力，准确流畅。

◇ 爱护国旗、国徽，不把国旗、国徽当玩物。

◇ 发现有人蓄意破坏国旗、国徽，应及时予以制止。

◇ 不用国歌的曲调填写别的歌词或唱别的歌词。

## 关心时事，每天读报看新闻
### ——成人爱国守法好习惯之二

"天下兴亡，匹夫有责"，这是中华民族的优良传统。振兴中华，实现中华民族的伟大复兴是当代每个中国人的历史使命。要建设一个繁荣、富强、民主的社会主义现代化国家，需要每一个人在自己的工作岗位上努力工作，发挥自己的聪明才智。但这并不等于说，每个人只要干好自己的工作，别的事情就可以不关心了。我们还应该时刻关注社会生活中的大事，关心社会热点问题，关注国家的命运和前途……

21世纪是个信息时代，也是一个学习化和全球化的时代，社会各个领域的变化非常迅速，这要求每一个人都必须时刻了解和掌握相关的信息和变化。

为了迎接信息时代的挑战和要求，我们有必要养成每天上网读报看新闻的习惯，及时了解身边发生的重大事情，了解社会生活中的大事，了解国内国际局势，做到"家事、国事、天下事，事事关心"。为此，希望父母和教师带头做到并为孩子做出榜样：

◇ 选择一种适合自己的方式，了解每日重大新闻事件，比如上网、看报、收看《新闻联播》，收听新闻广播等。

◇ 经常参与重要新闻的讨论。

◇ 关心自己所在单位或地方的重大事件。

◇ 积极参与自己所在单位或地方的重要活动。

◇ 积极参政议政，对社会生活的重大事件发表自己的看法。

## 爱护文物，旅游观光不"留名"
### ——成人爱国守法好习惯之三

近年来，旅游观光日益成为人们休闲度假的时尚选择，外出旅游观光也为大家所喜爱。然而，在一些游客中，四处"留名"的不文明现象随处可见。在许多著名景点都能发现大量的"王××"或"李××"或"张××"或"×××""到此一游"等诸如此类的"留名"。这些不文明的行为已经多次被曝光，但是仍然得不到杜绝。在有些人身上这种行为几乎成为一种习惯，凡是每到一处，都要留下自己的姓名，以告喻天下的人，并乐此不疲。这种不良的行为习惯，不仅破坏了景观，而且在一定程度上损害了我们民族的形象。难怪一些外宾在中国旅游观光中，看到这些现象时，总是摇头说："唉，CHINESE（中国人）"。

一些到国外旅游的国人甚至还将这种习惯"出口"，以至于某些外国旅游管理机构不得不树立标牌予以警示。据一些媒体报道，在东南亚的某些国家，一些重要的旅游点，树立有中文警示牌，告诉某些来此旅游的中国客人不要这样，不要那样。有从国外旅游归来的国人，每每谈及此事，总是嗟吁感叹。有人甚至说，一看到这些，就会联想到以往时代侮辱华人的牌子，那种感觉是苦涩的。这种事情发生在今天的某些中国人身上，实在让人难以接受。

作为文明古国和旅游大国的一员，我们应该养成一种好的习惯，即：自觉地保护各种文物古迹、风景名胜和公共设施。为此，希望父母和教师带头做到并为孩子做出榜样：

◇ 不在任何风景名胜地、历史遗迹、公共建筑物上任意涂写乱画、签名留言。

◇ 爱护景区环境，把垃圾放到指定的地方。

◇ 爱护公共设施。

◇ 见到损害文物、古迹、风景和公共设施的不良行为及时予以制止。

## 遵纪守法，主动照章纳税
### ——成人爱国守法好习惯之四

依法治国，是我国的一项重要的治国方略。建设社会主义法治国家，是我国现代化建设的重要目标。要实现这一目标，需要每个社会成员知法守法，用法律来规范自己的行为，不做法律禁止的事情。

在现实生活中，由于利益的驱使或别的原因，一些人不照章纳税的现象比较突出。税收是一个国家财政收入的重要来源。它取之于民，用之于民。因此，依法纳税是每个公民的光荣职责和义务，每个人都应该按照有关规定和自己的实际收入照章纳税。

我们应该成为现代社会的好公民，养成遵纪守法，主动照章纳税的好习惯。为此，希望父母和教师带头做到并为孩子做出榜样：

◇ 主动学习税法及相关法律知识，了解有关规定。

◇ 如实申报个人财产情况，自觉照章纳税。

◇ 依据国家法律的有关规定，按时缴纳个人所得税、车牌税等需要个人办理的各种税款。

◇ 遵守国家法律，遵守财政税收政策和制度。

◇ 清清白白做人，不做法律法规禁止的事情。

## 依法行事，用法律保护自己
### ——成人爱国守法好习惯之五

改革开放以来，许多农民进城务工，为城市建设做出了巨大贡献。在某些地方经常发生打工者合法权益被侵害的事件。由于缺乏必要的法制观念和依法行事的习惯，许多人忍气吞声，不知道拿起法律武器保护自己；一些个别的被侵害者甚至采用以恶制恶的方式，进行报复，结果使自己反而触犯了法律，酿成悲剧。这些做法是令人痛心的。广大务工者应该学会用法律来保护自己。

前不久，南方的某个城市的发生过一起务工者人身权利集体被外企老板侵害的恶性事件。由于该企业外国女老板怀疑员工有偷窃行为，就令人强行对在该企业工作的员工进行集体搜身，并强迫他们集体下跪。事情发生后，在有关部门的帮助下，遭受侵害的员工拿起法律武器，将外企女老板告上了法庭，用法律维护了自身的权益和尊严。

为了保护每个公民，我国制定了许多法律规定，诸如宪法、民法、经济合同法、劳动法、消费者权益保护法等。这些法律，为每个公民保护自己的合法权益，也为维护自我的正当权利，提供了有效的法律武器。

大家在遵纪守法、依法行事的同时，也要学会用法律维护自己的正当权益，养成用法律保护自己的习惯。为此，希望父母和教师带头做到并为孩子做出榜样：

◇ 主动学习和了解经济合同法、劳动法、消费者权益保护法等法律法规知识。

◇ 了解并熟悉我国主要的司法机构。

◇ 在权益遭受侵害时，切勿以恶抗恶，而要冷静思考，及时寻求法律援助和法律保护。

## 爱国守法篇（儿童部分）

### 热爱祖国，升国旗奏国歌时自觉肃立
*——儿童爱国守法好习惯之一*

在一些重要场合和重大的国际比赛中，当五星红旗冉冉升起和奏响嘹亮的国歌的时候，相信每一个中国人都会为之骄傲。但是，我们也常常看到，有些人在这个庄严的时刻，还存在嬉笑打闹或者随意走动的行为，这样的行为显然是不好的习惯，是对国旗、国歌的不尊重。国旗、国歌是一个国家和民族的象征，要做一个合格的中国公民，就要维护国家荣誉，尊敬国旗、国徽，会唱国歌。

因此，少年儿童应该从小养成尊敬国旗国歌的好习惯。具体做法如下：

◇ 升国旗奏国歌时要肃立、脱帽、行注目礼。

◇ 唱国歌要做到精神饱满，声音洪亮，准确流畅。

◇ 听国旗下讲话时要肃静，不要嬉笑玩耍。

◇ 降国旗要和升国旗同样对待，要立正、行注目礼，不随便走动。

◇ 如果你经过某个地方时恰巧遇到了升国旗奏国歌，要和在学校时每个星期升国旗日一样对待。你可以安静地站住，面向国旗行注目礼。

◇ 如果你正经过路口等不安全地带时听过了国歌声或看到了国旗升起，要及时选择安全地带肃立。

### 关心时事，每天看新闻
*——儿童爱国守法好习惯之二*

新闻和时事对我们有什么用吗？表面看来好像没有什么用，它无非是

告诉我们某国发生战争了，某国发生恐怖事件了，中国人大、政协两会召开了，奥运会或世界杯激战开始了等。所以有的少年朋友不爱看新闻，也不关心时事，只要有游戏玩就行；有的父母不鼓励孩子看新闻，觉得那都是浪费时间、管闲事，有时间还不如好好学会儿数学或英语。但是，新闻却告诉我们，世界上正在发生着什么，什么事情是最重要的。这些事件似乎离我们很远，可我们国家、我们生活的城市、我们的学校以及我们个人的许多想法都是在这些大背景下形成的。

一个热爱祖国，关心世界的人，怎能不关心天下的变化呢？所以，作为现代公民，少年朋友应当养成关心时事，每天看新闻的好习惯。关心时事使我们与世界保持联系，了解时事是现代人生活的重要内容。

◇ 每天抽取一些时间看报、看电视、听广播或在网络上了解重要新闻。

◇ 挑出有关的内容和父母、老师、同伴进行讨论。

◇ 分清讯息和信息。讯息是指所有传到我们耳朵里的东西，无论对我们是否有用；而信息则是指对我们有意义的、有用的东西。报纸、电台、电视台、网络等媒介每天都发布大量的新闻，但这些新闻未必都会对我们有用。少年朋友要学会选择，重点了解对自己有意义的时事。

◇ 经常和伙伴或父母交流信息，做到信息共享。

## 爱护文物，旅游观光不"留名"

### ——儿童爱国守法好习惯之三

在内蒙古的呼和浩特市有个五塔寺，建于1727年（清雍正年间），是国家重点文物保护单位。寺里有个著名的"五塔"，塔高16.5米，五个方形小塔端坐于高大的塔身之上，因塔体从上到下共雕刻了1600多尊佛像，所以人们又称它为"千佛塔"。这是祖先留给我们的珍贵的物质遗产和精神遗产。

但是，一些缺少公德的游客却在上面信手涂鸦。塔顶门楼的古墙壁成了游客们的"签到簿"和"留言册"，上面密密麻麻刻满了"到此一游""幸福平安""心想事成"等字样。

这样的"风景"不仅五塔寺有,全国各地的许多旅游景点都可以看到,甚至一些国外的景点也用中文立起了警告的牌子,但此类做法仍然屡禁不止。文物一旦破坏,损失难以弥补,少年朋友应该养成爱护文物、公物的好习惯,每到一地都应自觉爱护文物古迹和景区的花草树木,不在景区、古迹上乱刻乱涂。

◇ 有些景区内有留言簿,如果要留下你对风景区的感想,可以写在指定的留言簿上。

◇ 你还可以把自己的旅游感想写成日记或短文,也可以在微博或博客上面发表。

◇ 可购买旅游地点的纪念品来纪念自己的旅游生活。

◇ 把对家人、朋友、自己的祝福写在明信片上寄出。

◇ 爱护风景区的环境,垃圾不乱丢。

## 遵纪守法,维护网络秩序
### ——儿童爱国守法好习惯之四

某政府的网站以及多家大型企业网站曾多次受到电脑"黑客"的攻击,并造成了巨大的经济损失和很坏的社会影响。当警方接到报案并迅速侦破案件时,惊讶地发现,多次攻击这些网站并删改网页的"网络高手"居然是一个年仅17岁的学生张某。张某因为生病休学在家。孤独的他将电脑作为自己最好的朋友,天天泡在电脑上。在"网上冲浪"中,他访问了有关"黑客"的网站,并产生了浓厚的兴趣,从中下载了一些"黑客"程序。

利用这些"工具"和不低的技术水平,他很快找到了一些设置有漏洞的网站并进入。张某起初还没有恶意破坏这些网站的意思,他给这些存有漏洞的网站留言,告诉他们:"你们的系统有漏洞,请跟我联系。"张某留下了自己的邮箱地址,期待这些网站的管理员们能够重视自己的留言,并及时与自己联系。可是，张某不仅没有收到回信，一些网站还删除了他在网站的留言。张某继续留言、等信，依然没有人理他。他感到很恼火，索性"黑"了这几家把自己的建议不当回事的网站。结果，张某因此而违法。当民警问及张某充当"黑客"的缘由时，张某回答："因为我有病，身体不如别人，学习也耽误了，想在计算机上显示比别人聪明，显示我自己……"

少年儿童要做遵纪守法的公民，就要培养自控能力，不该做的事情绝不去做。

◇ 培养自己的自制能力，遇事情要多想想是否合法再去做。有些少年违法犯罪，事后往往非常后悔，认为自己是一时没有控制住。

◇ 不抱侥幸心理。有的人明知道有些事情是不该做的，心里却想着"就一次"，结果犯了法。

◇ 多学习法律知识，尤其是要了解与一些新事物相关的法律知识，学法才能懂法，懂法才能守法。

## 依法行事，用法律保护自己
### ——儿童爱国守法好习惯之五

刘力是某县中学初中一年级的学生，他曾多次被同校的打架大王张灿拦截。一次，他和几个好朋友说起这件事情，好朋友刘威、徐虎说他们也都挨过张灿的打。几个人越说越气愤，就决定大家一起教训张灿一下。可是怎么教训他呢？他们各有想法：一个说要趁天黑的时候截住张灿，吓唬他一下；一个说要带把刀子好防身用……

夜幕降临了，3个小复仇者带着弹簧刀在路上等着张灿，此时，张灿正一脸凶横地走过来。张灿看见刘力，就说："喂，带钱了没有？给我70块钱！不然……"说着，从背后拿出斧头架在刘力的脖子上。刘威、徐虎一看慌了，忙乱中掏出准备好的弹簧刀向张灿的背部刺去……结果，张灿丧命，3个复仇者也触犯了法律。

事后，刘力、刘威、徐虎都很后悔，他们说自己因为长期受欺压才想到了"以牙还牙"，却没有用法律保护自己的意识。如果能早点养成依照法律行事的好习惯，也不至于酿成今天的大错。

我们生活在法制的社会里，依法行事是每个公民保护自己的重要方法和良好习惯。少年朋友要保护自己，就要多学法，依照法律程序办事。当你遇到不公平事情的时候，要想到用法律来保护自己。

◇ 及时了解与自己生活相关的法律知识，如未成年人保护法、预防未成年人犯罪法、网络管理法、消费者权益保护法、产品质量法等。

◇ 头脑中时刻有法律这根弦。遇事情不要着慌，要想想哪些法律可以保护自己。

◇ 当你的利益被侵犯的时候，请与父母、老师或者律师谈谈，获得他们的帮助。

# 二、敬业奉献篇（成人部分）

## 认真负责，敢于承担责任
### ——成人敬业奉献好习惯之一

每个公民都应该具有主人翁意识和责任感。我们每个人都在社会主义建设事业中发挥着自己的作用。无论我们在什么岗位上，无论我们扮演什么样的社会角色，都需要我们承担一定的责任。领导需要承担领导责任，公安人员负有维护社会治安的责任，医务人员负有治病救人的责任，教师负有教书育人的责任，科学家负有科学研究的责任，艺术工作者有创造优秀艺术作品的责任……社会的正常运行和健康发展，需要每个人都自觉地承担自己相应的责任。责任感和责任心是每个公民应该具备的基本素质。

但是在现实生活中，不负责任的现象还时有发生。有的领导干部玩忽职守，不履行自己的职责，而酿成某些重大的事故，给国家造成重大经济损失；有的执法人员执法不严，对犯罪分子和社会丑恶现象听之任之，而导致社会治安出现某些问题；有的质量检测人员不认真检测产品质量，而让一些不合格产品进入消费市场，使某些消费者因为产品质量问题而遭受意外的伤害；有些文化艺术工作者不负责任创做出一些低级庸俗的作品充斥文化市场，影响青少年的健康成长……

要尽量地消除这些不良社会现象，需要我们每个人具有强烈的责任感和责任心，对自己从事的工作认真负责，养成凡事认真负责，敢于承担责任的习惯。为此，希望父母和教师带头做到并为孩子做出榜样：

◇ 对自己承担的工作认真负责。

◇ 在业务上一丝不苟、精益求精。

◇ 勇敢面对错误和过失，主动承担相应的责任。

## 毅力顽强，每件事情有始终
### ——成人敬业奉献好习惯之二

我们每个人都渴望取得人生的成功，而成功依赖诸多因素。从个人素质看，有毅力，能持之以恒是取得成功的重要因素，尤其在学习和工作上。"水滴石穿，绳锯木断"，"驽马十驾，功在不舍"，这些广为人知的名言警句说的就是这个道理。任何一项重大成功的取得，都需要我们付出辛勤的劳动，坚持不懈。马克思为了研究政治经济学，撰写《资本论》，花了整整30年。他在英国伦敦的时候，几乎每天从早7点到晚7点都在大英图书馆里读书，时间长了，在他的座位下面磨出了两个深深的足印。这种持之以恒，毅力顽强的作风值得我们每个人学习。

事业要取得成功，也需要持之以恒。社会主义建设就像是一场接力赛，需要许多代人的不懈努力和奋斗。广大中青年是社会主义建设事业的生力军，肩负着继往开来的历史重任。这需要我们保持持久的热情和坚定的信心。只要我们一贯地勤奋学习，踏实工作，发挥自己的聪明才智，事业就大有希望。因此，我们每个人应该养成"毅力顽强，做事情有始终"的良好习惯。在此，希望父母和教师带头做到并为孩子做出榜样：

◇ 说话算数，说了就要做。

◇ 自己负责的任何事情都能坚持到底。

◇ 遇到困难和挫折不退缩。

◇ 坚定自己的人生理想和事业追求。

## 热心公益，志愿活动常常做
### ——成人敬业奉献好习惯之三

近些年来，各种形式的志愿活动在我国蓬勃开展起来。热心公益事业，参与志愿者活动的人越来越多。这是社会文明程度提高和国民素质提高的重要标志。公益事业和志愿性活动越来越得到社会的认可，为越来越多的人所熟悉和接受。公益事业和志愿活动的生命力会越来越强。

热心公益事业，参与自愿活动，是现代公民的重要素质。因此，作为现代社会的公民，我们应该养成"热心公益，经常参与自愿活动"的习惯。在此，希望父母和教师带头做到并为孩子做出榜样：

◇ 关心公益事业，乐于助人。

◇ 在自己能力范围内，积极参与自愿活动。

◇ 积极参与社区建设，创建文明社区。

◇ 树立服务意识，为他人提供方便。

## 追求效益，凡事算成本
### ——成人敬业奉献好习惯之四

树立竞争观念和效率意识是市场经济的必然要求。所谓效率简单地说就是投入和产出之间的比率。我们做任何事情都会用去一定的时间和精力，占用一定的资源。谁投入的越少，占用的资源更少，而产出的越多，其效率就越高，在市场竞争中就越会处于有利地位。因此，我们在做事情的时候，应当合理地使用我们的资源，合理分配时间和精力，把成本尽量降低，提高效率。

为了更好地适应市场经济，参与市场竞争，更大地实现自我价值，我们应该养成"追求效益，凡事计算成本"的习惯，提高自己的工作和学习效率。在此，希望父母和教师带头做到并为孩子做出榜样：

◇ 做事情有计划。

◇ 合理安排自己的时间。

◇ 勤于思考，做事讲究方法。

◇ 勇于竞争，实现自我。

## 终身学习，学用结合长本领
### ——成人敬业奉献好习惯之五

"知识就是力量"。英国哲学家培根的这句名言，已为历史发展所证明。但是，就个人而言，知识要成为力量，其必要的前提是学会知识，同时能运用这些知识。否则，知识只能是"死知识"。学习了知识，而不能运用，就是鲁迅先生说的"空头的学问家"。我们应该掌握知识，同时又能灵活地加以运用，做到学用结合，才能提高我们自身的能力，把知识转化成力量。

21世纪是知识经济的时代，是信息经济时代，知识和信息成为经济发展和社会进步的最为重要的推动力量。知识经济时代，必然要求人们终身学习，不断地更新自己的知识结构，提高自己的能力，做到"活到老学到老"。因此，迎接知识经济的挑战，我们有必要养成一种好习惯，即"终身学习，学用结合"的习惯。在此，希望父母和教师带头做到并为孩子做出榜样：

◇ 坚持学习，及时"充电"。

◇ 实事求是，注重调查研究。

◇ 勤于动手动脑，敢于发明创造。

## 敬业奉献篇（儿童部分）

### 责任为重，自己的事情自己做

*——儿童敬业奉献好习惯之一*

小明是个很惹人喜欢的孩子，但一提到小明的生活自理能力和学习，父母和老师都摇头。小明是独生子，从小就生活在比较优越的家庭环境中，缺乏必要的生存锻炼。尽管快12岁了，但大多数应该自己去做的事情他都不愿意去做。甚至有的还不会做。他害怕一个人睡觉，每天起床都得有人叫醒，不敢一个人到外边去玩儿，不会到商店去买自己需要的东西，作业做不了就请家里人代劳，学校组织到离家远的地方活动，总是哭鼻子……

广大小朋友是成长中的小公民，从小就应该树立责任意识，培养责任感，学会自立自理。为此，少年朋友应该从小就养成"自己的事情自己做"的好习惯，不断增强自身的各种能力，成为社会的有用之才。在此，建议同学们坚持做到：

◇ 日常生活不依赖别人。

◇ 在学习上，独立完成作业，独立思考。

◇ 在家里承担力所能及的家务。

◇ 爱护公共财物，见到损害公共财物的现象敢于制止。

### 毅力顽强，做事情有始终

*——儿童敬业奉献好习惯之二*

追求成功是每一位少年朋友都有的梦想。但是，任何成功的取得都需要有毅力、有恒心，把每一件事情从头到尾都做好。因此，小朋友应该从小养成"做事情有始终"的良好习惯，认真做好每一件事情。在此，建议同学们做到：

◇ 遇到生活和学习上的困难不退缩、不逃避。

◇ 做任何一件事情，有恒心，有毅力，不拖沓。

◇ 严格要求自己，在学习上刻苦钻研，积极进取。

## 关心集体，好事常常做
### ——儿童敬业奉献好习惯之三

小松12岁，是小学六年级学生。他是一个老师、父母、邻居、同学都喜欢的人。他不但学习成绩好，而且十分关心集体，经常做好事。邻居的张大爷一提到小松，就赞不绝口。张大爷腿有残疾，家里没人照顾，小松就经常主动搀扶张大爷上下楼，还帮大爷买东西，拿报纸等。在学校，小松经常为大家服务，谁有了困难都会找他。

上次，通过竞选，小松被同学们推选为"学生校长"，协助校长为全校同学服务。在小松的带领下，同学们对学校的卫生、体育设施、食堂等进行了"检查"，发现了许多平时被忽略的问题，为同学们创造了更加优美的学习和生活环境。在小松等一大批同学的带动和影响下，学校出现了大家都主动关心集体，经常做好事的风气。

少年朋友们从小应该学会关心，学会共处，做一个有益于大家的人。为此，少年朋友们应该从小就培养关心集体的意识，养成经常做好事的良好习惯。在此，建议同学们做到：

◇ 关心自己生活的社区，主动做好事。

◇ 热爱自己的班集体，热爱自己的学校，主动为同学服务。

◇ 在同学或朋友遇到困难时，积极伸出援助之手。

## 追求效益，做事情有计划
### ——儿童敬业奉献好习惯之四

小辉做事情磨蹭，父母和老师为此特别头疼。小辉写作业或者看书时，总是精力不集中，东张西望，不是玩弄学习用具，就是找人说话，有时写一行小字要花上半个小时。他自己的书包、书籍、玩具等用品，到处乱扔。他每天的生活总显得乱七八糟，从来不知道自己该做什么，只要有人叫他去玩，他准会一溜烟跑了。因为这个，小辉经常不能按时完成作业，常常受到老师和父母的批评，学习成绩总是上不去。小辉自己也非常苦闷，也想改变自己。

在老师和父母的帮助下，他制订了一份计划，把要做的事情都写上，并规定好在什么时间内完成。他开始按照计划去做。起初一段时间，他非常不适应。在老师和父母的鼓励下，他坚持了下来，时间一长，他就适应了，作业都能按时完成了，学习成绩也逐步提高了。

我们生活在一个充满竞争的社会里，做什么事情都要讲究效率。少年朋友们在成长过程中，要树立效率意识，不断提高自己学习和做事的效率，养成做事情有计划的良好习惯。在此，建议同学们做到：

◇ 每天时间有安排，作息有规律。

◇ 学习有计划，有目标。

◇ 勤于思考，学习讲究方法。

◇ 合理利用课余时间。

## 终身学习，学用结合长本领
### ——儿童敬业奉献好习惯之五

21世纪是一个新知识层出不穷的时代，少年朋友们要成为未来的主人，从小就应该坚持学习各种有用的知识，树立终身学习的观念，养成学用结合的良好习惯。在此，建议同学们做到：

◇ 自觉学习，博览群书，持之以恒。

◇ 积极参与社会实践活动。

◇ 把课堂上学到的知识用到日常生活中。

◇ 学会用多种方法收集和整理知识。

# 三、明礼诚信篇（成人部分）

## 礼貌待人，与人见面先问好

——成人明礼诚信好习惯之一

当我们走出家门，我们会遇见各种人。有的是同学、同事，有些是邻居、朋友。那么，与人见面后应该如何打招呼呢？有的人会点点头、笑一笑；也有的人会问一句："吃了吗？"或是："去哪里？"等。随着文明程度的普及和加强，也有越来越多的人见面后会说声："你好。"这正是每个人都应该具备的良好习惯。如果每个人都能做到这一点，那就有助于形成良好的人际关系和氛围，使我们的生活变得轻松和美好。

希望父母和教师带头做到并为孩子做出榜样：

◇ 在一天当中如果首次与相识的人见面，要主动问声："你好。"对长辈或是师长要用尊称，主动问声："您好。"如果是在清晨见到别人，也可以问候一句："早晨好。"或是"你早。"

◇ 如果初次到达某个地方、某个单位，与某些人初次相识时，一定要用"你好"或"您好"进行最初的问候，这是在与人交往过程中必不可少的礼节。

◇ 在问候对方时，要面带微笑，眼睛注视对方。这样才会显示出自己的诚意。避免嘴上在问候对方，而眼睛看着别处，或是面无笑容，表情漠然，这样会给人一种毫无诚意，漫不经心的感觉。

## 文明赛场　加油鼓励不骂人
### ——成人明礼诚信好习惯之二

观看各项体育赛事是一种很好的休闲方式，但如果观众缺乏修养，出现不文明的语言和行为，那么体育赛事本身也就会大大失去它的魅力。因此，做一个文明的观众，是对我们每一个人的最基本的要求。

观看体育赛事时，希望父母和教师带头做到并为孩子做出榜样：

◇ 热情地为双方运动员加油。可以给予自己喜爱的球队或球员以更多的欢呼和掌声，但也要给对方球队、球员以礼貌的致意。

◇ 当对方球队、球员出场时，不能发出嘲笑的声音或是喝倒彩。

◇ 当裁判出现错判、漏判时，球迷要杜绝起哄或谩骂。要相信比赛的组织者会有公平的判决。

◇ 比赛结束后，要用热情的掌声欢送双方运动员。无论自己支持的球队、球员是输是赢，都要理智对待。不要因过度兴奋或失望而对对方运动员进行谩骂和人身攻击。

## 实事求是　说到做到
### ——成人明礼诚信好习惯之三

据权威人士透露：我国每年因为不诚信造成经济损失巨大。其中包括逃废债务、合同欺诈、产品质量低劣、制假售假、"三角债"和现款交易等几个方面。由此可见，诚信缺失已成为企业发展的巨大障碍。

其实，不仅是在经济领域有缺乏诚信的现象存在，在其他领域也有类似的情况。在经济领域直接可以看到的是经济损失，那么在其他领域带给人的更多是对心灵的侵蚀，是对固有的道德观念的冲击。我国几千年的文明史中，诚信始终是被推崇的。"言必信，行必果""一诺千金"是对这一美德的高度概括。我们应该继承这样的优秀品质。因此，希望父母和教师带头做到并为孩子做出榜样：

◇ 在对别人做出承诺之前，要考虑周全，权衡自己是否具备履行诺言的能力。如果能力有限，承诺实施起来有困难，就不要轻易答应别人的要求或许诺别人。

◇ 一旦考虑周全，就要遵守承诺，言而有信。凡是自己答应做的事情，就要认真去做。如果签订了合约，就必须严格履行合约条款。

◇ 有时承诺对方的可能是一件很小的事情，也要认真去做，不能认为小事情忽略了没关系，因为人的文明程度是体现在方方面面的。

◇ 如果已经答应了的事情确实因不可抗拒的因素不能兑现，那么就要想方设法尽早知会对方，并用诚挚的态度向对方表示歉意，以得到对方的谅解。

## 珍爱生命　保护动植物
——成人明礼诚信好习惯之四

2002年1月29日和2月23日，清华大学电机系大四学生刘海洋用火碱和硫酸烧伤了北京动物园的5只黑熊。事件曝光后，在整个社会引起了轩然大波。很多人难以置信，一个高等学府的大学生竟然不懂得保护动物，不懂得动物的生命是同人类一样珍贵的。由此可见，具备保护动植物的好习惯是很重要的。

动植物的每一个物种，同人类一样，都是大自然经过长期的选择而孕育的，不论大小美丑，高级或低级，都是平等的。人类不能离开它们而在地球上独立生存，人与自然界的一切有着千丝万缕的联系。如果这些动植物一一从地球上灭绝了，人类也必然无法生存。因此，保护动植物也是保护我们人类自己。

要养成保护动植物的好习惯，希望父母和教师带头做到并为孩子做出榜样：

◇ 要有保护动植物的意识，真正认识到人类、动物、植物在大自然面前是平等的。

◇ 在动物园游玩时，不给动物乱投乱喂。在公园、绿地休息、娱乐时，不乱折花草树木，不用树木做练功的木桩。

◇ 在饭店吃饭时，不点、不吃国家级保护动物饭菜。

◇ 在国家自然保护区内旅游或考察时，严格遵守保护区的各项规定。

◇ 在公园、绿地和封山育林的地区，不吸烟、不野炊。

◇ 发现有受伤的动物时，要及时同当地动物保护机构取得联系。

◇ 发现有破坏树木、虐待动物的行为时，要敢于制止，或是报告有关部门。

## 遵守规则，乘滚梯靠右行
### ——成人明礼诚信好习惯之五

现在的商场、地铁、火车站等很多地方都安装了滚梯。因为有些人不太了解乘坐滚梯的规矩，所以会出现这样的情况：乘坐滚梯的人两两地并肩站着，站在后边的人如果谁遇到点急事或是怕上班迟到，想要加快脚步，就是不可能的事了。

为适应建设现代化国际大都市要求和实现创建文明行业，建设首都文明长廊的目标，借鉴外国的先进服务理念和管理做法，北京市全面展开了"文明乘梯，靠右站立，左侧急行，方便他人"的精神文明创新实践活动。

希望父母和教师带头做到并为孩子做出榜样：

◇ 有秩序地上下滚梯，不拥不抢。

◇ 在不需要急行时，一定要靠右站立。有的滚梯用黄线划分出了不同的区域，而有的没有划分。在没有划分的滚梯上，也要遵循靠右站立的原则。

◇ 与亲朋共同乘坐滚梯时，要前后站立，不要并肩而立。

◇ 如果需要赶时间，要会利用急行通道，迅速上下，不妨碍别人。

## 明礼诚信篇（儿童部分）

### 礼貌待人，与人见面先问好

——儿童明礼诚信好习惯之一

同学们每天早上去上学，在学校门口看到值勤的老师或学生，都会问："老师好！"或"早晨好！"这确实是一种很好的做法。但有些孩子到了教室看见同班同学的时候，就不再向同学问好了。主动向别人问声好，这样礼节才会更周全一些。在别人眼里，你也会是一个懂礼仪、明事理的好少年。

◇ 在一天当中如果首次与相识的人见面，要主动问声："你好。"对长辈或是师长要用尊称，主动问声："您好。"如果是在清晨见到别人，也可以问候一句："早晨好。"或是"你早。"

◇ 如果与新的小伙伴初次相识时，一定要用"你好"进行最初的问候，这是在与人交往过程中必不可少的礼节。

◇ 在问候对方时，要面带微笑，眼睛注视对方。这样才会显示出自己的诚意。避免嘴上在问候对方，而眼睛看着别处，或是面无笑容，表情漠然，这样会给人一种毫无诚意，漫不经心的感觉。

### 文明赛场　加油鼓励不骂人

——儿童明礼诚信好习惯之二

现在，有越来越多的少年朋友喜欢上了观看体育赛事，他们有自己喜

231

欢的体育项目，有喜爱的球队或球星。这是一项很好的课余爱好，它会使我们的生活更加丰富多彩，但首先要做一个文明的小观众。

具体要做到以下几点：

◇ 应热情地为双方运动员加油。可以给予自己喜爱的球队或球员以更多的欢呼和掌声，但也要给对方球队、球员以礼貌的致意。

◇ 当对方球队、球员出场时，不能发出嘲笑的声音或是喝倒彩。

◇ 当裁判出现错判、漏判时，球迷要杜绝起哄或谩骂。要相信比赛的组织者会有公平的判决。

◇ 比赛结束后，要用热情的掌声欢送双方运动员。无论自己支持的球队、球员是输是赢，都要理智对待。不要因过度兴奋或失望而对对方运动员进行谩骂和人身攻击。

◇ 当自己的同学或是亲戚朋友有谩骂等不文明行为时，要进行说服、劝阻。

## 实事求是　说到做到
### ——儿童明礼诚信好习惯之三

11岁的小华在学校各方面的表现还都不错，但他在同学中的人缘并不太好。当老师在课上要求同学们自由组合完成某些课堂练习时，常常没有人愿意和他合作。经过认真的了解，老师明白了其中的原因。原来小华有一个很不好的习惯：说话不算数。比如，他有一套新的漫画书，在学校他就会兴奋地告诉大家并讲述这套书是如何如何好。有的同学就问是否可以借来看一看，小华很爽快地就答应了。但回家以后，他越想越觉得舍不得，怕同学们把书看旧了，就不想外借了。同学们一问他漫画书的事，他就找理由不借。慢慢大家也就不找他借了。类似的事情还有很多次，他都是开始答应得很好，过后又后悔。大家知道他有这个习惯后，就对他有些疏远了。通过这个例子，我们可以看出：一个人如果经常说话不算数，就有可能成为一个不受大家欢迎的人。因此，少年儿童从小就要养成实事求是、说到做到的好习惯。

具体做法如下：

◇ 首先，在答应别人的要求之前认真想一想，看看自己是否有能力、是否愿意满足对方的要求。如果认为自己的条件还不具备，就不要轻易答应对方。

◇ 凡是自己已经答应做的事情，就要认真去做。有时因为考虑问题不周全，可能会遇到困难，那也不要轻易放弃，可寻求成年人或同伴的帮助，把事情做好。

◇ 有时承诺对方的可能是一件很小的事情，也要认真去做，不能认为小事情忽略了没关系，因为人的文明程度是体现在方方面面的。

◇ 如果已经答应了的事情确实难以完成，也不要找种种借口加以逃脱。应该向对方说明缘由，用诚挚的态度向对方表示歉意，在今后尽量避免类似的情况出现。

### 珍爱生命　保护动植物
——儿童明礼诚信好习惯之四

2002年6月13日，福建省霞浦县一位叫陈世和的村民在海边放置的渔网内发现并捕捉了一只巨大的海龟。这只海龟长约1.3米、宽约0.8米、重90公斤。据当地的老人讲，以前从未见过如此大的海龟。当日下午1时许，这只巨龟被放归大海。

现在，保护环境，保护动植物的观念逐渐深入人心。这说明了人们的文明意识在增强。我们认识到：只有与自然中的动植物平等、和谐相处，我们的地球才会更美丽，我们的生活才会更美好。少年朋友在这方面应做到以下几点：

◇ 在动物园游玩时，不给动物乱投乱喂。在公园、绿地休息、娱乐时，不乱折花草树木，不用树木做练功的木桩。

◇ 不在鸟市买鸟饲养或放生，不给捕鸟和贩鸟者有利可图的机会。

◇ 在公园、绿地和封山育林的地区，不玩火、不野炊。

◇ 发现有受伤的动物时，要及时同当地动物保护机构取得联系。

◇ 发现有破坏树木、虐待动物的行为时，要报告有关部门。

## 遵守规则，乘滚梯靠右行
### ——儿童明礼诚信好习惯之五

北京地铁进出站的上下扶梯上画出了一道黄线，分出了急行及站立两个区。那么，为什么要划分出两个区呢？那是因为现在地铁的客流量在不断增大，为了加快疏通客流，地铁公司效仿国外的做法，在扶梯上分出两个区域，不赶时间的人站在站立区，按正常速度上下滚梯。让有事的人在急行区可以先走一步。

其实，不仅是在地铁里，在火车站和很多大商场里也有滚梯。少年朋友们要懂得一些乘滚梯的规矩。可以从以下几个方面注意：

◇ 有秩序地上下滚梯，不拥不抢。在滚梯上不要打闹。

◇ 在不需要急行时，一定要靠右站立。有的滚梯用黄线划分出了不同的区域，而有的没有划分。在没有划分的滚梯上，也要遵循靠右站立的原则。

◇ 与同学共同乘坐滚梯时，不论有多少个人，只要是没有急事，就要前后纵向站立，不要并肩而立。

◇ 如果需要赶时间，要会利用急行通道，迅速上下，不妨碍别人。

◇ 有的孩子喜欢在滚梯跑上跑下，这样做一是危险；二是可能会妨碍别人。因此，这种现象要避免。

# 四、团结友善篇（成人部分）

## 善于合作，在互惠中求"双赢"
### ——成人团结友善好习惯之一

随着科技的发展，我们所居住的这个世界似乎变得越来越小，人与人之间的相互依存性也越来越强。无论我们做什么事情，处于什么样的位置，会不会与他人合作，都是决定一个人能否立足于社会、能否事业成功的一个很重要的因素。

著名的心理学家荣格曾提出了一个心理学公式，这就是I+WE=fully I，意思是说，一个人只有把自己融入集体中，才能充分地体现出自己的个人的价值。一个人的力量是微弱的，在现代社会自我封闭、单打独斗、凡事只考虑"我"的人，只能品尝失败的滋味。因为就像一个人无法抓住自己的头发离开地球一样，一个人也无法独立于社会之外。况且离开了他人，我们自己也无法取得成功。一个人要想成功，就必须克服"麻将心理"，即"看住上家，防住下家，自己和不了，也不让别人和"的心理，而要培养自己你好我才能好，我好了你也会更好的"双赢"行为模式。

希望父母和教师带头做到并为孩子做出榜样：

◇ 每做一件事情，要考虑此事是否会对别人有利，因为只有对别人有利，才能调动他们的积极性。

◇ 用你希望别人如何对待自己的方式去对待别人。

◇ 积极征询合作者的意愿、需要及想法。

◇ 学会换位思考，凡事试着从合作者的角度出发去考虑一下问题。

◇ 承认差异并且尊重差异。不要强求合作者完全与自己相同，这是不可能的也是无意义的，因为只有从不同中，我们才能有所吸收；不必要求合作者是十全十美的，每个人都有短处，就如同兔子跑步如飞，但是对游泳却一筹莫展一样，正因为如此，我们才有合作的必要。

## 学会商量，有话好好说

——成人团结友善好习惯之二

"说话"是我们与人沟通的一种最重要的方式。如何表达才能让别人能够理解我们，实现良好的沟通，不给沟通造成障碍呢？养成良好的说话习惯是非常重要的。

《礼记》有言："恶言不出于口，忿言不反于身。"其意思是不对别人说难听刺耳的话，愤怒无礼的语言就不会回到你的身上。在日常的言谈中，不能因为我们所说的内容是正确的，或者因为我们的目的是善良的，就认为怎么说都可以。在我们与人相处时，最容易让他人接受的，并不是一个人的知识或见识，也不是你的目的，而是良好的态度。说话是为了让别人听，是为了说服别人，所以有话好好说的习惯，会让我们在不改变原则的前提下，把问题解决得更好。

希望父母和教师带头做到并为孩子做出榜样：

◇ 说话要注意场合。

◇ 说话要慢，要说清楚，要知道自己在说什么。

◇ 说话的态度要诚恳。

◇ 不要喋喋不休地自说自话，要给对方说话的机会，因为只有对方表达出了自己的想法，你才能知道你该说些什么。

◇ 要肯定对方的话是有道理的，如果有不同的意见，在表达时也要用"也许你是对的，但是"的句式。

## 尊重隐私，见面不必查"户口"

——成人团结友善好习惯之三

隐私一般是指那些不愿意告诉别人的或不愿意公开的个人私事，包括个人情感、日记、个人的特殊经历、婚姻状况、个人信仰、投资状况、收入状况、健康状况等。每个人都有一些特定的不愿意让人知道的个人隐私，这是个人的权利。一般来说，只要不对社会或他人构成伤害，就应该得到尊重。

隐私保护在我国的法律中有明确的规定，但是在许多人的意识中却还不是很清楚。尊重隐私是社会进步的表现，是社会文明的象征。

希望父母和教师带头做到并为孩子做出榜样：

◇ 见面以"你好"这句问候语代替"吃了吗""干吗去"等探询性的语言。

◇ 与人相处，不问对方年龄、收入、婚恋、学历、住址、籍贯、宗教信仰、正在忙什么等问题。

◇ 有保护自己个人隐私的意识，不随便向别人吐露自己的隐私。

◇ 尊重隐私权从自己身边做起，如恋人之间、夫妻之间、亲子之间都要尊重隐私，不私拆他们的信件，有电话找他们也不要刨根问底。

## 孝敬父母，常回家看看
### ——成人团结友善好习惯之四

孝敬父母是中华民族的传统美德。这一美德并不因时代的发展而失去意义，因为亲情是一个人善心、爱心、良心的综合体现，是做人的本分。

孝敬父母，首先要在物质上承担对父母的赡养的义务。从法理上讲，子女对父母尽赡养的义务是有法可依的；从情理上讲，父母养了我们的小，我们就要养父母的老。孝敬父母不是每月给点生活费就行了，还要尽心尽力地去满足父母精神生活、情感方面的需求。正像有首歌中唱道的"常回家看看，回家看看，哪怕帮妈妈捶捶后背揉揉肩"。

希望父母和教师带头做到并为孩子做出榜样：

◇ 如果与父母居住在同一个城市，每个星期回家看一看，和父母团聚一下，看看父母有些什么力不从心的事需要做。如果实在没有时间，要经常打电话问候一下。一些传统的节日尽量和父母一起过。

◇ 如果经济条件许可，利用假期带父母出去旅游。

◇ 与父母团聚的日子不要只是在父母那儿大吃一顿，给父母留下一个烂摊子就走了，应该把做饭的任务承担下来，至少要和父母一起下厨房，吃过饭，要帮父母收拾干净了再走。

◇ 吃饭时要让老人坐在上席，由老人先动筷子。

## 利人利己，用过的东西放回原处
### ——成人团结友善好习惯之五

做事有几种境界——损人利己、利人利己、损己利人。损人利己社会不容，也不能长久；损己利人的要求有点高，长期如此做，也会让人感到压抑；利人利己，为自己着想，同时也不忘他人的利益，谋求两全其美之策，使人乐于合作，这是最恰当的做事方式。在我们有些人的观念中，总以为利他的事情就肯定是要损害自己的利益，就得自己牺牲一些什么，其实这是一种误解，有给予就必然有获得，这是规律。所谓与人方便，自己方便，讲的也就是这个理。

希望父母和教师带头做到并为孩子做出榜样：

◇ 超市购物，购货车、筐用后要放回到指定的地点。

◇ 在图书馆里看书，看过后要放回原处；到书店购书，抽出来看又不买的书，也要插回原处。

◇ 在办公室，用过的东西要放回原处。

◇ 做事要想到不给别人添麻烦。

◇ 不做破坏别人劳动成果的事。

## 团结友善篇（儿童部分）

### 善于合作，共同进步
——儿童团结友善好习惯之一

当问到"什么是你们最苦恼的问题"的时候，许多同学回答是与同伴的关系。这并不让人感到惊讶，因为这是情理之中的事情。

人活在这个世界上，就要与人共处。学会处理人与人之间的关系，可以说是我们一生的课题，它有很多需要学习的内容，也有很多的技巧。但是，人与人之间的关系，归结到一句话，就是一种相互依存的合作关系。你所做的每件事情，都需要别人的合作。你是众人中的一分子。你吃的粮食是别人种的；你穿的衣服是别人做的；你上学要坐车，要走平坦的路，要读书，要坐椅子，这些都是别人劳动的成果。所以，我们做任何事情，都不要忘记别人的存在，都要想到别人。作为一个学生，我们所要做的，就是要团结同学，与同学共同进步。

在同学当中，我们每个人的情况都不太一样，有的同学可能数学学得好，有的同学可能语文学得比较轻松，而有的同学可能手特别巧，手工做得好。小朋友们需要做的，就是要用自己的所长去帮助别人。有的同学可能会认为，如果我帮助了别人，那他的学习好了，不就超过我了吗？有这样的可能。但是你帮助了别人，别人才可能帮助你，你在别人的所长上也可能进步呀。而且如果你的数学是全班第一的话，别人总是超不过你，你也就没有了危机感，你也就不能再往前走一步，你的成绩实际上就并没有提高。如果全班同学的成绩都提高了，你也才能取得更大的进步。做任何事情其实都是如此。

建议同学们做到：

◇ 做任何事情都要想到他人的存在，时刻想到与别人合作。

◇ 时刻记住自己是班集体中的一员。

◇ 学会原谅他人的过失。

◇ 学会发现他人的优点。

## 学会商量，有话好好说
### ——儿童团结友善好习惯之二

孟可有个烦恼，就是她跟妈妈沟通起来有困难。每次她刚一说什么，立刻就被妈妈否了，往往以不欢而散告终，弄得孟可现在有什么话都不愿和妈妈说了。但是有些事不说又不行，让孟可很伤脑筋。

有此类苦恼的恐怕有很多同学。我们说话就是为了让人听的，或是为了倾诉我们自己，或是为了说服别人。要达到这样的目的，就要好好说。比如孟可跟妈妈沟通不好，有妈妈的责任，也有孟可的不妥。比如那天孟可跟同学约好了星期六要一起去郊游，星期五的晚上妈妈跟她说星期六要去奶奶家，孟可说：我不去，我要和同学出去玩。于是妈妈就和孟可有了一番言语冲突，结果是孟可没去郊游也没去奶奶家。

在生活中，这样的事情很多，我们要学会商量，通过商量来解决问题。如果孟可跟妈妈说：真对不起妈妈，我不知道您有这个安排。我已经跟同学约好了去郊游了。我们难得有时间一起出去玩一次。奶奶家是不是可以换个时间再去，或者这个星期你和爸爸先去，下个星期，我自己再去看她。这样说的话，也许孟可的妈妈会考虑女儿的建议。

建议同学们做到：

◇ 凡事要学会商量，通过协商解决问题。

◇ 说话的时候眼睛要看着对方。

◇ 说话要慢，要说清楚。

◇ 说话多用商量的口气，比如"你觉得呢？""难道不是吗？"

◇ 说话要留有余地，多用"也许""是否"这样的词汇。

◇ 不要没完没了地自说自话，要给对方说话的机会。

◇ 要肯定对方的话是有道理的，如果有不同的意见，在表达时也要用"也许你是对的，但是"的句式。

◇ 不要说伤人的话，要给别人留有余地。

## 尊重隐私，别人的东西不乱动
### ——儿童团结友爱好习惯之三

王伟曾经历过这么一件事，让他很是苦恼了一阵子。李毅是他的同桌。那天李毅上学来的时候，带来了一支有很多功能的笔，让班里的同学很是羡慕。李毅说是他爸爸从国外带回来的。

放学的时候，李毅被老师叫去说事去了，王伟想起了那支笔，想到爸爸最近也要出国，他就想让爸爸看一下，照着样子给他买一支。于是王伟就把笔拿走了。李毅回到教室，发现自己的宝贝笔不见了，就告诉了老师。

第二天，一上课，老师就说了这件事。老师说得很策略，只说是谁因为太喜欢没有玩够忘记还给李毅了，请下课的时候还给他。王伟本想举手解释一下，但是不巧的是，那天因为上学走得匆忙，他又忘记把笔带回来了。他觉得自己有点说不清楚了。虽然后来他私下里把笔还给了李毅，李毅也没说什么，但是王伟还是觉得这件事挺别扭的。

王伟同学的问题就出在觉得好朋友的东西就像自己的一样，可以不经过朋友的允许随便动。其实再要好的朋友也是两个人，每个人都有自己独自的权利，不能混为一体。

建议同学们做到：

◇ 在学校，不乱拿同学的东西。

◇ 去别人家玩，不乱翻别人家里的东西。

◇ 去老师的办公室不乱动老师办公桌上的东西。

◇ 进父母的房间要敲门。

◇ 知道了同学的小秘密要给同学保密，不乱传。

◇ 学会保护自己的隐私，自己家的电话号码、父母的工作单位、姓名、家里的收入情况都不要随便和别人说。如果你知道同学的一些类似的信息，也不要告诉别人。

## 尊敬长辈，对长辈说话要用敬语

### ——儿童团结友善好习惯之四

关风是一个报社的小记者，他热爱学习，尤其喜欢作文。他的理想是长大了要做一个记者，写很多漂亮的文章。一次采访中发生的事，让他认识到，要实现理想，他还要注意学习很多东西。

那天他去采访的是一个老科学家。关风很崇拜这个科学家爷爷，在采访之前，他也做了很多的准备工作。但是那天的采访效果非常不好。他问问题的时候，科学家爷爷有时会皱一下眉，虽然问题也做了回答，但是这让关风很是紧张，不知道有什么不对。

采访结束后，同去的同学对关风说，你对爷爷说话为什么也用"你"呀，我看爷爷好像有点不习惯这么称呼他。关风才明白问题出在哪儿。因为在家里，他对爸爸妈妈说话都称呼"你"，他已经习惯了，所以今天也没有注意这个问题。

建议同学们做到：

◇ 与长辈说话要用"您"。

◇ 外出或回到家要与长辈打招呼。

◇ 父母下班回家要主动递接物品，并问候父母。

◇ 向长辈递送物品要起立用双手呈上。

◇ 吃饭的时候要请长辈先就座。

◇ 家里来了客人要主动问好。

### 利人利己，用过的东西要放回原处

——儿童团结友善好习惯之五

张青的爸爸妈妈都在公司里上班，平常没有时间购物，所以一般星期天，他们会去超市，把一周吃的用的东西买回来。每次买完东西结了账，妈妈都会把购物车或购物筐放到指定的地方。看到有的人把车子、筐顺手就扔下了，张青有时也觉得妈妈有点没必要。

有一次，张青把这个想法跟妈妈说了。妈妈说，其实我们这样做，并没费多少事，而且也是为了方便自己。你想，如果我们都把车子顺手一扔，路走起来就会很不方便，我们来购物的时候，还要到处去找车子，也不方便。超市可以安排人来做这件事情，但是一方面他们可能做不过来；另一方面，做这样的事情的人多了，超市的成本就会增加，东西也就会贵一些了。我们顺手把它放回去了，并没费什么事，方便了自己，又方便了别人，这样的事，我们为什么不做呢？张青的妈妈说得很对。在生活当中，还有很多类似的事情。

建议同学们做到：

◇ 做事要想到不给别人添麻烦。
◇ 不做破坏别人劳动成果的事。
◇ 在家里、学校里用过的东西要放回原处。
◇ 在图书室看书，看过的书要放回原处。
◇ 在超市购物，要把购物车、筐放到指定处。

## 五、勤俭自强篇（成人部分）

### 注重健康，天天锻炼身体

——成人勤俭自强好习惯之一

我们每天都在为学习和工作忙碌着，不知不觉中，健康受到了损失。

王强在一家网站工作，他知道自己面临的挑战是非常严峻的。王强丝毫不敢松懈，除了上班，他还自己进修英语和网络技术。可是近来，他总感到头疼，精力不容易集中，工作效率也大受影响。医生说他并没有生病，建议他多锻炼身体。王强认识到健康是一切的前提，而运动保健也是取得健康最为简便易行，最为有效和最经济的手段。于是，他开始了自己的锻炼计划。

专家指出，健身运动不仅锻炼身体、健身防病，而且还能提高修养、陶冶情操。精神气质与强健的体魄应是和谐一致的，这样才能跳出自我的小圈子，成为一个与自然、与社会与他人和谐相处的人。那么如何形成天天锻炼的好习惯呢？

希望父母和教师带头做到并为孩子做出榜样：

◇ 把握适时有度，循序渐进的原则。每个人的体质状况不一样，开始时可以从运动量小的项目开始，比如慢跑、快走等。

◇ 持之以恒，坚持不懈。健身活动有其规律，必须持之以恒才能达到健身的作用。人体是不断变化的生命体，生命活动状态在随周围环境以及生活方式的变化而不断改变和适应。如初期运动强度不大的时候就已经出现缺氧、乏力、四肢酸胀等反应，如果坚持一段时间，机体对于运动的刺激产生了适应，并且机体的功能得到提高，上述现象就会消失。但如果不坚持训练，改善的功能就会随时间而退缩，以适应缺乏锻炼的生活状态。这样，不但前一段锻炼的成果丧失，而且还会导致体重进一步增加，身体状况进一步退化，带来一系列健康问题。

◇ 有些人平时工作繁忙，总找不出时间锻炼身体。其实锻炼不一定非要安排一整段时间，只要把时间化整为零，合理安排，一样可以获得锻炼效果，增进健康。比如，每天坚持爬楼梯，无论到哪，尽可能舍弃乘电梯的便利。这样做并不会花费过多的时间，倒能达到很好的锻炼效果。

## 乐观豁达　碰到事情积极选择
——成人勤俭自强好习惯之二

有一位女士叫塞尔玛，她随丈夫去从军。

没想到，那里是沙漠地带，气温很高，住的是铁皮房子，与周围的印第安人、墨西哥人语言不通。因此她整天愁眉不展，度日如年。她只好写信给父母。父母既没有安慰她，也没说叫她赶快回去，上面只有三行字："两个人从监狱的铁窗往外看，一个看到的是地上的泥土，另一个看到的却是天上的星星。"塞尔玛反复看，终于明白了父母的苦心，原来父母是希望她不要总是消极地看问题。

于是，她开始主动和那些印第安人、墨西哥人交朋友，结果使她十分惊喜，因为她发现他们都十分好客、热情；她又开始研究沙漠里的仙人掌，并做了详细观察笔记。这时，她惊奇地发现那些仙人掌千姿百态，使人沉醉着迷；她欣赏沙漠的落日，感受沙漠里的海市蜃楼。经过这样的改变，塞尔玛发现周围的一切都变了，变得使她每天都仿佛沐浴在春光里。

这是为什么呢？周围的环境并没有改变，而是她的内心发生了改变。过去，她习惯选择消极的一面，现在她习惯选择积极的一面去看问题。积极的心态、积极的选择对每个人来说都非常重要。在生活中，我们要养成乐观豁达的精神，碰到事情积极选择。

希望父母和教师带头做到并为孩子做出榜样：

◇ 明白任何事情都有两面——积极的和消极的。每个人也都有长处和短处。因此，遇到问题，都会有两种不同的选择。不要用固定的眼光看待一切。

◇ 遇到失败时，多从自己身上找原因，发现自己应当承担的责任。因为人们遇到不顺心的事情时，越是抱怨别人或者其他的因素，会越是感到不平。只有找出自己应负的责任，人才可以有理智清醒的头脑，才能再为自己决定新的生活方向。

◇ 面对现实。"事已至此，愁也没用"，是许多人都用过的面对现实的态度，它可以使人冷静下来，做些必须要做的事情，避免情绪进一步恶化。同时在危机中找机遇，如全面地分析形势，看事情还有没有转机，有哪些出路可走，能否另辟蹊径等。

◇ 适当地宣泄和化解挫折导致的不良情绪，如外出旅游，换一下环境，或走亲访友，与朋友谈心、向朋友倾诉等。俗话说："当局者迷，旁观者清。"向朋友倾诉，不仅可以减轻心理压力，还有助于找到解决问题的好办法。

## 讲究清洁　干干净净每一天
### ——成人勤俭自强好习惯之三

现代社会中，人际交往日益频繁。具备良好的卫生习惯，每天保持整洁的仪表可以让你在生活和工作中获得更好的评价。作为成人，对于每天刷牙洗脸这样的基本常识，自然不必多言。然而，要想真正成为卫生文明的现代人，你也许要了解得再多一些。

希望父母和教师带头做到并为孩子做出榜样：

◇ 经常洗头。过去人们存在"勤洗发会影响发质"的错误认识，据有关专家的最新研究结果表明，每个人应根据不同的发质，养成每星期洗头4次到7次的健康卫生习惯。因为我们每天多少都会受到来自外部环境的污染和侵害，头发与皮肤一样不能幸免。如果头发不能及时得到清洗，不仅会使头发产生异味，还会堵塞毛囊，产生真菌、头屑、断裂的现象，并且使头发极易受到紫外线的辐射。为此，中国健康教育协会还掀起了一场"天天洗头"公益活动，在全国推广这种健康生活新时尚。

◇ 注重牙齿健康。不仅早晚要刷牙，每次饭后都要刷牙。包中最好携带牙具。试想，午餐后要会见重要的客户，牙齿中塞有食物的残渣，是不礼貌的。此外，还要定期到医院洗牙。因为，吃各种食物在牙面上留下痕迹，经细菌作用形成牙斑，单靠每天早晚刷牙是难以清除干净的，久而久之就形成了牙石、色素等顽固的牙垢。而"洗牙"医学术语称为"洁治"，是牙科医生用现代物理化学方法去掉牙面的细菌、牙石、色素等牙垢。在发达国家，洗牙已成为很普及的常规口腔保健，人们每年一至两次定期找自己的牙医去洗牙。

◇ 乘车也要讲究个人卫生。在乘坐公交车时，应当注意避免皮肤接触有可能污染的车厢设备；在乘坐空调车时，最好能偶尔开窗透气，如果车窗封闭，尽可能选择靠近车门处；经常乘坐公交车，可随身携带一些消毒纸巾，以便在不可避免要抓把手时，将手擦洗干净；不要坐别人的"热"凳子；乘完车后要用洗手液洗手，至少用10秒时间洗擦手指。

◇ 注意使用电脑的卫生。不宜一边操作电脑一边吃东西。电脑键盘接触者较多，工作完毕应洗手以防传染病。同时应经常保持脸部和手的皮肤清洁，因为电脑荧光屏表面存在着大量静电，其集聚的灰尘可转射到脸部和手的皮肤裸露处，时间久了，易发生难看的斑疹、色素沉着，严重者甚至会引起皮肤病变等。

## 惜时如金　每天时间有安排
——成人勤俭自强好习惯之四

如果说我们生活的这一世界确有许多不公平的话，但至少有一点是绝对公平的——一天24小时。不管你富有还是贫穷，不管你身居高位，还是出身低微。对于那些成功者而言，他们的第一个共性就是：珍惜时间的价值。他们从不虚度光阴，更懂得在日常生活和工作中最大限度地利用有限的时间。

其实，珍惜时间的意义，我们每个人心里都很清楚。重要的是要落实在行动中，要养成每天合理安排时间的好习惯。我们每天都在为生活而忙碌，但是如果能养成一些好的做事方式，会提高工作效率，节约时间。比如，养成每天做计划的习惯就能有效安排时间。

希望父母和教师带头做到并为孩子做出榜样：

◇ 要懂得先做重要的事情。前一天下班时将第二天工作列出简表、依照紧急而重要、紧急而不重要、重要而不紧急、不重要且不紧急分类以便视轻重缓急处理，记住在每项工作旁边标注上所需时间。在做计划时将预算时间留有余地，一旦有紧急事件需要处理不必惊慌失措。

◇ 上午是精力最充沛的时段，不妨安排得紧张一些。完成某件事情后在日程表上画去。下班途中和第二天上班时别光顾着看街景，脑子里将要做的事情"过滤"一次，周到的解决方案可能就这样诞生了。

◇ 只用5~10分钟收取并回复邮件，不要在网络上耽搁太久。如果网络太慢则放弃，不必和它斗气。如果邮件是有关重要工作或业务的，加入日程表择时处理。

◇ 超过5分钟的电话不仅分散注意力，而且容易让人感觉烦躁。简明扼要地结束电话是高效工作的重要方法。如果对方继续长篇大论，大可以客气地说明自己现在很忙，稍后再联络。

◇ 把零碎工作另列一栏，见缝插针完成。

◇ 下班前检查日程表完成情况，总结经验。

## 合理消费　每一分钱不乱花
### ——成人勤俭自强好习惯之五

中国消费者协会倡导科学消费。科学消费的含义是多方面的，其中就包括一项，要选择健康正确的消费方式，避免过度消费所造成的资源大量浪费和环境污染，使人类能够合理、均衡地使用有限的资源，尽量满足人们日益增长的物质文化需求，实现可持续消费。因此，我们主张成人要合理消费，不乱花每一分钱。

希望父母和教师带头做到并为孩子做出榜样：

◇ 计划自己的主要开支，并将其分类，规定每种类别的金钱限度。同时，做一个小账本，把每一笔开支记下来。

◇ 经常到银行存一部分钱，积少成多，以备急需。

◇ 在买东西时，以质量和实用价值为主要标准选择物品，不刻意追求名牌。同时，不与别人攀比，根据自身的需要做出选择，消费要量入为出。

◇ 正确对待广告宣传。要知道，商品广告是说服人们购买某种商品的手段，不能作为评价商品的标准。是否选择这种商品要看自己的实际需要和商品本身的品质。

◇ 看到喜欢的东西不急于买，对于花钱比较多的商品尤其要货比三家，然后再做出决定。

## 勤俭自强篇（儿童部分）

### 注重健康　天天锻炼身体好
——儿童勤俭自强好习惯之一

有一位大学生总结自己的学习体会时说：大脑是学习的机器，机器好，学习效率才会高。要想保持清醒的头脑，每天进行适当的体育锻炼是必不可少的。少年朋友正处于身体快速发育的阶段，锻炼对于健康的意义就显得更加重要。

也许，你会说，我们每天的学习都那么紧张，根本没有时间锻炼身体。其实，学习和锻炼并不矛盾。因为，运动时脑细胞的活动有所转换，管体育活动的脑细胞兴奋，管思考的脑细胞得到休息，有助于消除大脑的疲劳。文武之道，一张一弛。体育活动实际上一种积极的休息。

建议同学们做到：

◇ 充分认识锻炼的意义，把它看成生活中必不可少的内容。

◇ 有效利用在校的体育活动时间。比如，认真上好课间操和体育课。要知道，这段时间就是专门用来锻炼的，自己也无法做其他事情。与其马马虎虎地对待，不如积极认真锻炼，达到健身的目的。

◇ 学生的学习主要在室内进行，脑力活动负担重，在室内呼吸新鲜空气少。因此要多到室外活动。比如，晚饭后和父母外出散步，假日里到郊外踏青等。

◇ 在家里置办一些体育活动用具。比如，羽毛球拍，乒乓球拍，小哑铃等。在自己学习中间，起身活动一下。

## 乐观豁达　碰到事情积极选择
### ——儿童勤俭自强好习惯之二

盈盈是学校的三好生，各方面表现都很出色。前一段，她代表学校参加了区英语竞赛。全校就她一个人参加，老师和同学们都对她寄予了很高的希望。遗憾的是，那天比赛时，盈盈因为对考场不熟悉，找教室耽误了时间，以致开始的几道听力题就没听到，这几分就白白失去了。最后的结果是，盈盈以一分之差，没能获得名次。老师以为盈盈会很难过，专门把她叫到办公室，想说几句开导的话。没想到，盈盈主动地说："我需要吸取教训，以后参加比赛一定要事先熟悉一下赛场。"

建议同学们做到：

◇ 遇到不高兴的事情向父母或好朋友倾诉。人把心里的难过都说出来以后，就感到轻松不少。再加上父母和朋友会以新的角度帮助自己分析事情的成败得失，那种沮丧的心情就很容易消失了。

◇ 学会自我暗示。包括语言暗示、动作暗示。语言暗示还分口头的和书面的。遇到烦恼了，当用语言开导自己还不管用时，就可以把烦恼的理由一条条写出来，再一条条分析。如果成立，就想办法解决。如果不成立，就不去想它了。在你极端愤怒时，不妨用动作暗示，比如，使劲跑和大声喊。

◇ 学学精神胜利法。如果一件事情，你自己努力了，却因种种原因，没达到目的，就用这种办法。无论什么事情，我们都要考虑它积极的一面。

◇ 世界上的任何事物都没有绝对的好与坏。快乐的获得更多的是取决于你对事物的态度的选择。

## 讲究清洁　干干净净每一天
### ——儿童勤俭自强好习惯之三

年建雄是个12岁的男孩子。最近，妈妈发现了他的一些新变化。那就是比以前爱干净了。要知道，这个年龄有些男孩对个人卫生是不太重视的，就连饭前洗手、睡前洗漱这样的小事都要父母盯着做。不然的话，就可能匆匆完事。可是，这学期以来，建雄变了，每天早上刷牙洗脸可认真了，还特别仔细地整理头发。妈妈想，大概是孩子大了，开始重视自我形象了。

其实，在现代社会中，少年朋友养成讲究清洁卫生的好习惯特别重要。它是一个人文明的表现，既体现了良好的个人面貌，又包含了对他人的尊重。要想做到干干净净每一天，除了我们早就知道的刷牙洗脸之外，我们还建议同学们做到：

◇ 勤洗澡、洗头。少年朋友正处于身体发育阶段，每天的新陈代谢非常旺盛，因此要经常洗澡和洗头。同时，要每天换内衣。中国健康教育协会曾经发起一场"天天洗头"公益活动，在全国推广这种健康生活新时尚。

◇ 注重牙齿健康。不仅早晚要刷牙，每次饭后都要刷牙。如果没有条件的话，也要仔细漱口。此外，还要定期到医院洗牙。因为，吃各种食物在牙面上留下痕迹，经细菌作用形成牙斑，单靠每天早晚刷牙是难以清除干净的，久而久之就形成了牙石、色素等顽固的牙垢。而"洗牙"是牙科医生用现代物理化学方法去掉牙面的细菌、牙石、色素等牙垢。

◇ 定期整理和清洗书包。最好每月刷洗一次书包。因为书包是我们每天都要携带的。它是否整洁也关系到个人的卫生面貌。

## 惜时如金　每天时间有安排

### ——儿童年勤俭自强好习惯之四

志志每天的生活都是在忙忙碌碌中度过。妈妈对他最大的不满就是做事磨蹭，不珍惜时间。从早上起床，到放学后写作业，每一件事情都比别人慢。表面上看，志志一直在做事，可无论什么都是拖到最后一刻才完成。

心理学研究表明，拖拖拉拉的习惯很不好，凡事拖延不仅影响学习效率，而且赶时熬夜造成的精神压力对生理也有极大的危害，可导致胃病、血压高、精神紧张等心身疾病。

要想养成珍惜时间、讲究效率的习惯，建议同学们做到：

◇ 记录痛苦经验。人通常是健忘的，为了避免重蹈覆辙，应把赶作业时的痛苦经验（手心出汗、面红耳赤、头昏脑涨）记录在一个记录册上，放在桌前，时刻警示自己。

◇ 列出两套时间安排表。作为学生，每天的事情主要为两大类：一类是和学习有关的，包括写作业、复习功课、整理学习用具等。另一类是生活娱乐类，看电视、外出活动和必要的家务劳动等。把这两类事情记在专门的记录册上，并列出完成时间，自己经常做对照，以免忘记。

◇ 一鼓作气。开始做事时，觉得很难，迟迟不愿行动。这也是造成拖延时间的原因。因此克服的办法是将事情化整为零，分为几个具体步骤。完成一部分后会信心大增。

◇ 善用时间。假如课间有大段时间，千万不要呆坐，浪费时间，应把握机会，稍事活动，或着手准备下次课。

◇ 有条不紊。要养成高效率的学习习惯，首先翻查记事册的工作程序表，然后把桌上的次要事物、次要材料收拾整齐，只放与主要学习内容有关的材料，随即集中精神去做既定安排的事情，查资料，写作业，认真复查，在有条不紊的过程中不知不觉将任务完成。

## 合理消费　每一分钱不乱花
### ——儿童勤俭自强好习惯之五

小学五年级的王明明经常能得到一些零用钱。他用这些钱买自己喜欢的东西，见到什么就买什么，别的同学买什么就跟着买什么。钱花完了，王明明再找父母要。结果，明明的零花钱越花越多，越花越没有节制。

快过年了，家里做大扫除，妈妈在明明的抽屉里、床铺底下、书柜上发现了一堆"破烂儿"——十几张打了卷儿的卡通画，好几支相同的玩具枪、各种造型的塑料人、还有几个吓人的骷髅……看着这些东西，明明自己也奇怪：这些都是我买的吗？怎么一件也不喜欢了呢？细细算来，不到一年的工夫，花在这些"破烂儿"上的钱足足有几百块！明明后悔不已。

明明总觉得自己没买什么大件的东西，细细一算，居然花了那么多钱。明明认为自己应该有意识地培养合理消费的习惯了。

建议同学们做到：

◇ 向父母建议零花钱定期给，按周和按月都可以。具体的数额由你和父母根据家庭经济情况确定。可以随着年龄增长和实际需要再适当增加。

◇ 制订开支计划。将自己的开支分类，规定每种类别金钱限度。同时，做一个小账本，把每一笔开支记下来。

◇ 到银行存钱，以自己的名义开一个户头，将每月部分的零用钱存起来，体会积少成多的道理。

◇ 在买东西时，以质量和实用价值为主要标准选择物品，不刻意追求名牌。同时。不与别人攀比，根据自身的需要做出选择，消费要量入为出。

◇ 不轻信广告。要知道，商品广告是说服人们购买某种商品的手段，不能作为评价商品的标准。是否选择这种商品要看自己的实际需要和商品本身的品质。

◇ 看到喜欢的东西不急于买，对于花钱比较多的商品尤其要货比三家，然后再做出决定。